新手小白投资历程

选股 + 仓位 + 心态

石龙飞 ◎著

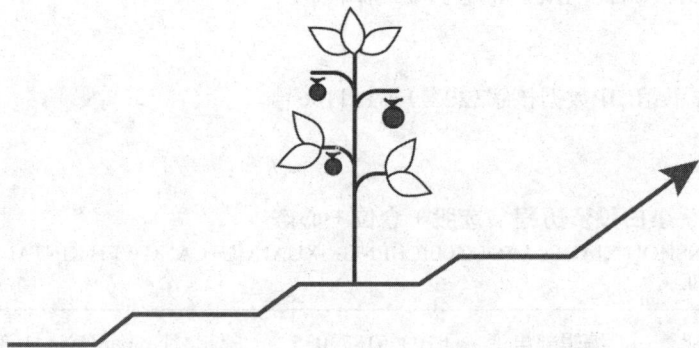

中国铁道出版社有限公司
CHINA RAILWAY PUBLISHING HOUSE CO., LTD.

内 容 简 介

本书根据作者的实战经验，总结提炼出适合初级和进阶阶段投资者了解、学习的投资理论和技巧，包括股票选择、买卖、仓位、风控等。从内容上来看，首先，介绍了适合初级和进阶投资者的主流投资产品，如股票、基金和 ETF 等；其次，根据实例介绍并讲解适合初级和进阶投资者的具体投资方法和投资策略，结合切身的实战经验，让读者在汲取前人智慧的基础上少走弯路；最后，介绍并引导投资者建立正确的投资观及打造属于自己的投资体系。

本书理论丰富、重点突出、风格轻松，适合初级和进阶阶段投资者学习阅读；根据作者实战经验讲述和总结初级和进阶投资者需要了解、掌握的知识，例如，作者结合自己 8 年来历经一轮完整牛熊市历程得到的宝贵经验，叙述投资技巧，实操性较强，便于读者快速入门。本书适合缺乏投资知识的初级投资者，或希望系统学习、掌握投资策略的投资者阅读。

图书在版编目（CIP）数据

新手小白投资历程：选股+仓位+心态/石龙飞著.—北京：
中国铁道出版社有限公司，2021.10
ISBN 978-7-113-28200-4

Ⅰ.①新… Ⅱ.①石… Ⅲ.①股票投资-基本知识
Ⅳ.①F830.91

中国版本图书馆CIP数据核字(2021)第151106号

书　　名：新手小白投资历程：选股＋仓位＋心态
　　　　　XINSHOU XIAOBAI TOUZI LICHENG：XUANGU+CANGWEI+XINTAI
作　　者：石龙飞

责任编辑：张亚慧　　　编辑部电话：(010) 51873035　　　邮箱：lampard@vip. 163. com
编辑助理：张　明
封面设计：宿　萌
责任校对：焦桂荣
责任印制：赵星辰

出版发行：中国铁道出版社有限公司（100054，北京市西城区右安门西街 8 号）
印　　刷：三河市兴达印务有限公司
版　　次：2021 年 10 月第 1 版　　2021 年 10 月第 1 次印刷
开　　本：700 mm×1 000 mm 1/16　印张：13　字数：182 千
书　　号：ISBN 978-7-113-28200-4
定　　价：59.00 元

　　2020 年，我发现很多新一代的投资者入市，中国结算公布 2020 年 12 月 A 股新增投资者为 162.18 万后，期末投资者数达到 17 777.49 万，而且这种增速仍然在上行，这里面还不包括众多的基民，要知道基民是潜在的股民，随时都可能转换成股民。所以 A 股投资者数量增长的潜力巨大，按照当前期末投资者近 1.78 亿的数据估算，一个股民代表一个三口之家的话，那么整个 A 股投资波动的背后就有 5.34 亿人口。这个体量不可谓不大，但是，股民数量急剧增长的背后，却是市场投资者在投资方法、理念方面知识的匮乏，这不得不令人担忧。

　　笔者作为一个已经历经过至少一轮牛熊市的过来人，回过头看，发现曾经自己对投资知识的渴求和 8 年来在投资历程中所遇到的问题和收获的经验已经在相当大程度上使自己走上了投资正道，并且通过投资获得了依靠资本增值实现养家糊口目标的自由。站在 A 股市场发展历程中 30 年的分水岭，可以把自己这么多年的知识、经验和投资体系落笔成文、整理成册予以分享，一来可以接受市场的检验，二来可为像曾经的我一样在投资历程中迷茫的人提供一个可以参考的前进方向。

　　我没上过几年班，基本上从大学就开始接触股市，只是开始并不是投资，而是投机，毕业后更是为了探索和学习投资才进入证券行业，在我认为得到了需要掌握的理念和知识后就离开，进行全职性投资，所以在我身上并没有太多条条框框的限制，这些特征读者可以从我的文字中感受出来。让知识、经验和时间能够直接变现，唯有投资不受地域和人为的约束。所有涉足这个领域或者希望借投资让财富增值，而不是只靠上班打工的人，应该都会有这种追求。

　　进入股市后，往细节方面说，你要开始尝试着选股和买卖，这是最基础的；然后会考虑买多少的问题，这个叫仓位的管控；买和卖之间将股票拿在手里叫持股，时间长短很有讲究，也基本上是判断你的交易是投机还是投资的一大考虑因素。这些都是细节部分，掌握这些你就可以自己独立做点交易，但这并不能提高你投资成功的概率。这时候认知就要上一层，要开始思考选择什么行业和企业，对投机和投资也会有比较强的感性认识，并且逐步思考自己过往操作的问题。到这一层时，说明你基本上入门了，但无论怎么样，最后都会在理念上抉择，并且开始接受人性的考验。这是别人怎么教你都无济于事的，需要自己用真金白银进行历练，克服弱点。

本书各部分的讲述有一定的递进关系，我并没有刻意地分成几个部分，因为整个交易的各个环节是环环相扣、相辅相成的，包括人对投资和投机的徘徊纠结，不可能一下子就没有了。我从很细微的地方入手，从选股、买卖点再到持股心态、仓位管理和交易恶习等，最终目的是串联成一个系统性的投资模式。每一个人在学习阶段不可避免地会接受碎片化的知识和教导，包括阅读都是一样，但我们的理念、思维和手法都会在将这些理论付诸实践的过程中不断得到修正，最终打造一套与自己的个人情况相匹配的体系。就我看来，这是必然！

我知道在各种论坛、股吧等平台有不少的"大咖"，这是互联网时代无法阻挡的现象。信息的大爆炸有其益处，也有弊端，尤其是在一些力量对资本市场有极强的推波助澜的作用时。在互联网平台上的"大咖"鱼龙混杂，真假难辨，我炒股的初始阶段听消息、逛论坛、去跟风，赚少亏多，而且即使人家的确有些实力，自己没有点底气的话单靠跟着别人后面走也不是长久之计。真心希望各位趁早学习证券投资的知识，培养科学合理的投资理念，汲取前人多年的操作经验和技巧，让自己少走弯路，打造一套属于自己的能够穿越牛熊市的完整投资体系。

我并不觉得通过投资持续性地实现财富增值有多困难。这就跟我们在日常生活中的任何一项求生技能一样，只要你摸索到了门道，上手自然很快，而且也很轻松。投资是一种生活方式。我们都是普通人，不要过于贪婪地奢望拥有不符合常规的收益率。任何人一生通过投资所能获取的财富取决于本金、收益率和时间。本金还可以通过原始积累阶段多奋斗挣得，收益率受到市场行情的影响有极大的不确定性，而我们能做的就是坚持锻炼、保持身心愉快，让自己身心强健。

市场是充斥着诱惑的，但想做好投资却并不是太复杂的事，陪伴着时代中最优秀的企业一起成长，分享经济发展带来的红利。大道至简，选对拿住，就可以慢慢变富！

作 者

2021年6月

| 目 录 |

第一章　学生阶段接触股市 / 1

一、道听途说，从众跟风追涨停 / 3

二、迷信技术分析，研究软件指标 / 5

三、静下心来读书，为入门打下基础 / 11

四、意识到股市可能会让情绪失控 / 13

五、当时的一些心路历程 / 16

第二章　股市入门——研究交易 / 21

一、容易被忽视却不得不重视的交易成本 / 24

二、行业乱象充斥着急功近利气息 / 26

三、复盘过往交割单，重塑投资体系 / 29

四、进行系统性复盘，感知市场 / 34

第三章　选股、仓位、心态等，选择理念重于技巧 / 47

一、在能够持久运行的行业中寻找稳健的企业 / 49

二、过滤焦躁的杂音，心态平和，长期投资 / 56

三、立足于理论知识和实战经验，回归常识 / 59

四、实战操作中的三种选股模型及思路逻辑 / 63

五、持仓适度分散，构建投资组合 / 75

第四章　商业本质——投资周期 / 81

一、股价涨跌，是业绩主导、资金驱动 / 83

二、牛熊交替，如何化解非理性波动 / 87

三、追求合理回报，不要心存侥幸 / 93

四、用做生意的信念进行投资 / 96

五、适当多元化发展 / 100

第五章　心存敬畏，感恩市场的馈赠 / 107

一、赚到钱，是得益于自身水平，还是市场 / 109

二、不会选股，就靠综合性投资来对抗指数 / 112

三、波动、回撤和亏损，不可避免就坦然面对 / 116

四、总有莫名的因素来干扰持股信心 / 119

五、持续性地跟踪市场，明高低，懂周期 / 122

第六章 选得好，拿得住，才赚得了钱 / 131

一、必要的时候，要敢于重仓出手 / 134

二、顶住刺骨寒冬，才能高歌猛进 / 136

三、抓大放小，忘却成本，不图小利 / 140

四、开仓一只就做好一只，切勿频繁调仓 / 142

五、买卖果断，适当淡化顶底 / 144

第七章 根据性格打造交易体系 / 147

一、超短博弈，狙击涨停，能否获得利润 / 149

二、长期投资十年十倍真实存在 / 154

三、根据人性的弱点进行风险管控 / 158

四、左侧交易与右侧交易及其利弊 / 161

五、建立完整的交易环节和系统的交易体系 / 164

第八章 重视估值，关注成长 / 169

一、估值不是万能钥匙 / 172

二、低估、绩优加上适当分散，抵抗系统性风险 / 175

三、股价跟每股收益和市盈率的预测推演 / 178

四、投资，既要有估值的优势，又要赚成长的利润 / 181

五、收藏优质股权，分析跟踪企业成长 / 184

第九章 在正确的道路上持续积累 / 187

一、超额收益，多来源于逆向投资 / 190

二、投资理念一旦形成，就要坚守 / 192

三、适时地静下心来，对近期的市场和投资进行思考 / 195

四、接纳交易中的不完美，买早、卖飞、错过等 / 198

五、避开毁灭性风险，让投资可以持续 / 200

第一章

学生阶段接触股市

很少有人在毫无积蓄的情况下就接触到股市，我到现在也不曾想到，当年由于一次偶然的选择敲开了一扇改变我人生方向的大门。

大学期间，出于家境的原因，我就一直寻找着各种能赚点儿收入的渠道。暑假期间，在武汉的工地上搬过大理石，回到校园后自己捣鼓着摆地摊卖点儿日常生活用品，却生意不好，无奈收摊后摸索到校园贴吧，把积压的货物通过贴吧发帖预定送货到宿舍的方式卖完。此时我就已经意识到网络可能会是一个不错的平台，就一直琢磨着是否能够在网上做点儿可以赚钱的事。

有一个学期，学校要求我们报一些选修课，以此来修满毕业学分。翻了一遍选修科目，我无意中看到《巴菲特投资》这门课，模糊地意识到通过选修这门课或许能够掌握不靠体力赚钱的门道，于是果断选修。课堂上所学的知识现在我已经不记得了，但是老师提及的"股票"这个概念给我留下了深刻印象，而且我课下向老师请教了股票是什么、能不能挣钱的问题，才知道原来该老师是我们学校在几波大行情中靠着重仓投资股市而挣钱的"人物"。可能那时候我还过于年轻，或者说是对股市投资的概念一片空白，所以即使有一位高等学府的资深老师在我面前，我也不知道该向他求教些什么，以致我后来入市走了几年的冤枉路。

倘若在涉足股市的一开始就能有一位资深的值得信赖的前辈做引路人的话，亿万股民应该都会节约下来至少两年的青春和不少的本金。不过，这也是在我多年以后才得到的认知，我估计绝大部分股民在入市之初，即使是遇到一些职业的投资经理或者行业里资深的从业人员，通过口头传授或者书本教诲的方式予以投资理念和交易技巧的传授，也未必能够理解和接受。

毕竟身处资本市场，势必逃不开不胜枚举的暴利诱惑，只要稍微一不小心，就会误入歧途，在投机怪圈里面打转，否则为什么许多高学历人士在各自行业都能够做得出色，一到股市就会束手无策呢。

该经历的弯路或多或少都需要经历，关键在于我们要能够在尽可能早的时间节点幡然醒悟，这会在很大程度上使得我们的投资回归到正途。

一、道听途说，从众跟风追涨停

偶尔在课间时段，听到同学说某某又抓到一个涨停板，赚的钱买了一双球鞋。宿舍一个室友有时候一上午盯着电脑、精神高度集中，然后瞬间放松下来自言自语说总算封住板了。那时我刚开始接触股市，对涨停还是非常神往的，总会问他是哪只股票，然后自己敲入代码打量一番。

可能由于在环境中耳濡目染，加上后来开户入市后接触到的都是这些追涨杀跌、狙击涨停的暴利神话，注定了我要在追板的路上支付惨重的学费。

每天围绕着的焦点都是涨停板，只要不能涨停，基本上入不了我的眼。那时候是很豪情万丈的，开口闭口基本上都是板，不管持仓有没有板，只要有人问都是这样说。但是自己的操作并不如意，前一天晚上或者当天早上都在到处问人，有没有好的标的，什么时候买，哪只最有可能成"妖"，总能问到一些"股神"级别的人物，他们会告诉我集合竞价大胆上，防止买不到，所以基本上我有一段时间在交易日都是9点15分赶紧开始挂单买，生怕挂单慢了买不到，基本上涨停的还是涨停，而且买不进去。

别人告诉我这些股票很强，买进去都是大肉，集合竞价买不到的话就在前一天清早挂单，但是一字板依旧是一字板，买不进就是买不进；而买进去后大多发现是"坑"，基本上次日就会割肉止损；很少能遇到连板的，而且即使遇到了，只要不是次日直接被一字板封住，一些轻微调整之下的震荡都会早早地平息，美其名曰"落袋为安、到手才是钱"。所以导致自己赚的时候赚得不多，亏的时候基本上都是大亏。

有人告诉我说追涨停只能做龙头，而且最好是辅助龙虎榜，跟着"游资大佬"，才可能大口吃肉。当时不知道什么是龙头，别人告诉我那个在板块里连板最多的就是龙头，只要临近涨停就去打板，不要怕，尤其是市场总龙头，一旦出现要敢于上车。

由于自己找不准，或者操作上经常失败，我索性开始寻找一些股吧、论坛，看一些大神的推荐，后无意中加入了一些QQ群，看里面每天都有涨停板，甚至有一些"大佬"当天收盘后还贴出来打了什么板的持仓或者割单的信息，往往次日还真的涨了，让人惊叹不已。我有意识地去私信一些"大佬"，希望学到一点儿真传，大部分人都是让加QQ或者微信等，一开始还加过去看看，但是加过去后并没有学习到理想中的真传，反而是一些让人心生抵触的诱导。

随着账户资产的减少，我的心态也渐渐变得有些不稳，开始影响到心情和生活，逐渐地意识到不对劲，但是长达数年浸淫于这种赌博式投机，对我进入市场的三观和心理都造成了深刻的影响，后来才明白毒害有多深，以至于我花了几年的时间才彻底摆脱掉。

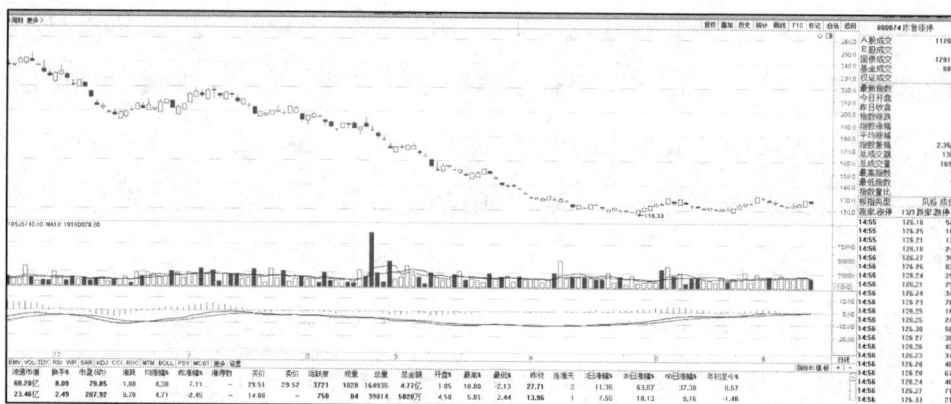

不是一刀切地全面否定，说没有人通过打板追涨停获得暴利，但至少从我从事证券行业8年来的所见所闻，以及涉猎研究国外投资历史中的见闻来看，的确没有看到谁使用这个手法实现稳定持续盈利。有读者朋友可能说游资或者利弗莫尔实现了，仔细推敲一下就会发现，游资全年盈利水平整体算下来也不是多么暴利，而且时不时还会遭遇监管风险；利弗莫尔堪称交易天才，但是在黄金年纪却为何终结一生？

在我们小区旁边有一个包子铺，老板娘年纪不大，带着一个不到三岁的小孩，自己一个人经营着包子铺，她老公好像是在工地帮工，虽然不跟着一起经营，但是偶尔总能看到过来搭把手、帮帮忙，日子过得还算和美。

附近时常有一些做房产销售的业务员到她店里买包子，一来二去熟了，时不时说几句"像你这么漂亮，在这里卖包子有点可惜"之类的话，可能说者无意，但是听者有心，慢慢地原本还算和美的生活，幸福感可能就逐渐地打折扣了。

攀比无处不在，人心也最经不起这种考验，持股的人总感觉自己的股票一直不涨，而那些频繁追涨杀跌的人一旦抓到一个涨停板就要到处炫耀，又使持股不怎么涨的人焦虑的心理加剧，总感觉其他人的股票一直在涨，就自己的股票没动。其实这不过是错觉。

但是人的幸福感和对投资价值的坚守总容易被那些喧嚣所打断和干扰。

这也是为什么很多人试着做投资，做着做着就又跑去做投机、追涨杀跌去了，但是投机的人却极少转型去做围绕优质企业中长线持有的投资的原因。

二、迷信技术分析，研究软件指标

没有人会轻易地否定一个被认为可以赚钱的技巧，即使是在自己反反复复不能赚到钱的时候，也不会直接就说是这条路不通，还是会自己骗自己的去寻找其他方式、方法或者他人赚钱的信仰来坚守，比如迷信技术分析，或者研究软件指标，这些都是初入股市者难以避开的弯路。

看到股吧、论坛或者一些群里的"大神"对市场、对个股分析得头头是道，K线图上画画线写上什么支撑压力位，乍看感觉好厉害，人家告诉我这是技术分析，在股市里面不懂点技术很难赚到钱。于是我也开始研究他们画的那些图，翻看股吧里一些关于教授技术分析的文章，夜以继日地研究，买了各种技术分析的书，还在网上查看技术分析的教学资料。

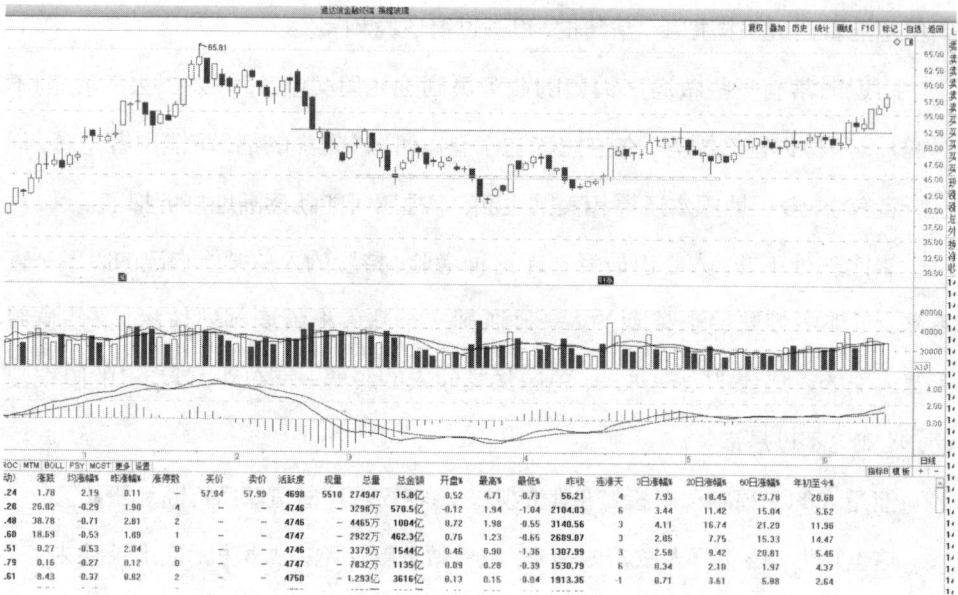

自己对着K线图尝试着画，根据两点确定一条直线，高点跟高点的连线指示的是压力位，低点跟低点的连线指示的是支撑位。画出来还挺好看，感觉很实用。

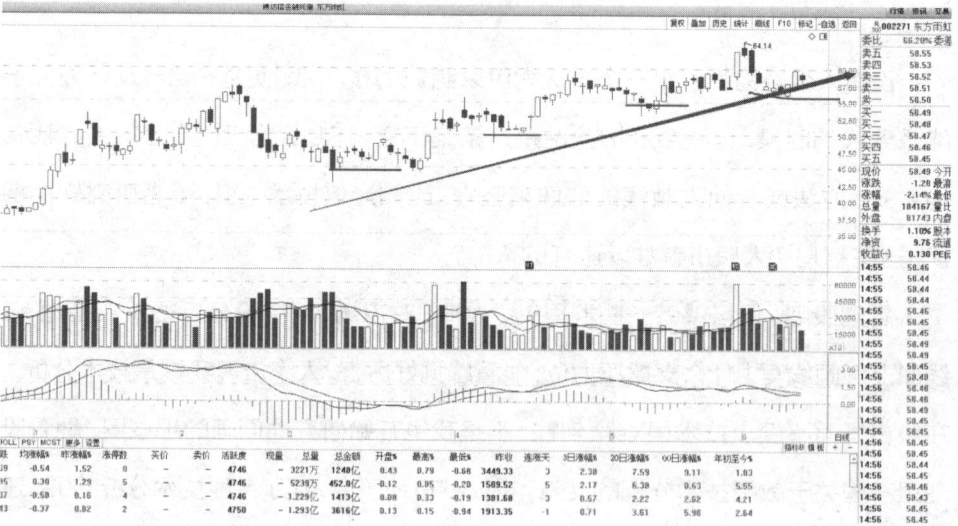

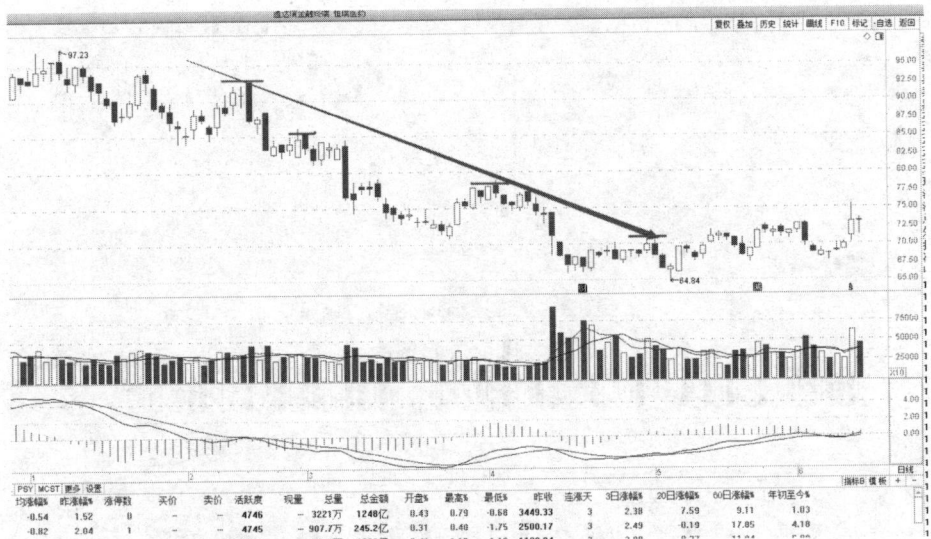

然后试着判断趋势，低点不断地往上抬升，股价不断地创新高，这就是有上升趋势；高点不断地下移，低点不断地创新低，这呈现的是下跌趋势。买股要尽量围绕处于上升趋势的个股，寻找机会，避开有下跌趋势的个股。

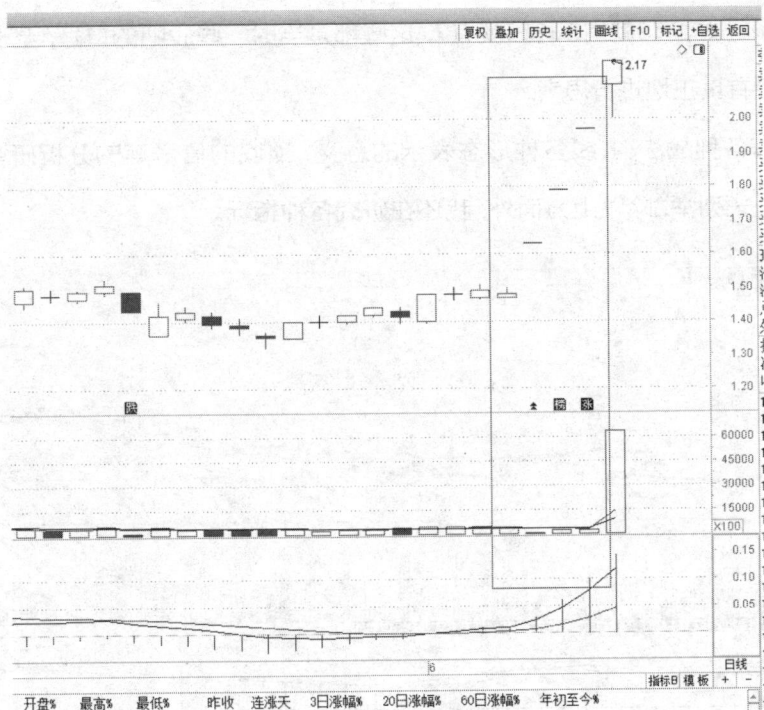

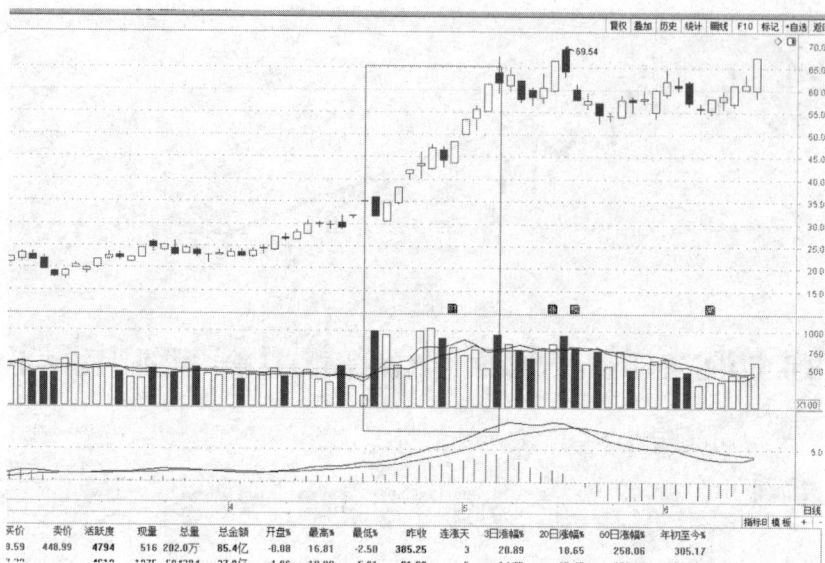

当时都是追求超短线，最主要的方式当然就是研究涨停板，技术分析自然就尤为偏向于研究这个方面，比如换手板比一字板好；放量换手说明资金承接很好；能够率先拉板并且有跟风助攻的板人气更足；是热点题材的领涨龙头最好；连板越多越好，有3就有5，有5就有7。这些都是当时一些股吧的口号，至于对错，当时并没有真正地进行思考。

还有各种战法、K线各种形态表示的意义、顶底的信号等的分析研究，我在此就不一一列举，除以上方面外，我还在研究各种指标。

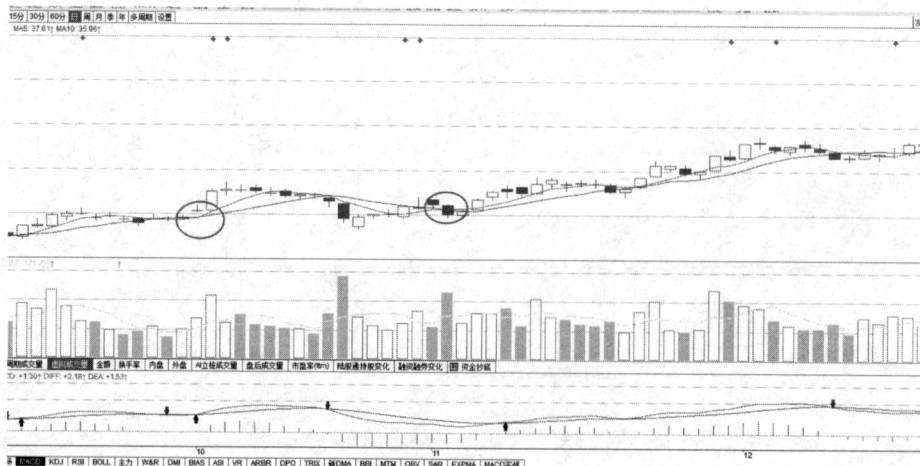

均线图上最典型的就是5日均线上交10日均线形成的"金叉"，这种股票容易上涨，金叉的时候就是买点；反过来，5日均线下移击穿10日均线就是"死叉"，这种股票容易下跌。

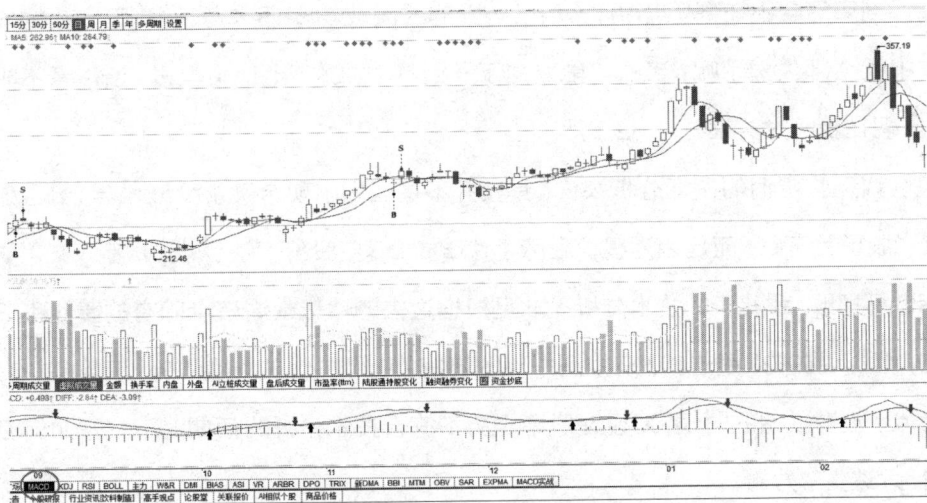

MACD和KDJ是一些看盘软件都带有的标配指标，我起初并没有在意，直到看到一些所谓的"大咖"根据这些指标发表的操作建议，这些操作建议基本上是一看就懂，易学易用。MACD黄白线的交叉，预示着可以买卖，红绿柱的高低代表着多空力量的大小；KDJ无非是通过三根线的金叉和死叉来预示股价的涨跌，可以通过其数值的大小来估算市场是处于超卖还是超买阶段。

当时自己还反复地去翻看个股，对照过去的历史走势来验证自己那段时间技术分析和指标研究的成果，发现很多股票还真是符合技术分析或者指标的预判，心想可能真的是找到解开股市交易之谜的钥匙，于是开始应用于实战操作，从实战中才开始发现一些问题。

在各种金叉的时候买入，后期股票并没有按照预期上涨，反而开始下跌再次形成死叉，这是不是意味着马上就该止损？

对于龙头股，换手的时候买进去，当天没有涨停，次日开盘还下跌，应该立刻止损吗？止损后又拉直线，甚至封住涨停，又怎么办？

很多时候选的个股虽然处于上涨趋势，但是我买入后，当天没涨，次日没涨，甚至还跌，而且大部分个股都在涨它还在跌，尤其是根据MACD和KDJ来操作时这种情况更加普遍。

到底问题出在哪里？为什么自己研究的时候成功率那么高，而到了实战的操作中就全部失灵了呢？当时可能是由于身处其中，跳不出那个氛围，所以看不明白。现在我回过头来看，一目了然。

就那些所谓的指标分析来说，其实并不是因为出现金叉了股价才会上涨、死叉了股价就下跌，而是因为股价上涨了才形成金叉、股价下跌了才形成死叉，之前不过是把顺序颠倒了。技术分析无非是根据过去的情形或者资金固有的惯性和记忆，结合现在的K线走势，来推测未来的情况。我错在对其过度依赖，而且是在交易体系没有成型的时候，所以在股票走势不符合技术分析的预期时不知道如何面对，才迷失了方向。

这些都是中小投资者炒股历程中必须要过的坑，讲述出来是希望各位不要再去走那些弯路。当然，我并不是全盘否定技术分析和软件指标，而是不希望处于新手阶段的股民对其过度依赖，回头去看那段时间的钻研，发现其也对我后来的选股和操作有着或多或少的影响，技术分析在某个市场阶段还是有一定参考价值的，可以了解、学习一些，适度就好，不要依赖和迷信。

前几天去洪山区社保局办事，早上九点十几分出门，转2趟公交，花了近两个小时，到社保局排队叫号，等了半小时轮到我，业务6分钟办完。回途不想坐公交，于是去找地铁站，骑单车15分钟到武昌火车站地铁站，发现有点饿，就先坐地铁去湖北大学吃一顿饭，然后再坐地铁回家，到家的时候已经是下午3点多。

全天出行算下来，也就办了一件正事（在社保局办理养老保险和医疗保险），但是为了办这个事情来回花了6个小时，而真正办这个正事只花了6分钟，前后所有的时间都是在铺路。这让我想起来，我们投资股票其实从入门到精通、从买入到拉升后赚钱，耗费时间最多的往往是摸索学习或者是持股等待，而买和卖的交易只在一瞬间。现实中无论是生活还是做事无不如此，然而很多人都喜欢不断地频繁买卖，寄希望于省去那中途的摸索学习或者持股等待过程，这是违背万事万物普遍运行规律的。

在社保局里频繁给人办理业务的人是有工资收入可以拿，而普通人频繁地跑去办理业务是需要付出时间和金钱成本的。同样的道理，在股市里频繁交易买卖的券商无论如何都会赚钱，而交易者大部分时间都是要付出成本的。

三、静下心来读书，为入门打下基础

随着对股吧、论坛或者社群的各种洗脑式技巧的学习，我发现自己并没有从这些零碎性的文字里学习到系统性的东西，一知半解始终无法叩开股票交易的大门。要想学习最普遍的方法，那就只有通过读书，而且正好那时自己在大学里，图书馆有着得天独厚的资源，自此我由从网络上接收碎片化知识阶段步入了系统性读书学习的阶段。

对于任何一个还处于陌生领域的人，其学习往往都是从盲人摸象开始的。只知道在图书馆的一层楼上全是经济、金融、财经板块的图书，我想要的书肯定是在这里。当时并不知道从哪里入手寻找，还是延续着之前脑子里研究技术分析和技术指标的老路子，看那些教看K线、战法、龙头、跟庄等内容的图书，边看边对着电脑盘面的K线图，理论结合实际，帮助自己理解，最后发现并不实用。

往往在阅读相关书籍初期阶段，很难一次性地找准方向和真谛。对任何事物的摸索过程中都免不了要走一些弯路，但正是走过了这些弯路，才知道了哪些有用、哪些没用。

我们人类历史的进程经历了漫长的岁月，面对任何问题时可能自己并不能当时就知道如何来解决，但是我们有理由相信在我们之前肯定也有人遇到过类似问题，并且很好地解决过，所以我们如果自己无法探寻到解决的方法，那么我们可以通过阅读书籍找到之前解决过类似问题的人，看他是如何解决的。这个信念一直存在于我的脑海，直到后来我看到一些极具智慧的投资类书籍，才算找到了A股市场入门的研究门道。

初期阶段看的书基本上焦点都在K线、战法、指标等这些盘面研究的老路子上，实际上对于市场的研究分析要跳出这些过于短视的东西，不然就会一直受限于眼前这些K线涨跌波动的循环中，而看不清资本市场深层次的本质的东西。

由于偶然的机会，我翻看到资本市场发展历史的书，我潜意识里认为这可能有用，既然我研究盘面理解不了股价涨跌，那我就研究A股市场，研究股市的形成和历史发展轨迹，研究其中具有关键性影响的人和事。然后我发现欧美国家的资本市场发展比中国早上许多，发展更为成熟，于是有意识地看国外关于资本市场中过往的人和事的书，其中就有关于利弗莫尔的回忆录。国内作者但斌的《时间的玫瑰》也算是对我具有一定的启蒙价值，巴菲特的一些经典图书基本上使我对股市有了新一层的认知。当跳出盘口阅读到这些经典巨著后，我才意识到股票并不是单纯拿来做买卖交换的筹码，每一只股票背后都是一个企业，股票价值的抬升取决于企业经营的好坏和业绩的增长，直到这个时候我认为自己对股市才算开始真正地入了门。

大学之前读书，很大程度上是为了考试；大学期间沉浸于读书，很大程度上是为了探究股市。从一开始的晦涩难懂，对这类书籍的排斥，到逐步理解、看懂、得到价值直至养成阅读的习惯，从大学到现在，十年了，读书、买书是我必不可少的生活轨迹。可能有朋友会说不知道买什么书，担心买到的书自己不喜欢或者看不懂，我一般是在当地的图书馆（比如我在武汉，就在湖北省图书馆办了卡）选书阅读，看中了或者觉得某本书有价值再从网上买下来慢慢看或者收藏。

看书，书中不一定会直接告诉你正好需要的知识，但时不时地一些观点、个人生平事迹或者语录，触动自己引发一些思考，就会产生价值。而且静下心来读书的人不容易有情绪波动，心态会更加平稳、豁达，这也是投资者必不可少的素质之一。知识积累到后期阶段，产生的就是智慧，可以更好地指导生活或者事业。

我那个阶段投机思维是比较严重的，而且身处的现实环境和网络环境中基本上都是超短线追涨杀跌的选手，所以当时即使是意识到投机的路子走不通，也无法寻求到新的突破。一是没有人告诉我该如何纠正，二是自己也不曾见到过投资成功的现实案例，所以想转变做投资的思维在我脑海里只是一个比较模糊的概念，只是因为经过几年的投机实践，我从根本上意识到投机这条路可能走不通。

而在这个从投机向投资思维转变的核心阶段，我认为对我作用最大的就是我通过持续多年地阅读看到了全世界资本市场发展的历史，和在这个历史阶段中存留下来的投资大师的经历，阅读的知识和见闻让我前几年的追求短期暴富的投机思维得以改变，逐渐相信资本市场尤其是二级市场基本上不可能让人一夜暴富，也逐渐相信，要跟随优质企业共同成长，这才是投资的正道。

很多人赌徒心理太重，而且难以转变，这是其炒股多年一直都进行投机操作的根源，不经历几年的持续不断熏陶，想让人的思维理念改变是很难的。这也是为什么一个人一旦沾染上赌博，对脚踏实地上班或者做生意赚钱会毫无兴趣，做梦都想着只要持续赌赢几把或者几个月就能改变命运实现暴富。要想从根源上转变这种思维，或者即使意识到这种思维有问题、想改变但依旧会出现克制不住的情形，不经过长时间的科学知识、理念的熏陶和思考，是难以实现和被扭转的。

所以我很庆幸通过持续多年的阅读，我的思维、意识和秉性有了根本的转变，基本上彻底抛弃了投机心理，走上了投资的康庄大道，没留任何侥幸的幻想。

四、意识到股市可能会让情绪失控

但凡是与金钱距离近的地方，往往都充斥着对人性的诱惑和考验，反复求而不得甚至遭到亏损被割肉时，会有心如刀绞般的懊悔和煎熬，而一旦割肉之后股价随即转涨，更是让人情绪崩溃，这在A股市场亿万股民的投资历程中是一种很常见的现象。

不以人的意志为转移的东西，我们就不要去在那个地方过度地钻牛角尖，苦了自己，而且也无法对既成事实进行任何补救。

我入市初期，本是一名学生，尽管大学校园有一些琐碎的杂事，但不至于让人忧心忡忡，但自从进入股市，基本上堪称"一入股市深似海，从此安逸是路人"。有那么一段时间，真的是任何股票，只要我用鼠标点击买入，尤其是重仓买入的，基本上买完就开始下跌，哪怕前期涨得再好，就跟主力机构拿着望远镜盯着我的账户，看到我下单买入一样，相当精准，买完就跌，卖完就开始涨，一直没想明白，也就万把块钱，何至能够如此撼动市场股价。

当时思维限定在炒股赚钱的收益就在于低买高卖赚差价上，所以一直在围绕着市场上低价的股票买，我认为这样做的风险很小——有些股票的价格都跌到几块钱了，还能跌到哪里去？但好像实操起来也不是那么回事，精准地抄底很难，但是精准站岗好像很容易，时常都是在买进去后股价就下一个台阶，股价虽然便宜，但是跌起来也是毫不留情。那时一度想不明白为什么买低价股还是频繁不赚钱，被困扰很久，后几年我才想明白这个道理，懂得了股市的门道。

学了一些技术分析，或者跟着一些人，也多是小赚大亏，本来一开始想着炒股能增加一点收入，现实却是，炒股投资成了每个月最大的支出，每个月省吃俭用等着炒股亏钱。而且基本上自己管不住自己，哪怕是频繁地进行股票买卖亏钱了，但只要账户里还有钱，基本上都很难管住手说休息一下，仍然继续选股买入，直至账户资金全部买光，偶尔出现只赚钱的股票就会想着赶紧卖出，然后再去选一只股票继续买入。在这种循环里不断反复，直到全部深度套牢不能动弹才会掩盖着沮丧的情绪装成鸵鸟，这是一段真实的写照。

而在一些股吧、论坛、社群里，总能翻到那些或真或假的暴利持仓的言论，炫耀着盈利的喜悦，动不动就是涨停，时不时账户资产出现新高，貌似全世界就自己陷在亏钱的泥潭里。研究各种技术分析，进行各种复盘学习仍然不得要领，在恶性循环中走不出去，简直就是一个怪圈。

对于一些事情，往往需要跳出那个阶段里思维的怪圈才可能客观地寻找到解决的方法，所以我在用账户资产做投资几乎全军覆没的关头进行过暂时性地市场退出，远离那些纷扰，很多事情想得才更明白。

只要涉足股市，投资的波动性就已经是注定了，而短期涨跌的波动，绝大多数时候都是随机、无序的，我们一旦把自己的喜悲与之捆绑就会受制于市场。从A股市场诞生至今，总体呈现出牛短熊长、涨少跌多的特征，对应的必然只能是漫长的悲伤和少有的喜悦，而且股价下跌带来的痛苦是上涨带来的快乐的2倍以上，所以只要情绪被市场牵动，必将受制于市场，不仅难以赚到钱，还将丧失生活的乐趣。这是诸位读者千万要规避的。

那些在盘面你随手一翻就发现的大涨甚至涨停的股票，其实并不是你翻看到，它们才涨停，而是因为它们大涨或者涨停了，你才翻看到了；那些在股吧、社群到处炫耀翻倍或者大赚的人（暂且不说这信息的真假），不是因为你看到，他们才赚钱了，而是因为他们赚钱了出来炫耀，你才看到了他们。仔细思考和推敲一下这个逻辑，是不是这样？

要想在A股市场进行长期的投资，必然需要尽可能地在短时间内看清楚一些事情的本质，并且要选择具有可行性的交易策略和方向，而不是频繁地投机倒把压大小，否则方向不对，再努力都是白费；另外就是要过滤掉那些舆论或媒体无脑鼓吹和过度宣扬的杂音，且不要在情绪和决策上过度地受其干扰。

我相信这些由短视造成的困扰不会单单只是当时的我有，应该说，处于炒股初期阶段的绝大部分人都会遭遇到。甚至可以说，过去、现在以及未来，均会在新生代股民选手中出现，因为这种问题顺应了人的本性。谁不愿意买了就涨、立刻赚钱？只要一进入这个怪圈，人的理性会逐步地被疯狂和贪婪所侵蚀，像我站在现在的时刻去回首刚入市的阶段，怎么可能会过度地迷信于短期暴富。直至现在我都不奢望说股市能够让我在一两年内资产翻番，以前觉得经过一年翻倍才正常，现在只要平均年化收益率能达到20%以上就比较知足了。

思维和理念在投资中很大程度上比操作技巧更重要，很多人其实是受限于自己的思维和理念，正是因为追求短期暴利，才会踏入那种追涨杀跌的圈子，接触到的都是各类短线选手，自己根本无法理性地静下心来思考：一年赚多少个点是合理的，不合理的东西能否持续，风险究竟会有多大，自己能否扛得住……

直到销户我都没想明白，更多的是不甘心，但是亏得没有资产继续，不得不开始打工，然后在岁月的沉淀中，人才理性下来，进入金融行业后见到更大、更广阔的投资领域，才逐步加深对投资的理解。

五、当时的一些心路历程

在错误的道路上，迈出第一步失败了其实并不可怕，可怕的是第一步竟然成功了，这往往会耽误好几年甚至一辈子。

这几年，我遇到过几位朋友，在2015年那波牛市之前刚进入股市，跟着人家"打板捉妖"，捕捉连板的暴利。大牛市的环境的确为投机提供了可能，外加上一定的运气，使得其10万本金短短几个月就达到了30多万，再也无心脚踏实地上班，全身心地投入股市博弈，并且放入自有的所有积蓄甚至举债，奢望着在一轮牛市中直接实现财富自由；偶尔跟我交流都是满嘴涨停板，而且说自己已经摸透了股票的交易密码，成功率高达90%以上云云，说的跟听的都是热血沸腾、激情高涨，貌似市场的敬畏和风险荡然无存。

我曾提醒过：不要把小概率事件放大为蕴含普遍真理的事件，也不要把幸运作为投资的工具。当然，对于股市，每个人都有自己的理解和操作风格，我不好过度地发表意见，只是鉴于自己亲身经历和所见，的确不希望他人遭到股市巨大波动的洗礼。

往后不久，诸多备受炒作、股价上天的股票经历腰斩再腰斩，曾经获得的财富转眼间化为纸上的一场富贵梦，连本带利再度交还给市场，而且使投资者负债累累，更为致命的是，他们依旧认为靠着"打板捉妖"能够东山再起，结果之后三年都为此再度付出惨重的代价，牛市期间所有自认为使用后成功率达90%以上的手法和策略都失灵了，而那时候在内心萌发的短期获得暴利和侥幸贪婪的心理却需要耗费多年才可能得以纠正，使自己回到正途。

对于绝大多数人来说，进入股市的时候很少具备基础的证券知识，属于误打误撞或者机缘巧合下就进入了市场，对市场的风险也只停留在听说或理论的认知上，而对于从股市获取财富的奢望却伴随着炒股生涯的始终。回过头看，我认为自己当时进入股市还算是幸运，而且学生时代投入的资金额度虽然在当时是我的所有资产，但在时隔多年的现在来看勉强可以接受，这也算是为获得沿途积累的宝贵经验所买的单。只是对我毒害最深的，我依然认为是初始阶段被误导去频繁地追涨杀跌、进行超短交易所形成的投机理念，它一直在内心深处挥之不去。

贪婪的欲望本来就是人性中的一个方面，而市场每天的波动给人提供了满足贪婪欲望的机会，所以促使自己形成了每天要进去捞一把的冲动和心理。这种心理一旦形成，就必然会养成追涨杀跌、频繁交易、患得患失等交易恶习，一旦沾染上，基本上会无心工作或者生活，而且情绪波动非常大，对人产生的毒害之深，堪比赌博成瘾，而且要想杜绝其影响，至少需要一两年的时间，这还是方法得当的前提下。

我从这个阶段走出来主要得益于自己一段时间的暂时性离开市场，这让我彻底不再受到市场的干扰，内心每天不再有起伏，逐渐平缓下来，然后从业于此，参加一些私募活动或者金融行业论坛，从以前的野路子到逐步地向正规军转型，眼界从盘面、K线、股价波动、热点、炒作等提升到行业、企业、市场前景等上来。这对我的投资生涯起到了根本性和本质性的推动作用，再去看股市、看K线，所有的个股不再是我参与赌博的筹码，我关注的点开始切换到这个企业本身的质地和其在所处行业的地位，以及最近5～10年的业绩增速、股价走势以及未来发展前景，然后逐步地放下对股价短期波动的执念，心态也更加坦然。

这个中间还有一个起到关键性作用的因素，就是我一直保持着阅读的习惯，了解资本市场的定位。A股市场发展的三十年历史轨迹以及途中涌现的通过投资实现财富积累的人物的生平事迹等，都成为自己对市场理解和个人成长的铺垫；并且通过培养和形成阅读习惯，人的心境会变得颇为平缓，不再是大起大落，对任何突发情况都会看得云淡风轻。

对于任何概率性事件的研究很难找到标准答案，或者说压根就不存在标准答案，所以理应不过于执着。对于股票上午涨不涨、下午涨不涨、今天涨不涨、明天涨不涨等问题，虽然涨了你能赚钱，但是在弱势行情中如果一味追求这些的话，人会相当苦恼，甚至耽误一生。

与市场有意识地保持些距离，尽可能将闲置资金的一部分用作投入股市的资金，这种策略在行情好的时候可能觉察不到什么作用，但在市场出现风险的时候就会显得尤为重要。

投资不是一件急功近利的事情，而应该是细水长流而有所得，记得偶然一次我看到一句话"选对拿住，慢慢变富"，觉得很有道理。只是在这个"选对"和"拿住"中，要辅之以必要的风险管理，这样可以更好地提高慢慢变富的成功的概率。在股市不要刻意追求完美，要允许存在遗憾，这个遗憾不仅仅是亏损，还有可能是"卖飞"。但一定要能够尽可能地规避致命性的风险打击，因为不管投资做得多好，这些重锤般的风险遭遇一次，都是毁灭性的，需要几个月甚至几年才能恢复，抑或至此被股市淘汰都有可能。

A股市场永不止步地向前发展，我们的所知所学所感都会不断地更新和增加，我们要关注国运、关注时局，关注投资的风险和机会。

思考:

涨了或者跌了,就是投资成败的判断标准?

2020年11月18日,我把拿了多月的爱尔眼科股票做了获利了结,大概是在64.6元的价位,卖了之后继续下跌,我也就直接删除该股票了。因为当时我看到欧普康视、药明康德等同批次的标的都出现放量重挫现象,心中预判短期可能难以修复,所以没给自己犹豫和纠结的余地。

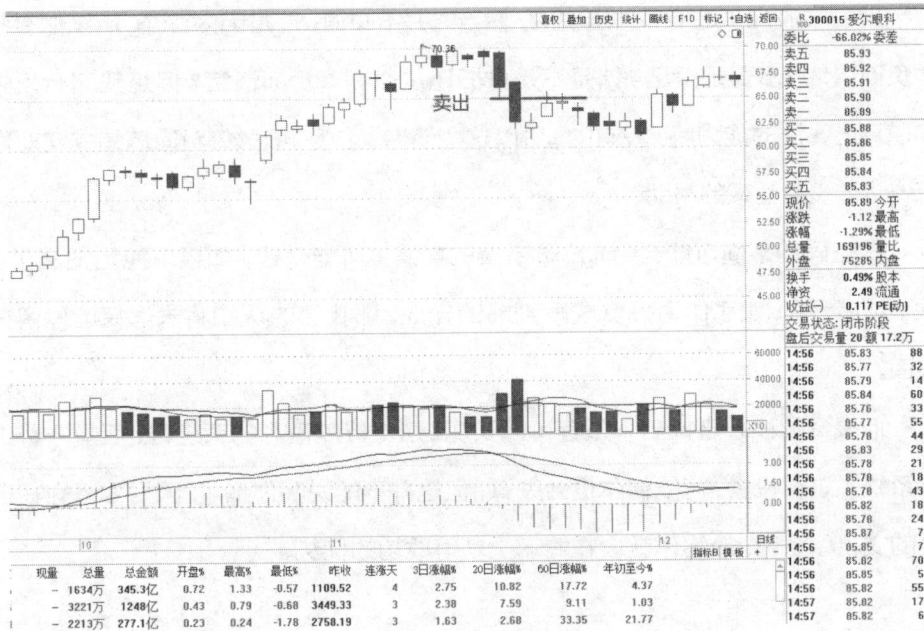

卖出后不到2天时间,爱尔居然反弹到我卖出的价格以上,有朋友问我揪心不,我当时还没反应过来,然后看到爱尔才意识到可能是说这个。我其实并没有什么感觉,说揪心是因为今天股价涨了,但是要这么想的话,前天我卖出后跌了近6%,昨天最低跌了近2%,我是不是当时应该庆幸?

之所以会有这种心理,很大程度上是因为卖出后跌了或者涨了,但是在我们进行买卖的当时就能够预知到后面会涨或跌吗? 不会。

我们所有的判断只能根据当时所存在的依据和盘感,后面怎么走、是涨是跌,再纠结都没用,因为未知。如果我因为卖出后跌了就欣喜,势必会因为又涨起来了而伤悲，无穷无尽的情绪起伏简直是煎熬。

我记得一个很深刻的例子，一位股友拿着持仓问我一只股票，是一个要业绩没业绩、要趋势没趋势，负债累累甚至难以盈利的企业的股票，即我们所说的垃圾股，煎熬了几年，依旧被套，问我怎么办。我说从做投资的角度来讲，我建议你止损换掉，买优质的企业，但是就在卖完没多久，垃圾股开始启动大涨，而买入的绩优股还没反应，对方这时候又有了懊悔、煎熬、难受等一系列的负面情绪。

但垃圾股涨了是事后才出现的，你当时并不知道，这是因为涨了，所以你有各种负面情绪。那要是没涨呢？是不是依旧还是充满着负面情绪？但是我们有预先知道马上要涨的能力吗？没有的，所以这些懊悔、难受、煎熬等负面情绪其实对你投资进步没有丝毫的帮助。

做正确的事情可能会亏损，做错误的事情也可能赚钱。如果单纯地把涨了、跌了或者亏了、赚了作为投资成败判断的标准，那我们的认知将永远只能停留在表面。

而投资的核心是找到一整套可以实现稳定、持续盈利的系统，然后坚守着这套系统去进行投资。可能偶尔也会失算，但这并不能说明你错了，因为你坚守在自己的交易体系里，最终你就会在概率上获得成功的优势。

第二章

股市入门——研究交易

对任何一个领域的认知积累，我们都是从什么都不懂开始摸索的，在这个过程中，很多弯路是绕不开的，即使懂得一些理论，但在实践中该遇到的困扰并不会因此减少，尤其是在资本市场，加上只要是与金钱近的地方都会有"人性"这个最不稳定的干扰因素。很大程度上，对交易行为和持股周期进行主导的都是情绪，也就是所谓的人性使然。可以回想一下，是不是这个道理。如果说买股还会去问问人或者自己进行一下对比、抉择，持股和卖股的操作基本上都比较随性，涨多了或者跌多了就卖了，纵使是说好要中长线持股的。

第1章算是对我股市生涯的摸索阶段的概括，所有的个股在当时的我的眼里充其量不过是赌博的筹码，所看到的都是K线、量能、股价短期波动等打开盘面就显示的东西，我以为那是股票的所有，以致我那一阶段的分析和研究都局限于这些要素，始终被困在一个圈子里打转而无法跳出来看到这些因素背后的主导之物。很大程度上这是受限于自己的认知，因为我一开始入市，能看到的、能接触到的也就是这些，所以对股票的认知很难寻找到新的突破点，进一步提升自我的认知。那段时间看的书也多是局限于盘面的技术分析类的东西，可能这就是思维受限而导致的结果，不借助外力的话很难打破。应该在任何一个人生命成长的阶段都会有类似的经历或困扰。

跳出原有局限的思维后，我通过一段时间的空仓，与市场切断了关联，并且毕业后开始进入证券投资行业，参加一些财经论坛，接触到略微正式的证券投资知识和私募行业，这个时候我才认为自己真正地开始对股市入门，大致在我入市三年后。我并不认为那时入门算晚，很多人受限于固有思维很多年甚至一生都没真正入门，所以我还是算比较幸运的。

对股票的认知开始越过一眼就看得到的东西，转而开始思考其最本质的内容，这是一个新的思考层级，尽管涉及基础的财务知识、企业管理和行业预估等方面内容，但只要找对了方向，即使我再花几年去研究，也比在错误的圈子里打转要好。

一件事能不能成功、有没有前景，首先要看其在理论上是否可行，如果理论上都不可行，那基本上就可以不考虑了；如果理论上可行，再看有多少人是这样做并且获得了成功，如果有一些但并不是很多，说明依旧有挖掘空间，如果很多人是这样做并且获得了成功，则基本上不会再有多少利润。据我所知，靠超短线投机博弈实现稳定、持续的财富增长的，世界资本市场的历史中这样的人物几乎没有，概率极小；但是靠长期优质企业投资实现财务稳定、财富持续增长的，总能扳着手指数出来几个。哪条路成功的概率更大，经此对比一目了然。当然，如果你觉得自己能够创造奇迹，那我只能说祝你好运，毕竟在成就奇迹的路上需要付出惨重的代价。

这些问题出现在我脑海里后，我便开始对股票的交易进行新一轮的思考。首先是对自己的过往进行反思和总结，毕竟我耗费了青春和财富走过一段弯路，要对得起付出的学费的价值；然后梳理出一些交易的恶习，坚决抵制，培养并且形成全新的投资理念，着手构建系统性的交易体系。

也就是从这个阶段开始，我把对股票的参与不再叫"炒股"，而改为"投资"。炒股本来就带着翻来覆去的意思，给人的潜意识就是需要不断地轮番地进行买卖交易；投资不一样，需要投入资金并且经过一段时间的等待，二者有着相当大的区别。这也是我从理念上进行转变的一个外在体现。

之后的多年时间里，很多一起做股票的人会适当地咨询我对一些题材、热点或者妖股的看法与观点，我会时不时做一些点评，而且有时候解析得还是很对，果真让他们抓住过涨停。他们问我为什么看得懂自己却不做，其实如果不是他们问我什么热点、题材、妖股、涨停这些问题，我自己是压根就不会去翻看和解读的。在我眼里，追逐这些变幻莫测的东西纯粹就是投机倒把的行为，与我转变后的投资观念相悖，所以即使我偶尔能够看对抓住、赚点钱，但刀尖起舞迟早要吃亏，而且难以为继，甚至遭到重锤直接让账户内的资产遭遇重创。

在投资的路上，很多事情一旦彻底地想明白了，就需要勇气和毅力去耐心地坚守。

一、容易被忽视却不得不重视的交易成本

有一个股友的实际案例：我在某个平台上的一位粉丝，是某省会城市的中学老师，她沉浸于股票交易，喜欢做一些短线的博弈操作，持股不会超过3天。在相当长一段时间里她与我频繁地有过交流，我能明显地感觉她心理、情绪的波动牢牢地被股市所主导。情绪的喜悲受制于所参与股票的涨跌，尤其是押大小般地在股市博弈，成败自然可想而知，最后甚至影响到了生活和工作。我劝说过让她暂时性离开市场一段时间，当时她估计是因为管不住手没采纳我的意见，后来可能的确是因为股市不顺造成了亏损，让生活和工作越发不稳定，只得销户终结股市生涯。

对于绝大多数人，尤其是年轻人，我是不建议涉足股市的，因为凭借自己积累的知识进行工作所获取的财富积累，在很大程度上会超过股票投资产生的收益。凭借着青春、激情和斗志穿行在各个行业中，会积累社会经验和资源，这些东西都会对未来的职业发展有帮助，按照目前的基本薪酬来算，一年6万~8万元是至少会有的，往后还会随着职位的升迁而递增。

如果沉迷于股票交易，在自身对A股市场达不到一定认知程度时，人性的弱点都会促使自己暴露出寄望暴富、心存侥幸等心态和出现短视、管不住自己等不成熟的行为。因为年轻，不够沉稳。这在股市初期阶段是会吃亏的。暂且不说本金不多，即使有10万元本金，亏钱的概率是90%，纵使赚钱，按照20%~30%的年化收益率也就赚两三万元，远远低于努力工作所取得的财富报酬。

这就是所谓的机会成本问题，我有这个感触是因为自己在这条路的初始阶段历经过不少内心挣扎，无数次想要放弃，影响过其他的职业发展规划，好在是最终走出来了，否则真是耗费了青春和当时仅有的一点财富。不确定这是否属于幸运，毕竟从这条路能走出来的，真的是很少。所以，如果书本前的你尚且年轻，在事业与股票的时间与精力投入的侧重点上，希望能够进行适当权衡。

再回到交易的层面上来，我们通常认为的亏损可能就是单纯的由于买卖决策失误而导致割肉所造成的亏损。不否认这是对我们财富增减起到决定性作用的方面，但是我们也不能忽略那些在无形之中对我们资金进行蚕食的交易成本。

可能有朋友会说，一笔股票买卖能有多少交易成本？如果单纯地看一两笔买卖，我觉得费用不算高，但我们要明白，尤其是高频交易者，换手率恨不得每天都是100%的人，一年下来即使操作得再好，也不会剩余多少盈利，而一旦操作不好，交易成本会极大地加剧亏损。

很多人知道券商佣金为万分之二或者万分之二点五，这是行业里最普遍的费用标准，听起来的确很低，但是交易时所扣的费用远远不止这些。暂且不说什么交易费和过户费，这些都太低，可以忽略不计；大头是印花税，这是按规定全部统一收取的，按照千分之一收取，但只有卖出单项收取。如果你觉得券商佣金万分之二不多，那么印花税的千分之一就相当于万分之十，是不是觉得不低了？

从交割单上来看，前面的佣金、交易规费都比较低，过户费可以忽略不计，但是仔细看"卖出"这一栏的印花税，卖出4万元额度的股票，印花税就是40元。一笔买卖总体费用按照万分之二来算的话，就是8+8+40=56（元），这是4万元额度的股票一笔买卖的最低费用，额度更高的话费用肯定更高。单次显示不出交易成本的昂贵。我来举一个例子：

以10万元本金一周进行买和卖4次，也就是2笔完整的买卖操作为例，一周2笔完整买卖对于大部分人来说不算频繁，下面来计算一年下来的交易费用。

我们假设全年维持10万元本金这个额度不变，券商佣金按照万分之二计算，一周进行2笔完整交易的话，合计费用是：

$2×（20+20+100）=280（元）$，这里面两个20代表买和卖时候的券商佣金，100元是卖出的印花税，前面的2代表2笔完整的交易，总体下来一周交易费用是最低280元。

据此类推，一个月4周，那么一个月的交易费用是1 120元；一年12个月，一年下来的总的交易费用是13 440元。

也就是说，按照一周进行2笔完整买卖换手的话，一年下来本金的约13%是交易费用。如果这么频繁地操作，实际的年化收益率达不到14%就无法实现盈亏平衡，我们自己想一想每年年化收益率达到14%+是个什么概念。

这还是一周只进行完整的2次买卖，如果更频繁一点，券商佣金按照万分之二点五来算的话，一年下来交易成本稍微想一下都觉得恐怖。

虽然我对中长期投资和超短线高频投机有自己的见解，但并不是过于执着的成见，毕竟不排除存在极具天赋能够利用超短交易实现稳定、持续暴利的高手，只是我立足于绝大部分中小投资者群体，对不同操作手法的成功概率进行对比，从而帮助中小投资者找到更适合自己、更容易实施的交易方式，或者至少让读者有一个对于交易成本的意识，从而对自己未来操作体系的构建多几个思考的维度。

二、行业乱象充斥着急功近利气息

大部分人都是抱着赚钱的信念进入股市淘金，即使有过几年的炒股经验，依旧对通过炒股暴富抱有侥幸的心理,一方面是人性使然,另一方面是金融行业不成熟所致。

无论是承诺高收益低风险的投资,还是盛极一时的P2P,最终都以资金链断裂爆雷收场,以致无数人血本无归。对于很多人而言,哪怕是涉足股市之初就有投资念头,其实也很难有比较科学、合理的投资理念,比如,年化收益率达到多少算是不错的?家庭的资产如何配置最好?炒股的风险到底大到什么程度?等等。

人性中本来就有贪婪的因子,尤其是最接近金钱的地方,欲望可能会被无限度地放大,甚至失控,再加上财经平台或者媒体券商等过度而频繁地广告宣传,多少人都迷失其中而不自知。

印象中,券商都是全程看多市场,回调都是"牛回头",持续低迷就宣扬。是"蓄势待发、价值低估",漫长的熊市中最擅长疯狂猜底,略微有些涨势就是各种牛,"万点不是梦"也时常出现在一些舆论中。机构的言论更为直接,市场哪些方向涨得好,基本上就会出现相关的机会梳理,而且点的都是市场最热涨的最好的个股,对指数是涨时看多,调整时看多,大跌时提示风险可控,但市场的高风险问题很少谈及。

我当时寄希望于在财经平台找寻投资之道,翻看各种内容、跟踪各路大V,时不时混进各种社群或者股吧,最能明显感触到的是网上的人都在赚钱,而且动不动就市值创新高或者本金又翻倍;还有一些秀出自己的持仓交割单,展示收益率,就没怎么看到说亏过,觉得人家好厉害;社群里股吧里,几乎每天都会有人呼喊着买的股票又要涨停了;一旦市场大涨,总会有人冒头出来说幸好昨天仓位全部打满了;一旦遇到市场大跌调整,也总会有人赶紧出来说昨天我一清仓今天就大跌,现在空仓很轻松,等等。

我当时怎么都想不明白,这些人怎么这么厉害,总能够精准地抄底和逃顶,时不时能抓到涨停,市场最热涨得最好的股票都在他们的持仓里,而自己的股票永远不争气。

　　我是后来才知道，原来还有软件可以制作交割单、编辑持仓个股，代码、成本都可以轻而易举地修改生成，那些充斥在市面上博眼球的获得暴利的持仓或者交割单，80%以上都是通过这些手段制造的。即使有极少数是真实的，也基本上是好不容易抓到涨停了，就赶紧拿出来炫耀一番，满足一下自己的虚荣心。不是因为你看到他买了，所以他的股票就涨停，而是因为他的股票涨停了，所以才到处炫耀导致被你看到。这个逻辑一旦理清，看待这些现象就会比较理性。至于追涨杀跌、博弈超短的人，绝大部分时间都是备感煎熬，这是亘古不变的，我有切身感受。

　　能够一眼看清事情本质的人会少走很多弯路，当然，如果无法看清，我教你一种方法，就是通过思考事情背后的利益驱动去查探或者分析一些事情，也会探寻到或者接近本质。比如，证券机构为什么永远看多？因为要吸引投资者开户炒股，买基金、买理财等；大V们为什么永远点市场最强最热的股票，发最暴利的持仓交割单？因为要迎合人性、吸引眼球，让心存侥幸、幻想暴富的人关注自己，一旦你们关注或者找到这些大V，要么他们承接广告、凭借流量赚钱，要么推股票赚钱要分成或者直接收会员费，甚至严重的就直接让你们接盘。

　　市场永远是充满着不确定性的，而且任何高额的投资回报都是不可能持久的，低风险高收益的投资品种几乎没有，任何包括但不限于权威的观点、言论在金融领域都只能作为参考，要在知识积累和经验沉淀中对出现的现象或者言论逐步形成属于自己的独立见解。

　　时常有人问我，看到那些连续涨停或者动不动拉一个板的股票难道不心动吗？多年以前，在我从做短线转向做投资的模棱两可的阶段，说实话是比较容易受到诱惑的。投机倒把是有瘾的，杜绝它不是一朝一夕的事情。可能我们做投资，一只股票拿着几天、几个星期、几个月甚至几年，都不怎么涨甚至反复上下、原地踏步，常人要是持有盯着的话，估计要郁闷死，但对于我来说，就将这些看得很淡，反而每天或者每隔一段时间，出现什么由热点、题材、妖股等带动的狂欢似的疯涨时，人很容易受不了，尤其是自己买入的或者持有的股票不动，而放眼看去到处都是上涨的股票，心神稍微不定的就容易被卷入追热点做题材的浪潮中。

做热点，追题材，捉涨停等操作被市场绝大部分人接受，并且即使亏损也愿意沉浸其中，很大程度上就是因为其满足了人的本性，给人短期赚快钱的视觉冲击和希望。做投资的人一年赚几十个点堪称大师，但在追热点、做涨停的人眼里那不过是"抓几个板"的事。殊不知，动不动就抓板的人，无时无刻不面临着跌停板的风险。

任何超常规的收益率都是很难持续的，最终均会被市场或者规律所平均下来，概莫能外。

三、复盘过往交割单，重塑投资体系

人生没有白走的路，每一步都作数。如果做任何事都只有成功这一种标准值得重视和推崇的话，那生活未免太过无趣。在任何一个阶段，只要你是用心努力地去做一些事情，即使在当时未能取得满意的成就，甚至说失败了，都应该珍视其价值。我们对任何陌生的事物认知本来就是从一无所知开始的，不然为什么从小就要交学费上学读书，付出金钱、用青春换来的经验和教训都值得深刻地反思和总结。

没有人愿意揭开自己的伤疤给别人看。我们看到目前辉煌的阿里巴巴、京东和腾讯等商业帝国，在惊叹于它们的成就的同时也要想到它们也经历过中国黄页的四处碰壁，在互联网寒冬中勉强度日的阶段。

我也曾一度不敢回过头去看自己炒股前几年的悲惨经历，内心深处有过无数的排斥，但那些是我青春年华里耗费的岁月和二十出头的年纪仅有的财富还遭到毁灭的历程。我终究还是对过往的交割单记录进行过深度复盘，一来是思考当时的选股、操作和思路的缺陷；二来用以时常警示自己敬畏市场，保持谦卑。

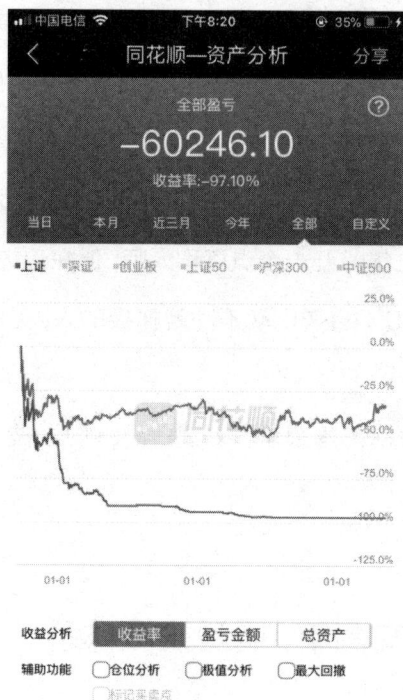

这个账户记录的是从2015年5月开始到我2016年6月大学毕业后的交易，在2017年从事证券行业的工作之后就停止使用，因为从业人员不允许炒股。这两年的交易几乎都是在那波牛市最顶的时期开场，然后历经大幅下跌、熔断、千股跌停等。初始资金是大学学费和一些生活费，账户中途进行过一次充值，2016年初在3 600点附近的时候，自己通过兼职等攒下来点钱，网上一些所谓的"股神"告诉我，抄底加仓不要错过回本机会，但加完仓后很快就跌到了2 600点，所以大家能理解为什么这个账户会被注销了吧。

不过，这只是那波行情以来的一个缩影，经历过的人回首起来依旧心有余悸，幸运的尚还存在于市场，不幸运的要么财富大规模缩水，要么破产销号。

鉴于本人操作的个股太多，这里不进行一一地讲述，但是当我复盘这些交割单时，却是一条一条逐个看的，看着一笔笔交割记录，再回到个股当时的K线图，查看买卖点和持股周期，然后会进行系统性分析、总结，以便为未来的选股和操作提供实战性的参考。

从这份交割单来看，首先一眼就能看到的是小赢大亏的局面，割肉基本上都是十几个点、几十个点地割；止盈都是个把点，达到十个点的很少。

其次持股周期一般比较短，集中在2~3天，即使有一些比较长的，从止损的比例来看，很容易断定是因为买入被套而不愿意止损的被迫持有，最终仍是忍无可忍进行深度止损割肉。

再次是所有参与的个股基本上都属于盘子不算大的，那时候即使一百来亿的都不能算中等盘子，不要忘了那是在2015年牛市顶上，那时再垃圾的票都存在泡沫，几百亿盘子的票参与得很少，千亿以上的更是几乎没有，说明所有操作都是为了单纯投机炒作、博弈差价。

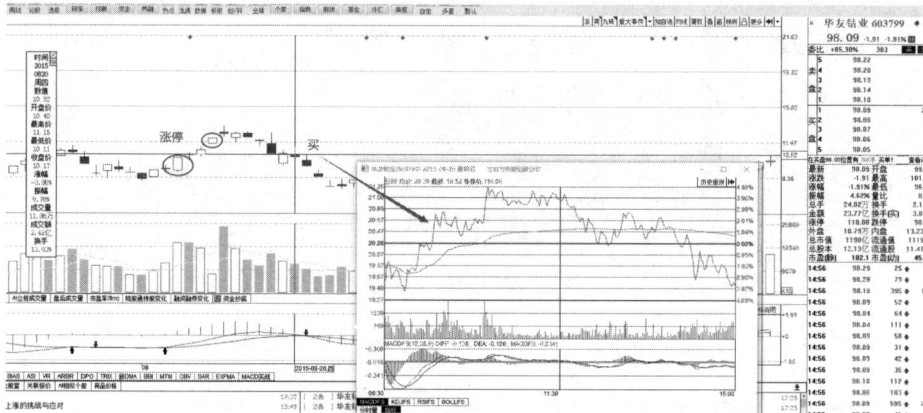

选股大部分都是围绕近期有过涨停的来选，而且买点不少都是出现在涨停后几天，一涨就开始追进去，这也是短线客常规性的选股和买入准则，至于成败嘛，涨停连板我很少遇到，跌停倒是不少。

这些交易中存在的问题或许投资者在做交易时也进行过思考，只是由于困在其中，加上情绪波动，很难有站在现在回看那么清晰明了。我们都擅长分析过去涨跌及成败的原因，却很难预测未来，尤其是在股市中，但却可以通过原来反复踏过的坑、重复犯过的错，甚至已经经过持续几年时间的实践，证明那些无法实现持续、稳定盈利的方式方法、选股策略，并引以为戒、及时回头，对后续的投资进行战略性修复和调整。这就是时常回过头来看看过往走过的路所具有的启迪价值。

我相信后来我戒掉了交易恶习，比如频繁调仓换股，略有盈利就及时落袋，一旦被套就抱持幻想侥幸解套，围绕涨停股寻找延续连板，只把股票当作投机筹码等，都与沿途的经验积累和反思总结有莫大的关联。

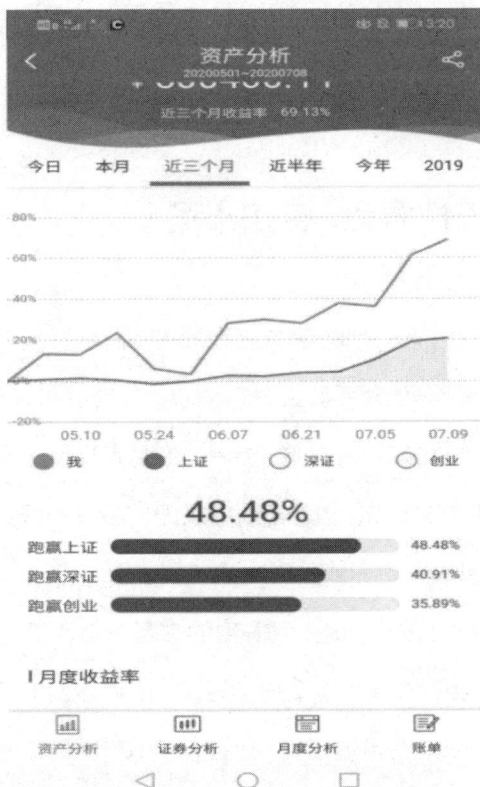

自从开始避开那些走过的弯路，我也在无意识中为后来重新构建投资理念和操作体系做着铺垫。

在一级市场融资有一个潜在的规则，我2017年在北京从事私募股权投资的时候，在上海见需要融资的创业团队时发现，这些团队各有各的项目，并且都有自己的发展和战略规划，不可谓不出色，但是我们作为投资方，还需要考察的一个点是，这个创业团队里面是否有人曾经创业成功或者赚过大钱，因为在观念、意识里默认那些曾经取得过辉煌成绩或者赚过大钱的人往往以后还有可能继续赚到大钱，说这是实力也好，运气也行，但是无论如何，我们做投资都是需要有一定的运气的。

在二级市场上选择股票往往都会查一查这只股票的历史走势，是否有过大牛行情，或者有没有过连续涨停，而那些持续很多年都表现得很优秀的企业，股价或者高分红持续很多年的，我们都惯性地认为未来可以持续，而那些持续跌了很多年的股票则会尽量规避。

四、进行系统性复盘，感知市场

自从开始炒股，就时不时地听到或者在股吧、论坛看到"复盘"这个词，一些大咖级别的人物几乎每天收盘后都会进行复盘，并且发布复盘内容，而我们作为跟随者也就只能等他们发布后去观看、参考。在很大程度上也是由于这个原因我们对市场很难形成独立的观点，也就导致后来即使看好市场或者看好一些个股，但意志都不够坚定，因为受到的外界影响太大。

我为了学会复盘到处求学问道，但得到的都是只言片语，不够完整，在经过一系列的摸索学习和从业中的行业前辈的指导之后，我才系统性地学会完整的复盘体系，也的确感受到，无论是超短投机，还是价值投机或者一些中长期的投资，前期的系统性复盘都会在很大程度上使自己对市场的认知和感受迅速提升，坚持一两年的复盘就会对市场个股基本面或者盘面K线形态，以及可能的短期的波动形成视觉记忆，多年后只需要偶尔翻看一下市场盘面就会形成自己独立的看法或者观点。

复盘的基本步骤都是差不多的，只是个人会根据自己是做投机还是投资，在个股筛选以及操作策略上有所侧重，我把完整的复盘体系记录下来，朋友们可以根据自己是投机还是投资进行适当完善。

1. 复盘的基本步骤

首先看大环境，世界经济的联系日益密切，随着金融开放的口子越来越大，各国资本市场都有着更密切的关联，复盘首先看的是大环境。

每天早上8点开始，亚太股市日本、韩国股市等逐步开盘，9点半A股开盘，A股一收盘，欧非以及中东股市开始开盘，晚上9点半美股开盘，基本上全天全球的股市会经历这么一个轮回。

各个资本市场之间互相关联，互相影响，尤其是异常极端的情况，关联度尤为明显。一旦发现哪个资本市场出现爆发性的上涨或者断崖式下跌，就需要提防全球不确定性风险，A股自然也难以独善其身；一些常规的波动，随着一致性预期的判断，基本上对A股的影响集中在开盘半小时后，后面还是按照自己的节奏来。

其次是看A50期指的走势，由于它基本上是全天候地运行，所以我们对当天A股指数走势的预判很大程度上可以参考A50的K线形态和当时的走势，尤其是指数（上证或者创指）的开盘，准确率比较高。

自选股	我的板块	板块同列	最近浏览							
排	代码	名称	.	涨幅%	现价	涨跌	总手	卖价	所属行业	总
1	000001	上证指数		-0.58	3509.75	-21.11	3.61亿	--	--	49
2	399006	创业板指		+0.40	3298.50	+12.99	1.42亿	--	--	25
3	399001	深证成指		-0.62	14801.24	-92.35	4.53亿	--	--	62
4	000016	上证50		-0.86	3576.78	-30.90	4073万	--	--	990
5	399673	创业板50		+0.64	3283.19	+20.98	1650万			72
6	588000	科创50ETF		-0.33	1.493	-0.005	554.8万	1.493	--	8.
7	000300	沪深300		-0.89	5224.70	-46.77	1.81亿	--	--	36
8	159915	创业板		+0.50	3.195	+0.016	184.3万	3.195	--	5.
9	513050	中概互联网ETF		+0.11	1.876	+0.002	363.2万	1.876	--	6.
10	510100	上证50ETF易方达		-0.57	1.397	-0.008	93095	1.397	--	13
11	510050	上证50ETF		-0.83	3.571	-0.030	487.4万	3.572	--	17.
12	510300	沪深300ETF		-0.93	5.240	-0.049	337.6万	5.240	--	17.
13	510310	沪深300ETF易方..		-0.96	2.385	-0.023	65.19万	2.385	--	1.
14	513550	港股通50ETF		+0.30	1.018	+0.003	110.6万	1.018	--	1.
15	512910	中证100ETF		-0.98	1.509	-0.015	10.28万	1.510	--	15
16	159952	创业ETF		+0.10	1.924	+0.002	33.33万	1.926	--	64
17	160223	创业板基		+0.56	1.602	+0.009	1595	1.602	--	25.
18	@GC0Y	纽约金连续		+0.15	1897.000	+2.800	226	18540.000	--	
19	512880	证券ETF		-1.80	1.093	-0.020	1409万	1.093	--	15.

最后是看上证指数、创业板指数，这两个比较关键，上证如果走得比较好，说明市场那些大盘股、优质蓝筹个股表现不错，创指跟中小创题材热点个股关联度高。通过这两个指数可以直接看出当天市场的大概情况，也可以通过指数K线的走势是否异常，对接下来的市场运行的可能性做出推测，尤其是破位或者突破等走势。

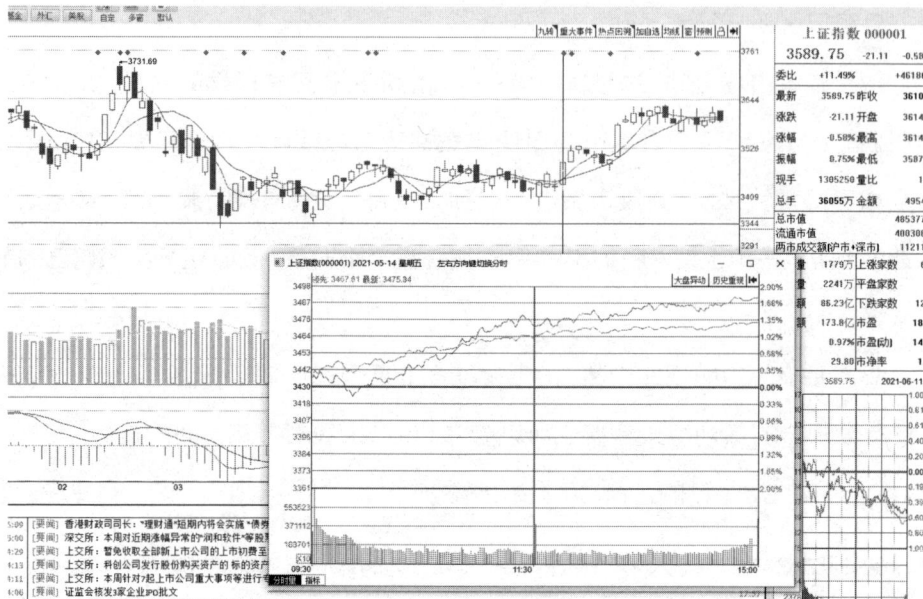

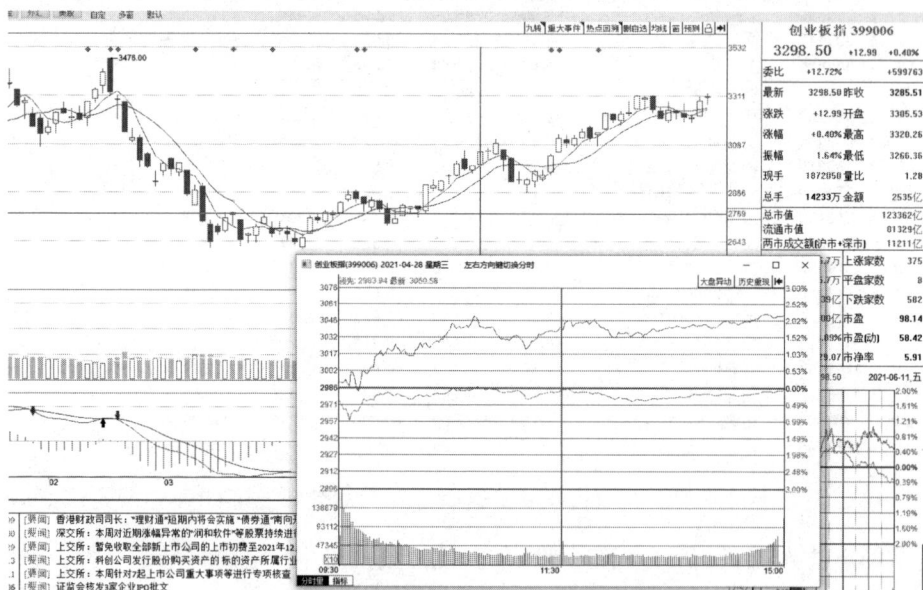

分时图中：

白色的线代表的是大盘股对指数的影响；黄色的线代表的是小盘股对指数的影响；黄色的线在上面，白色的线在下面，说明小盘股跌幅小，大盘股跌幅大；反之结论则相反。

日K线：

分析K线的形态、量能、趋势通道、均线、支撑压力等，可至少对指数短期的走势有一个大概的心理预判，有助于确定自己接下来的操作是进攻还是防守。

然后，分析热点板块和龙头。

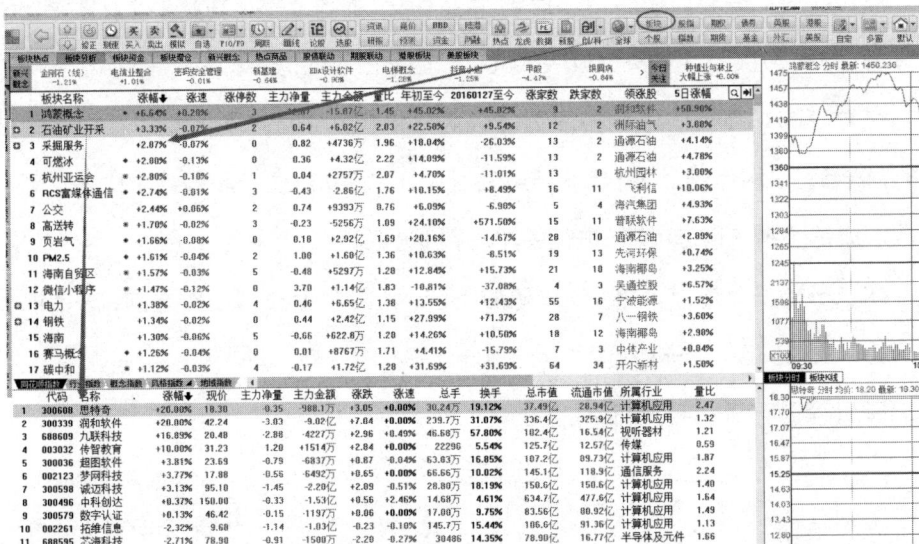

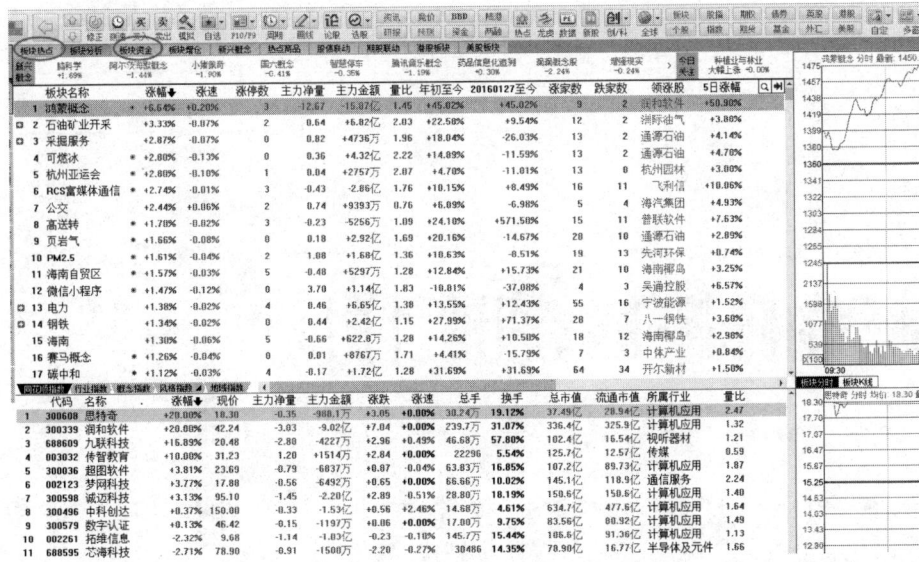

同花顺右上角，点击"板块"栏目，就会出现以上的页面，最主要的是板块热

点和板块资金，能够一眼看到当天市场的主流热点和活跃资金流入最多的题材板块。

选出当天最热的板块，可能有1~3个，然后结合板块资金，看这三个资金流入的排序，选出市场最强的热点，这对于短线选手来讲尤为关键。

然后在对应的热点板块中寻找到龙头个股，基本上都是在涨停板中寻找，涨幅最高、封板最快而且对整个板块人气有一定号召力的，大概率就是龙头。

在对应的热点板块里按排序选择强势活跃的个股，基本上都是近期出现放量的，或者有过涨停的，刚开始突破或者回调止跌的，这些个股股性都比较活跃，适合短线选手纳入自选，次日进行关注，择机进场。

如果市场没有热点，说明赚钱效应不佳，场内资金没有炒作方向，这种情况下不适合主动操作，防守最好。

最后，翻阅个股，筛选机会。

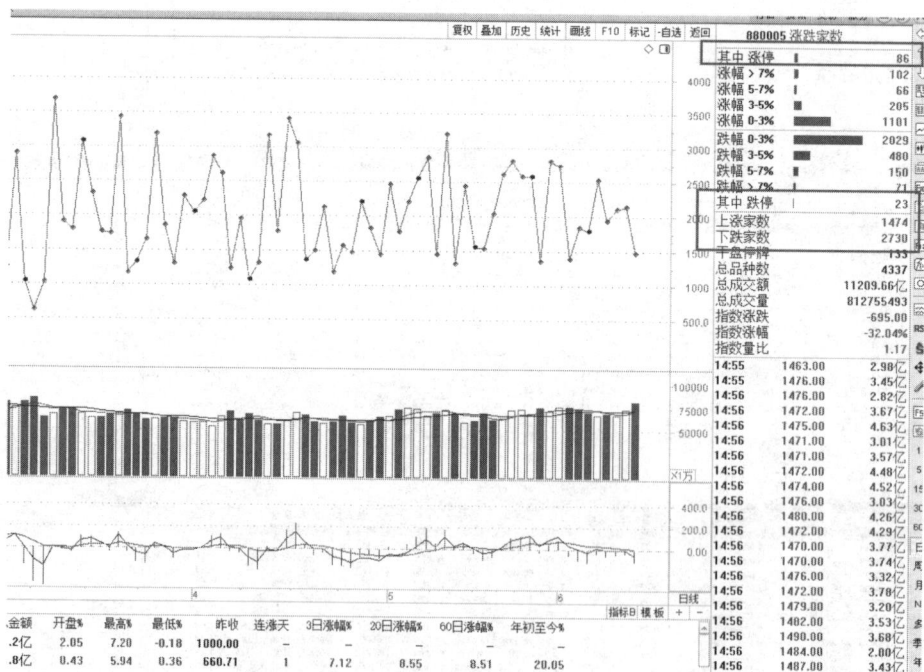

通过通达信软件看涨停和跌停个股的数据，如果涨停多说明市场还不错；跌

停个股大于10个以上的话说明市场情况不是很乐观；跌停个股数据大于涨停个股数据的话，说明市场比较惨淡；涨停个股很多跌停个股很少的话，说明市场氛围很好。这是对当天市场情况的一个大致解读。

排	代码	名称	.	涨幅%	现价	涨跌	总手	卖价	所属行业	总金额	
1	600872	中炬高新		-2.35	44.48	-1.07	12.44万	44.48	食品加工制造	5.58亿	
2	600887	XD伊利股		-0.86	38.26	-0.33	71.57万	38.26	食品加工制造	27.21亿	
3	000538	云南白药		-2.58	109.79	-2.91	10.36万	109.80	中药	11.37亿	
4	510500	中证500ETF		-0.49	7.509	-0.037	96.33万	7.511	—	7.24亿	
5	159929	医药ETF		-0.57	2.602	-0.015	57128	2.602	—	1485万	
6	513050	中概互联网ETF		+0.11	1.876	+0.002	363.2万	1.876	—	6.83亿	
7	CN0Y	富时A50期指连续		+0.02	17783.000	+3.000	2981	17784.000	—		
8	510050	上证50ETF		-0.83	3.571	-0.030	487.4万	3.572	—	17.46亿	
9	399006	创业板指		+0.40	3298.50	+12.99	1.42亿	—	—	2535亿	187
10	300242	佳云科技		-4.05	4.98	-0.21	36.89万	4.99	传媒	1.87亿	
11	000725	京东方A		+3.03	6.12	+0.18	1002万	6.13	光学光电子	60.02亿	24
12	600600	青岛啤酒		-1.82	107.58	-1.99	64585	107.60	饮料制造	6.95亿	
13	600132	重庆啤酒		-1.50	171.97	-2.62	44419	171.97	饮料制造	7.63亿	
14	600298	安琪酵母		-1.29	56.66	-0.74	10.00万	56.66	农产品加工	5.65亿	
15	002007	华兰生物		-3.34	37.00	-1.28	27.92万	37.01	生物制品	10.43亿	
16	601888	中国中免		-0.78	311.00	-2.46	92804	311.00	景点及旅游	28.75亿	
17	300015	爱尔眼科		-1.29	85.89	-1.12	16.92万	85.89	医疗器械服务	14.53亿	
18	600763	通策医疗		-0.02	386.52	-0.06	19440	386.52	医疗器械服务	7.48亿	
19	603259	药明康德		-2.52	146.02	-3.78	20.65万	146.28	医疗器械服务	30.48亿	
20	300760	迈瑞医疗		-3.31	470.00	-16.10	48279	471.08	医疗器械服务	23.02亿	
21	600340	华夏幸福		-0.19	5.12	-0.01	37.92万	5.13	房地产开发	1.96亿	
22	000568	泸州老窖		-3.17	258.25	-8.46	16.70万	258.25	饮料制造	43.20亿	
23	159990	小舟价值		-0.16	1.237	-0.002	3370	1.237	—	41.75万	

自己要建立一个强势股的股票池，每天要查看强势股当天的走势形态，尤其是高位连板的标杆个股。如果出现炸板，或者巨量大跌的阴线，或者不少个股都在放量见顶回落等市场退潮的迹象。那么接力氛围会受到影响，超短线尤其是进行接力打板的操作就要谨慎，随时可能被闷，等那些强势龙头股回调几天，量能缩到很小，K线也跌不动走下影线或者十字星的时候，可以低吸博一个反抽差价。

对于涨停板个股基本上每天都要一个一个地翻一遍，看看K线形态、分时拉板力度和封板时间，然后跟踪一下那些封板早的涨停的股票次日的走势，是继续涨停还是冲高回落，寻找连板个股的共性。尤其是对于做超短线的人，这种持续不断的训练可以帮助把涨停甚至连板的形态刻在记忆深处，形成视觉记忆，后面盘中看到一些分时或者日K线的时候就会有强烈的盘感，能对其进行短线预测，这对做短线人很有实战价值。

序号	代码	名称	涨幅%↓	现价	涨跌	买价	卖价	总手	总金额	现手	涨速	实体涨幅	现均差%	换手	比值%	总市值	流通市值	流通比例
1	688345	N博力威	+228.44	85.10	+59.19	85.10	85.11	16.18万	14.27亿	3	+0.00%	-15.74%	-11.98			85.10亿	17.25亿	20.27%
2	301008	N宏昌	+93.27	72.67	+35.07	72.66	72.67	19770	7.10亿	1	-0.64%	-0.01%	-12.42	55.06%	-35.34	48.45亿	12.11亿	25.00%
3	301006	C迈拓	+22.45	39.06	+7.16	39.06	39.07	20.81万	7.60亿	2	+0.03%	+23.61%	+7.92	62.97%	+71.02	54.40亿	12.91亿	23.72%
4	300287	飞利信	+20.05	5.03	+0.84	5.03		247.5万	11.67亿	10	+0.00%	+19.76%	+7.50	21.33%	+100.00	72.19亿	58.36亿	80.84%
5	300998	宁波方正	+20.01	35.92	+5.99	35.92		11.91万	1.90亿	1	+0.00%	+16.62%	+8.39	52.40%	+100.00	38.22亿	8.15亿	21.33%
6	688565	力源科技	+20.01	21.47	+3.58	21.47		986.96	2.00亿	10		+14.51%	+4.54	39.73%	+100.00	22.96亿	5.23亿	22.76%
7	300811	铂科新材	+20.01	46.79	+7.80	46.79		55007	2.51亿	408		+13.98%	+4.70	11.07%	+100.00	48.51亿	23.67亿	48.69%
8	300996	普联软件	+20.00	69.41	+11.57	69.41		12.43万	1亿	1		+7.18%	+5.50	19.33%	+100.00	61.17亿	14.55亿	23.78%
9	300925	法本信息	+20.00	51.18	+8.53	51.18		12.85万	6.02亿	523	+0.00%	+18.69%	+10.09	41.86%	+100.00	86.26亿	15.71亿	23.71%
10	300608	思特奇	+20.00	18.30	+3.05	18.30		30.24万	5.50亿	22	+0.00%		+0.64	19.12%	+100.00	37.49亿	28.94亿	77.19%
11	300339	润和软件	+20.00	42.24	+7.04	42.24		239.7万	94.60亿	1		+12.64%	+7.87	31.07%	+100.00	336.4亿	325.9亿	96.87%
12	300234	开尔新材	+20.00	9.96	+1.66	9.96		85.31万	7.91亿	2870		+16.90%	+5.90	26.96%	+100.00	50.94亿	31.51亿	61.87%
13	300663	科蓝软件	+19.99	36.20	+6.03	36.20		50.50万	17.15亿	1		+13.13%	+7.44	21.03%	+100.00	112.6亿	86.93亿	77.22%
14	300649	杭州园林	+19.99	16.93	+2.82	16.93		59011	9791万	207		+15.56%	+2.39	5.71%	+100.00	21.67亿	17.40亿	80.68%
15	300371	汇中股份	+19.99	15.19	+2.53	15.19		14.61万	2.07亿	7		+19.70%	+8.31	13.34%	+100.00	25.48亿	16.64亿	65.30%
16	300270	中威电子	+19.97	7.21	+1.20	7.21		13.65万	9750万	13		+9.24%	+1.12	20.09%	+100.00	21.83亿	14.28亿	65.42%
17	300264	佳创视讯	+19.97	6.05	+1.14	6.05	20.50	96.27万	8.88亿	543		+20.01%	+9.13	28.85%	+100.00	28.30亿	22.85亿	80.60%
19	300541	先进数通	+16.42	19.36	+2.73	19.35	19.36	86.43万	16.05亿	1	+0.00%	+17.03%	+8.36	57.80%	+0.99	102.4亿	16.54亿	16.15%
20	300219	鸿利智汇	+13.33	10.88	+1.28	10.87	10.88	27.52万	2.90亿	34	+0.46%	+13.22%	+3.47	4.38%	-62.01	77.02亿		68.66%
21	300897	山科智能	+13.09	38.95	+4.50	38.94	38.95	48666	1.84亿	3	-0.05%		+3.07	20.63%	-74.77	26.46亿		25.00%
22	300319	麦捷科技	+12.09	8.16	+0.88	8.15	8.16	50.50万	4亿	50		+11.78%	+3.23	10.61%	-55.82	44.96亿	30.85亿	68.41%
23	300319	先河环保	+10.34	1.10	10.34	10.35		62.57万	1亿	1		+7.71%	+3.17	19.13%	-39.93	71.97亿	68.68亿	94.68%
24	688408	中信博	+10.64	156.00	+15.00	155.90	156.00	13216	2.04亿	28	-0.18%	+9.40%	+1.39	4.10%	-70.50	211.7亿	49.37亿	23.32%
25	000982	中银绒业	+10.15	2.17	+0.20	2.17		632.4万	13亿	14361		+3.33%	+1.86	14.84%	+100.00	92.48亿	92.46亿	100.00%
26	000903	云内动力	+10.13	4.13	+0.38	4.13		86.75万	3.40亿	2569		+9.84%	+3.24	4.40%	+100.00	81.39亿	81.39亿	100.00%
27	002137	实益达	+10.08	7.21	+0.66	7.21		10.78万	7771万	1055			-0.00	2.84%	+100.00	41.64亿	27.36亿	65.70%
28	600982	宁波能源	+10.06	3.61	+0.33	3.61		41.12万	1.46亿	1102		+9.39%	+2.26	1.24%	+100.00	87.00亿	87.00亿	100.00%
29	601339	百隆东方	+10.06	5.80	+0.53	5.80		18.60万	1.05亿	992		+9.82%	+2.78	1.24%	+100.00	87.00亿	26.96亿	66.82%
30	002781	奇信股份	+10.06	8.22	+0.75	8.22		13.57万	1.12亿	2595		+6.52%	+5.79			18.50亿	17.11亿	92.52%
31	002530	金财互联	+10.06	8.22	+0.75	8.22		17.85万	1.41亿	1078		+10.19%	+4.30	6.52%	+100.00	64.05亿	52.35亿	81.74%
32	600129	太极集团	+10.03	20.41	+1.86	20.41		27.55万	5亿	125		+9.85%	+2.19	4.95%	+100.00	113.7亿	113.7亿	100.00%
33	603907	长城科技	+10.02	22.28	+2.03	22.28		61079	1.32亿	106		+10.96%	+3.39	3.42%	+100.00	39.75亿	39.75亿	100.00%
34	600096	云天化	+10.02	14.16	+1.29	14.16		119.4万	16.62亿	5574		+9.34%	+1.90	8.77%	+100.00	192.1亿		74.08%
35	600238	海南椰岛	+10.02	30.64	+2.79	30.64		76.01万	22.59亿	1901		+10.02%	+3.31	17.88%	+100.00	137.3亿	136.3亿	99.29%
36	002201	九鼎新材	+10.02	19.33	+1.76	19.33		19.38万	3.66亿	181		+9.15%	+2.64	5.85%	+100.00	64.27亿	64.11亿	99.75%
37	002881	美格智能	+10.01	34.93	+3.18	34.93		57682	2.01亿	143	+0.00%		+0.01	5.37%	+100.00	64.46亿	25.73亿	39.91%
38	000909	数源科技	+10.01	8.13	+0.74	8.13		10.24万	8308万	314	+0.00%	+1.75%	3.28%		+100.00	36.90亿	25.39亿	68.83%

序号	代码	名称	涨幅%↓	现价	涨跌	买价	卖价	总手	总金额	现手	涨速	实体涨幅	现均差%	换手	比值%	总市值	流通市值
329	002453	华软科技	+3.26	6.66	+0.21	6.66	6.67	46.36万	3.05亿	5724	+0.00%	+2.46%	+1.15	8.11%	-4.79	51.84亿	38.05亿
330	003013	地铁设计	+3.25	21.94	+0.69	21.94	21.95	50230	1.10亿	834	+0.00%	+3.54%	+0.10	12.55%	+3.18	87.76亿	8.78亿
331	300007	汉威科技	+3.24	16.89	+0.53	16.89	16.90	33.56万	5.68亿	2947	+0.12%	+1.44%	-0.29	13.72%	-34.75	49.49亿	41.31亿
332	002658	雪迪龙	+3.24	9.88	+0.31	9.87	9.88	29.78万	2.95亿	3506	+0.00%	+4.00%	-0.28	8.95%	-22.55	82.32亿	32.87亿
333	601006	国网英大	+3.23	6.71	+0.21	6.70	6.71	58.25万	3.89亿	13464	-0.15%	+3.72%	+0.29	3.07%	-0.33	383.1亿	127.3亿
334	300520	科大国创	+3.23	20.80	+0.65	20.79	20.80	20.92万	4.30亿	32	+0.00%	+2.92%	+1.33	10.22%	-75.50	50.73亿	42.57亿
335	600025	华能水电	+3.22	5.77	+0.18	5.76	5.77	46.30万	2.67亿	6669	+0.17%	+2.67%	+0.26	0.26%	-68.31	1039亿	1039亿
336	600461	洪城环境	+3.22	7.70	+0.24	7.70	7.70	14.09万	1.06亿	2496	+0.26%	+2.80%	+0.25	1.50%	-49.73	73.00亿	70.11亿
337	600052	浙江广厦	+3.22	3.53	+0.11	3.52	3.53	13.73万	4784万	2615	+0.00%	+2.32%	-0.60	1.63%	+11.50	29.80亿	29.80亿
338	002893	华通热力	+3.21	11.27	+0.35	11.26	11.27	13.86万	1.56亿	1724	+0.00%	+3.87%	-0.19	13.43%	-47.64	23.11亿	11.63亿
339	300850	新强联	+3.20	87.29	+2.71	87.28	87.29	21973	1.86亿	258	+0.02%	+2.69%	+2.96	4.80%	-11.55	157.3亿	39.32亿
340	300457	赢合科技	+3.20	20.98	+0.65	20.98	20.99	19.61万	4.10亿	25	+0.00%	+1.01%	-0.64	4.52%	+44.40	136.3亿	91.02亿
341	000695	滨海能源	+3.17	6.50	+0.20	6.49	6.50	48923	3159万	516	+0.00%	+4.53%	+0.69	2.21%	-14.58	14.44亿	14.41亿
342	600766	*ST园城	+3.17	4.23	+0.13	4.23	4.24	12.99万	5407万	1819	-0.24%	+4.96%	+1.63	5.80%	-26.23	9.48亿	9.47亿
343	600660	福耀玻璃	+3.17	57.99	+1.78	57.94	57.99	27.49万	15.91亿	5510	+0.49%	+2.64%	+0.97	1.37%	-85.73	1513亿	1162亿
344	002470	*ST金正	+3.16	1.63	+0.05	1.62	1.63	55.93万	9091万	5277	+0.62%	+3.16%	+0.29	1.93%	-50.75	53.56亿	47.21亿
345	600777	新潮能源	+3.16	1.63	+0.05	1.62	1.63	267.1万	4.37亿	20667	-0.61%	+2.52%	-0.37	4.29%	-31.30	110.8亿	101.6亿
346	600032	浙江新能	+3.16	14.03	+0.43	14.03	14.04	120.7万	17.02亿	20515	+0.00%	-3.24%	-0.41	58.00%	+59.02	291.0亿	75.62亿
347	002259	*ST升达	+3.16	3.59	+0.11	3.58	3.59	31400	1126万	377	+0.28%	+3.46%	+0.07	0.42%	-10.27	27.01亿	27.01亿
348	000612	焦作万方	+3.15	7.84	+0.24	7.83	7.84	39.20万	3.03亿	5975	+0.00%	+2.70%	+1.02	3.28%	-18.72	93.47亿	93.35亿
349	300992	泰福泵业	+3.15	30.12	+0.92	30.12	30.13	44830	1.35亿	1090	+0.00%	+2.10%	-0.32	20.82%	+58.60	27.01亿	6.40亿
350	300863	卡倍亿	+3.14	85.50	+2.61	85.49	85.50	16288	1.43亿	1	+0.11%	+2.88%	+1.00	16.80%	+59.09	47.22亿	11.81亿
351	300624	万兴科技	+3.14	75.14	+2.29	75.13	75.14	22.26万	17.21亿	5	+0.16%	+1.19%	-3.00	22.29%	-90.07	97.64亿	75.04亿
352	688215	瑞晟智能	+3.14	43.40	+1.32	43.15	43.40	8415	3674万	62	-0.37%	+1.40%	-0.61	8.85%	+8.03	17.87亿	6.82亿
353	605055	迎丰股份	+3.14	11.18	+0.34	11.18	11.19	15.90万	1.79亿	1846	-0.89%	+2.29%	-1.06	30.34%	+16.99	31.04亿	8.94亿
354	300598	诚迈科技	+3.13	95.10	+2.89	95.10	95.15	28.80万	27.71亿	1	-0.51%	+2.39%	-1.20	10.19%	+43.72	150.8亿	150.6亿
355	002291	星期六	+3.12	20.50	+0.62	20.50	20.51	21.00万	4.23亿	1137	-0.05%	+2.00%	-0.31	4.43%	-30.81	152.5亿	126.0亿
356	300991	创益通	+3.09	37.99	+1.14	37.98	37.99	35653	1.34亿	3	+0.00%	+3.30%	+1.26	16.71%	-59.88	34.79亿	8.11亿
357	600480	凌云股份	+3.08	10.03	+0.30	10.03	10.03	11.63万	1.15亿	75	-0.10%	+3.30%	+0.50	1.52%	+46.71	76.76亿	76.58亿
358	300619	金银河	+3.08	22.10	+0.66	22.09	22.10	23066	5123万	534	+0.05%	+3.03%	-0.50	6.62%	-68.40	16.51亿	16.51亿
359	300167	迪威迅	+3.08	5.36	+0.16	5.36	5.36	23.65万	1.25亿	4219	+0.00%	+5.10%	+1.49	7.88%	-26.95	16.69亿	16.51亿
360	002529	*ST海源	+3.08	8.04	+0.24	8.04	8.04	76669	6079万	1742	+0.00%	+3.08%	+1.43	2.95%	-20.75	27.02亿	27.02亿
361	600295	鄂尔多斯	+3.08	21.11	+0.63	21.11	21.12	24.00万		2906	+0.05%	+3.69%	+0.57	3.69%	-29.18	301.4亿	137.8亿
362	600647	同达创业	+3.07	11.74	+0.35	11.74		12339	1425万	586	+0.26%	+3.07%	+1.67	0.89%	+13.76	16.34亿	16.34亿
363	000566	海南海药	+3.07	6.04	+0.18	6.03	6.04	20.34万	1.22亿	1291	+0.00%	+3.07%	+0.81	1.75%	+8.74	78.76亿	65.41亿
364	000873	海晨股份	+3.06	41.40	+1.23	41.40	41.40	17300	7121万	3	+0.00%	+2.76%	+0.56	1.59%	-19.60	55.20亿	13.80亿
365	600569	安阳钢铁	+3.06	3.37	+0.10	3.36	3.37	93.03万	3亿	12010	+0.00%	-0.30%	+0.04	3.09%	-42.55	81.22亿	81.22亿
366	000567	海德股份	+3.05	10.15	+0.30	10.15	10.16	10.34万	1亿	547	+0.00%	+2.74%	-0.99	1.62%	-27.08	65.08亿	64.94亿
367	603906	龙蟠科技	+3.03	32.28	+0.95	32.25	32.28	86.84万	27.6亿	1	+0.59%	+6.11%	+0.89		-59.53	155.6亿	155.6亿
368	002238	天威视讯	+3.03	6.80	+0.20		6.81	98498	6630万	2213	-0.29%	+3.34%	+1.04	1.23%	-63.86	54.57亿	54.57亿
369	000725	京东方A	+3.03	6.12	+0.18		6.13	1807万	60.8亿	240480	+0.00%	+3.38%	+2.19	2.99%	-28.26	2130亿	2052亿

时间充裕的话，对于3%以上涨幅的个股，我都建议可以在每天复盘的时候翻看，上涨的个股更容易上涨，这里面存在着可能刚开始止跌回升或者创新高突破，要进行启动的个股机会，通过不断反复翻阅和跟踪就会寻找到一些蛛丝马迹，这些都能为后面的实战性操作提供思路，具有一定的参考价值。

在这个环节里，对于那些持续连板的个股可以持续跟踪。一般这些人气股，尤其是资金堆量换手的涨停往往都会有第二波上涨，可以放在股票池里跟踪，等缩量调整，出现小阳线或者带下影线的止跌迹象的时候，可以低吸进场潜伏，一般情况下都有反抽拉升，这种情况成功的概率很高。

投资型选手或者理财型投资者都需要建立一下优质企业的股票池，A股市场的优质企业本来就不够多，所以对一些行业龙头进行筛选，将具备发展前景而且股价持续多年上涨还进行分红的企业都纳入这个股票池中，偶尔翻看一下，走出主升浪趋势的可以趁着回调进行投机，中长线的则持续关注中报、年报中的企业经营问题，没有根本性变坏的则只需要对其价格高低有个大致性的估算，从而进行操作策略的规划。总之，对于这种股票不需要天天看或者复盘，几周、几个月看一次都可以。

以上是完整的复盘步骤，一开始进行复盘的时候会比较乏味，可能是看不懂或者看不出什么，但是随着慢慢深入了解，不断地坚持下去肯定会有不小的收获，开始的时候可以参考论坛、股吧里他人的复盘操作，但最终还是要独立进行，自身吸收和学习到的本事才会终生伴随自己，其他的新闻或者观点也要经过自己的过滤思考，最终变为自己的本事。

2. 频繁交易是导致亏损的根源

股市里的交易行为在初始阶段会受到情绪、跟风的影响，随着经验和阅历的增加，会逐步构建一些投资理念，这个东西会再度影响交易行为。股市中是存在很大的诱惑的，比如热点、题材、妖股、涨停、连板等，无论是翻看盘面中个股涨幅，还是看社群、媒体的言论，到处都在鼓吹着每天赚钱，在没有坚定的理念、信仰做依托的情况下，个人很容易被卷进投机炒作、频繁交易的漩涡。

为什么说频繁交易是导致亏损的根源？这里主要分两个方面来做论述，首先是交易成本，前面的一个小节中我系统性地阐述过，所以这里不再展开谈；另一个方面是以过程和结果为导向，来论证想通过频繁交易实现暴富是小概率事件甚至根本就不具有可行性。

我这里不是绝对性地禁止频繁交易，不排除有人是交易奇才，只不过我是站在绝大部分人的立场上来探讨这个问题。这些年，无论是从我个人炒股还是就职于投资行业的经历来看，的确是尚未遇到能够通过高频率的投机博弈实现平稳、持续的盈利的。阐述这个问题，是希望绝大部分普通人能够据此对自己的交易策略（如果有缺陷的话）进行适当的调整，尚未形成交易策略的以此来对未来的交易行为做出一些思考。

为什么会进行频繁交易？是因为意识里或者由于距离市场太近让我们认为，翻看盘面到处都能够找到正在涨或者可能马上要涨的股票，而且认为通过不断地寻找交易机会可以实现每天赚到一笔钱的目标，这种思路和行为是相辅相成的。市场是否永远存在着机会还存在争议，但是每天都从市场赚些钱，是不是不太现实？

我们要想做一件事或者进行一些重大的决策，首先可以在理论上来论证一下该事的可行性，如果在理论上都行不通的话，那基本上很难实现；如果理论上很容易成功，即使有利润基本上也被别人挖掘完了；只有那些在理论上具有可行性，但是还存在一定的问题或者需要克服困难或者解决问题的，才值得参与。

对于一个不确定是否每天都存在机会的市场，却希望每天能够从中赚些钱，是不是基本在理论上是不可行的？

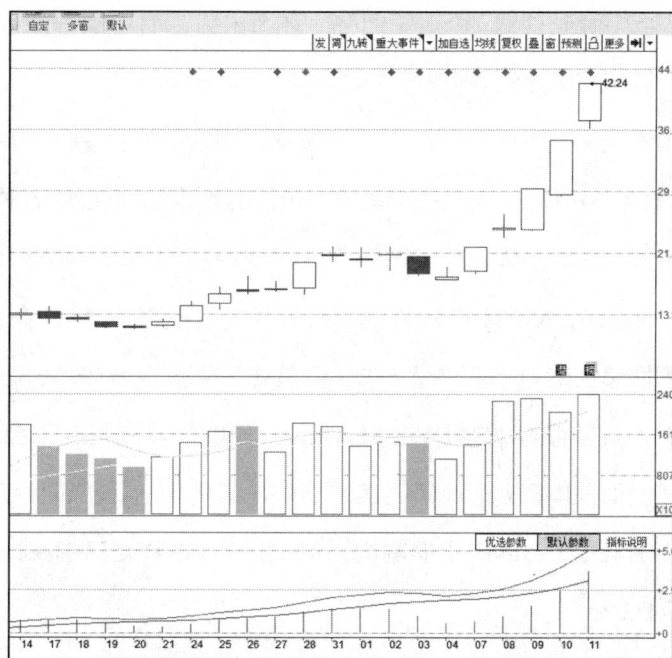

热点、题材、妖股和连板往往是催生频繁交易的根源性因素，偶尔会有一些热点题材，里面的确存在着一些个股机会，存在不等同于你就可以把握住。能够称为热点的，基本上都是已经走出板块效应的，而且走出暴利机会的妖股，在一波热点题材里面也就一两只，其他的多是跟风或者助攻，谁能够确保自己一下子选得那么准？被看出来是妖股或者龙头的时候，基本上已经经历过2~3个板了，能否持续涨、还能涨多少等都是未知数，能够及时精准地上车需要勇气和运气，而且往往这些股票会有巨幅震荡甚至急跌洗盘震仓的风险，今天买明天杀一脚就被吓跑了的不在少数。虽然回过头来看日线级别的K线非常好看，但是真正参与的人的心理活动却是无时无刻不随着分时图的波动而变化的，扛得住这些贪婪和恐惧考验的人很少，而且卖出不及时、不精准的话，浮盈很少甚至还可能亏损。参与过的人思考一下过往的交易情景，是否如此？

也就是说，即使遇到大的热点、题材、妖股机会，要想在这波行情里赚到利润，先要从诸多板块中选对热点题材，然后要在热点题材里选对龙头妖股，再在日K线和分时波动中精确地找到买点和卖点，只有这一系列的步骤都正确，才可能从一波大热点中赚到些钱，否则任何一个环节出错都有可能导致亏损，每一个环节都正确的概率有多大？

在股市里做交易，几乎不存在一锤子买卖，只要入市了，就不可能说做完这一波，后面就收手不再做了，而且股市里资产市值的积累如同逆水行舟非增即减。一旦赚惯了快钱，基本上都会在市场中到处寻找暴利的风口，而A股市场历来是涨少跌多、涨难跌易，大的热点题材一年有一两次就不错了。或许在大的热点题材里赚到短暂性暴利的机会略微大一些，但是在大部分没有热点、没有妖股的阶段，通过频繁调仓博弈成功的概率会极大降低。这时候账户资金都会面临缩水，尤其是在大环境很差的时候，频繁买卖的结果是买啥割啥还管不住手，基本上买入后不涨，次日再跌就会选择止损割肉，这时候一旦频繁交易起来，造成的财富损失会是毁灭性的。

有人可能会说，有大的热点行情的时候就做，没有热点、妖股就休息。但凡是做超短线高频交易的人，很少有说空仓几天或者空个把月的，因为侥幸和暴利的心理已经根深蒂固。

这就是我前面说的思路和行为是相辅相成的表现，一旦有了很强的投机心理，就势必会催生出高频的交易行为，管住手是很难的，所以在很大程度上，亏损就成了必然！

我这还没有加上交易成本，一旦加上这个维度因素，只会再度提高频繁交易导致亏损的概率。

我回想一下自己炒股这么多年里，身边的人和阅读的人物传记中通过频繁交易实现短期暴利的很少很少，而且最终结局往往都不是很好，能据此实现平稳、持续盈利的，几乎为零，反而通过频繁交易最终亏损甚至被股市消灭的事例总是随处可见、时有发生。

3. 投资中：持股收息与房产收租

放眼全世界，房子在各个国家都具备比较明显的金融属性，而不单纯用于满足生活、居住的刚需，凡是有了一定的积蓄的家庭，房子和股权都会成为进行家庭理财时比较不错的投资选择。

我们是讲究中长期持有的，轮番炒作股票的倒是很多，但是收益很难让人满意，还不如买套房或者买只定期分红的股票，长期放在那里收租或者收息，反倒不错。

很多人可能并不一定会留意到股票的分红，或者说因为分红太少而直接忽视，这是因为没有从比较长远的角度来进行考量，我们用案例来进行讲解。

假设你有300万元资金。

（1）在武汉买一套3居室的房子，整租的话租金是6 000元/月，一年收入是72 000元，41.7年可以收回300万元资金，这还是不考虑租金上涨的情况。其次，这套房子还是自己的固定资产，而且41.7年间房子涨价后市值要按照房子本身价值的倍数来算。

（2）买入一些A股市场保持稳定高分红的企业的股票，以海螺水泥为例，假设每股价格为55.04元，300万元大约能买54 500股，每年10股分红按照20元来算，每年分红是109 000元，只需要27.5年就可以收回300万元本金，这还是在分红比例不上升的情况下，考虑到股价在27.5年的增长，原有的300万元股票市值也

可能出现爆发性增长。

通过这个例子可以得出一些结论：

房产创造的财富增长并不一定都比股票多；

房产出租可以获得一定的流动资产，高分红的股票持有收息每年也可以获得一笔现金分红；

在不考虑房价、股价上涨因素的情况下，股票创造的现金收益未必比房产差。

很多人意识和观念里一直认为投资房子一定比股票赚钱，那是因为房子都是在住了多年后才发现增值，而股票持有三天都难，别说持有多年了，所以大多数人压根就没见识过股票持有多年后创造收益的情况。

可能有朋友会说："房价会一直涨，股价不一定；房子可以一直出租，但是股票不一定年年分红。"

首先针对第一个问题，只要经济保持着增长，尤其是优质的企业，肯定也会不断地跟上经济发展的步伐，甚至与时俱进地创新成长，房价一直涨难道不也是由于这几十年经济高速发展吗？

对于第二个问题，那些保持着稳健高分红的企业，以海螺水泥为例，从2001年开始分红，到现在连续十几年高分红，因此有理由相信这种高分红大概率可以持续下去，房子不也是因为这几十年都有人租才被认为可以一直出租的吗？

对于我来说，房子和股权是两手都要抓的，无论是城市还是自己土生土长的农村，都要配置点房子，收租也好自住也罢；其次是股票中高分红企业的股票肯定不能少，这种企业最适合防守，而且能够维持高分红，企业财报和实力绝对可靠；当然，也会配置一些攻击性很强的股票，这类股票所指向的企业虽然不分红，但是处于高速发展阶段，未来的表现也是值得期待的。

第三章

选股、仓位、心态等，选择理念重于技巧

炒股看似是一种进入门槛很低的投资行为，无非是从股市里四千余只股票中进行选择后再低买高卖、赚取差价。这跟生活中绝大部分产品交易在本质上是没有差异的，批发者或者生产方都属于一级市场的参与者，一级市场的产品价格低廉但是不对外零售，农贸市场、集市或者超市等都属于二级市场，熙熙攘攘的消费者就好似股民，需要在这种复杂的市场中寻找到一些低价产品然后还要及时找到高价收购方，才能勉强赚点差价。绝大部分人在菜市场买菜的时候往往还会讨价还价、货比三家，而在股票市场中买卖股票随机性大，有些投资者的买卖行为可能是在头脑发热的情况下进行的，你指望这些投资者从股票买卖中赚取一些财富？

做交易是环环相扣的，选股、买入、持有、加仓、减仓、止盈、止损、空仓等一环扣一环，任何一个环节把控不到位都会影响到一笔交易的盈亏。而且在整个交易生涯中，应该对市场审时度势来合理地安排各个交易环节，而非单纯地固定在极个别的环节里。买卖容易，管住手的空仓等待却最难，该空的时候空不住是要付出代价的，而绝大部分人都是宁可套牢下跌，也不愿意踏空拍大腿。A股市场非常现实，对了就赚钱，错了就亏钱，一旦决策失误还想跟市场讨价还价、奢望市场可怜自己的，往往在内心煎熬中被套得更深。

就我这些年的经验来看，股票投资中理念是最重要的，所有的交易行为都会受理念的支配，看似无序的交易行为背后，都有一定的思维在进行主导，无论这种思维正确与否。但是我们一般都是先在股票买卖的实践中受到挫折后才会更多地进行反思，反复地锤炼或者学习后才会站在成败的经历和前人的经验上，构造自己的投资理念。赚钱以后，总会高估自己的能力，低估市场的残酷；反省不足的话，在弱势的股票行情里就会暴露交易体系的缺陷，而想在股市探寻到一些成功的密码，往往需要投资者在从失败走向失败的时候不丧失激情，抗击打是投资者理应具备的修养之一。

一旦有了科学合理并且愿意坚守的投资理念，就势必会在交易的各个环节中体现,另外再辅之以仓位管理、适度分散等风控手段,在往后的实战中不断地检验、完善和提升,就能形成属于自己的系统性的股市交易体系。

从我高中毕业就到武汉打工的经历来看,几乎就没有过什么赚快钱的经历。第一份工作是做咖啡厅的服务员,一个月是1 200元;第二份工作是在厨房切菜打杂,一个月1 600元;第三份工作是在工地搬大理石,搬一个"平方"6元钱,一天能搬30多个"平方";大学里更是无论自己摆摊也好,还是给后街餐馆送餐也好,赚的钱都很少而且很慢。我有时候也想不明白,为什么刚开始一进入股市,自己就老想着要赚快钱,为什么接触到的大部分人都像疯了一样在股市追求着能够赚到快钱的"绝技"。

只有真正的实干派才会真切地明白,这个世界上没有什么办法可以让人快速变富,也只有经历过的人才明白,慢就是快,持续不断地做积累性的事情,沉着理性、脚踏实地、稳扎稳打地做好每一件事、每一笔投资,终将会慢慢实现变富。

一、在能够持久运行的行业中寻找稳健的企业

投资生涯中有一些原则和理念是要坚守的,这些东西说专业一点叫能力圈,直白点就是赚自己认知范围内的钱。以前在书上看到或者别人跟我说到这点,我理解不了,但是随着我从事证券投资的深入,越来越理解能力圈的核心价值。人的时间精力都是有限的,能够在一两个领域里深耕十年或者几十年,想不在这个领域赚钱都难。我个人回想起来自己大学生活,始终认为最有意义的事情是我大学就想明白了我未来要做什么,找到了我愿意为之奋斗一生的事业方向。

刚开始炒股要么是道听途说,要么是追涨杀跌,看热点,追妖股,做所谓的"涨停连板龙头",至今我都不知道那时候买过的很多股票是什么企业的,对产品、业绩、行业地位什么的一无所知。在当时的我的眼里,轮番切换的股票顶多不过是我赌博的筹码罢了,有时候我都会想按照当时的换股节奏,不出三年,整个A

股所有的股票都要被我买一遍，简直就是为了交易而交易，忘记了初心。

到了一定的阶段，就要开始给自己的人生做减法，靠不断地寻找暴利的风口是很容易翻车的，只有静下心来脚踏实地专注几个领域并去深究，才可能走得稳健和长远。我们寻找的行业最好能够扛得住周期的波动，尽管绝大部分都是有周期起伏的，也要尽可能在具备一定周期波动的行业里寻找具备能扛周期波动的企业。这是因为A股投资的波动中，只有涨势延续才能获利，而跌势调整则是财富的回撤，所以调整的周期要尽可能小一点，一旦经济触底，涨起来要持久一点，这才适合我们开仓。

如何去寻找一些能够持久运行的行业？其实并不难，而且其答案也没那么高深，经济的发展都是为了满足社会的需求，什么是需求持续不断而且不易受周期干扰的？最基础的就是食品消费，里面的分支的高端消费行业最出名的就是白酒，另一个分支就是食品加工制造，这是直观印象，再去股市中寻找数据支撑。

白酒板块指数从2014年至今7年时间，除去2018年是一根阴线外，其余的年份里都是阳线，甚至未受2015年的股灾调整的影响，后续指数不断创新高，单从这点来看，有多少板块指数越过2015年见顶以来的高点了？这些数据足以说明白酒的强劲不仅仅是停留在印象中的。

再来看其中具备代表性的个股。

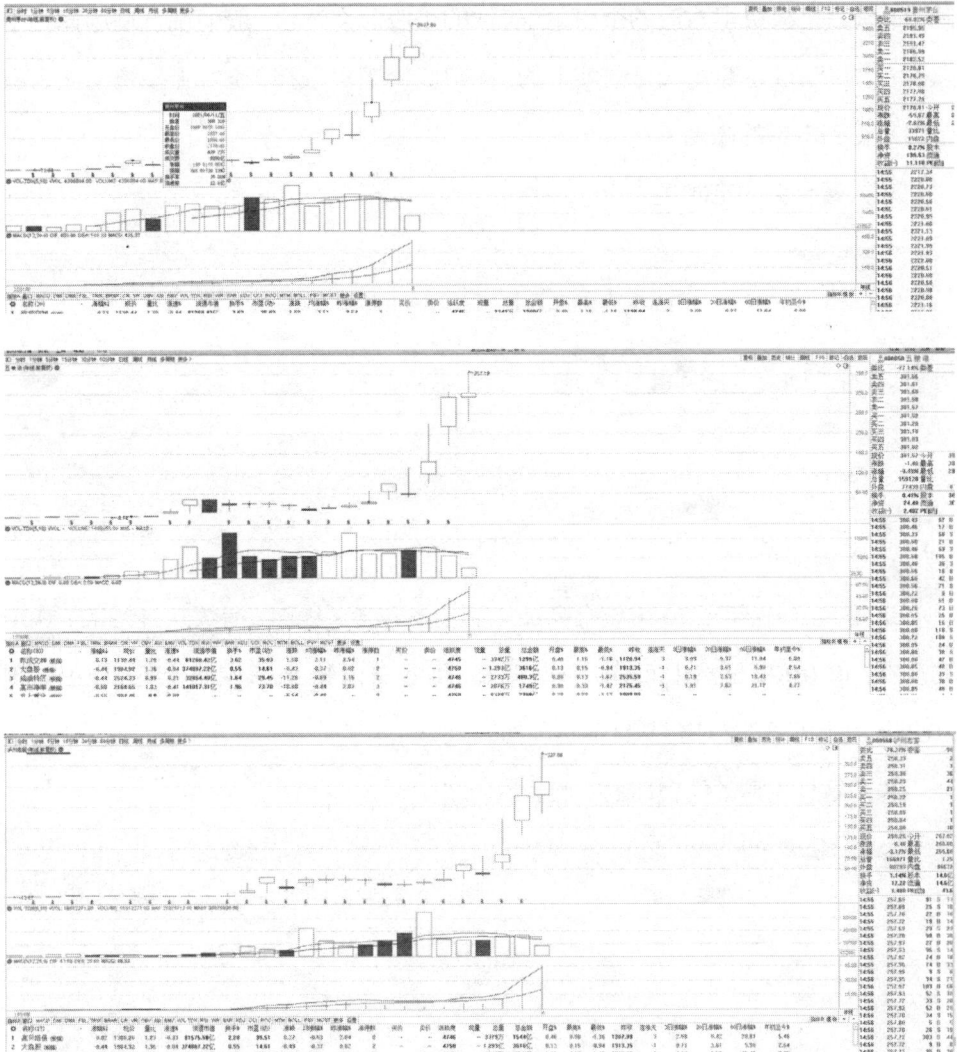

　　这都是在对应的白酒板块里按照总市值排名前三的个股年线,总体上股价都在不断地抬升,突破2008年、2015年指数大顶后的深度调整而不断创新高。也就是说,在这些年份里不管你是什么时间、什么价格买进去的,用不了多少年月都能解套甚至还能获得丰厚的盈利。

　　我们可以看到,这里我们可以分三层逻辑进行筛选。首先是指数,考虑大环境的话,则指数并没有创新高,而是周期性地冲高回落;其次是板块指数,通过前期白酒指数的走势我们可以看到,白酒指数是在轮番上涨不断创新高的,大方向朝上；最后是板块里对应的个股，代表性的个股怎么选？一般情况下是选择总市值靠前的，而且还要是大方向朝上的，按照此种逻辑选择，基本上投资型买入者都会享受到市场的馈赠。

再来看食品加工制造。

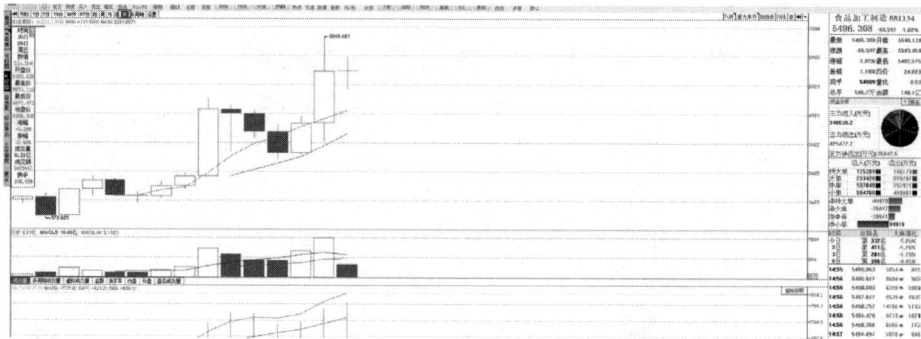

这是从2007年至2020年食品加工制造的年度K线图，指数从开始的1 000到现在的6 000，虽然中间有过一些调整，但是总体朝上，早就平复了2008年和2015年股市见顶的影响，并且不断创新高。

再来看其中具备代表性的个股。

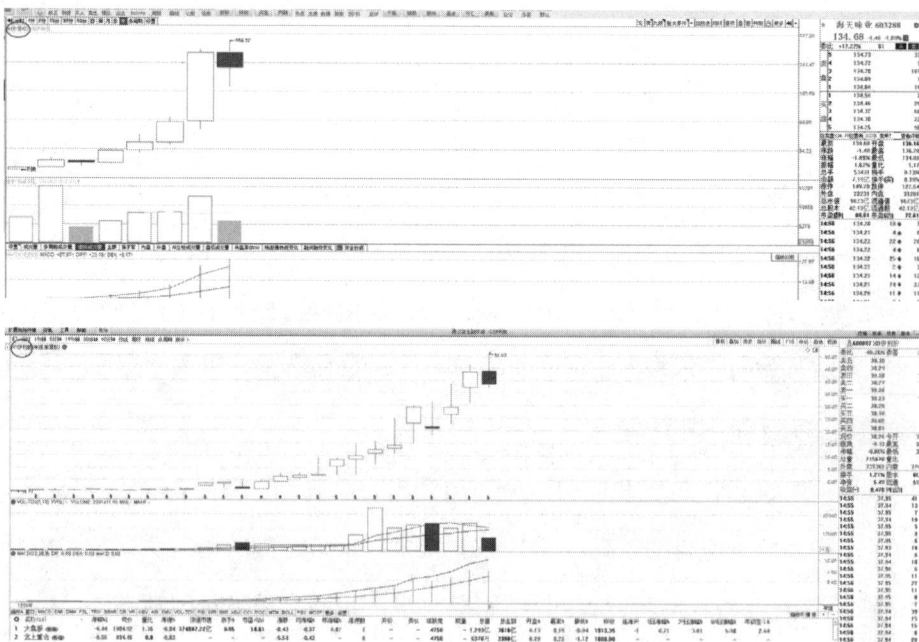

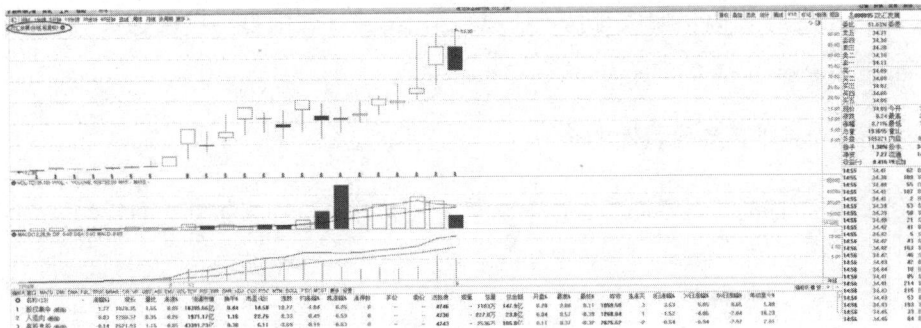

依旧是在对应的板块里按照市值从大到小的顺序选取前三名作为代表性的例子进行参考，能够在行业里持续运营并且很稳健的企业基本上都已经得到成长，能够保持一定的增速并且足以抵抗绝大部分风险，而且从近十年的股价走势来看，都在不断地创新高，大方向朝上。

按照上面谈及的三层逻辑来进行个股筛选的话，这些年里依旧是：大盘指数是周期性地冲高回落；板块指数震荡盘升并不断创新高，大方向朝上；代表性个股震荡盘升不断创新高，大方向朝上。这也说明，在大方向朝上的行业里去寻找大方向朝上的个股，基本上可以忽视指数的周期波动来实现大概率的投资盈利。

我还比较看好的一个并且认为是随着未来老龄化社会的来临，可能存在很大利润空间的行业是医药。人吃五谷杂粮，免不了磕磕碰碰和生病，而且年岁越大对医疗药物需求越大，人都是有财富积累的，到时候必然就会有新一轮的财富分配。

制药指数从2007年的1 000点到现在2020年的5 000点，其间早已修复了2008年和2015年大盘指数大顶的干扰，整体上的方向是朝上的，而且间隔几年

就不断地创新高，既然股灾都挡不住其涨势，持续多年的低迷或者毁灭应该是极小概率的事情。

　　再来看其中具备代表性的个股。

　　这么多年以来，基本上这个行业里代表性的企业没有什么套牢盘，股价历经几轮牛熊切换依旧不断创新高，主升浪的上涨无疑。这也再度印证了在忽视大盘指数周期性干扰的情况下，板块指数大方向朝上，叠加对应板块行业里股价大方向朝上的个股，在这里面寻找投资机会，只要不是惊慌失措地频繁交易，基本上想亏钱都很难。

有朋友可能会鉴于我上面列举的大方向朝上的例子，就误以为绝大部分板块或股票都是这种走势，其实不是，我随便找几个让你们看。

这是随手一翻的，基本上牛市涨一涨，然后就持续多年爬不起来，这些板块非常依赖指数走牛，说明大盘指数和板块指数有很强的周期波动性。既然这样的话，再去对应的板块里寻找个股机会，成功的概率是不是比前面我们说过的在持久运行的行业里寻找稳健企业要小很多？我不否认这些周期性很强的板块行业里也会有大牛股，比如光伏里面的隆基股份等，只是为了尽可能地提高我们选股实现盈利的概率。

我们在股市里面经常听到一个词，叫"知行合一"，要做到知行合一其实很难，很多时候都是我们明明知道，但就是做不到。

经常会听到某个人买一只股票后跌了，或者买完涨上去后没及时卖出去然后又跌下来了，这些人多半都会自我惋惜一下，说我就知道这只股票要跌，早知道赚点就落袋为安；或者明明知道市场到了高位，随时可能面临调整的风险，但一旦账户里面有钱，还是管不住手开新仓买入股票，直至全部买完一个子儿都不剩，然后调整真的来临的时候又会说："啊，我就知道要调整，可就是控制不住要买股票。"

现实中这样的例子很多，但是我并不认为这是真正的"知道"，所以远远牵扯不到行动上去。

什么是真正的知，就是在做之前把一些问题都想得非常清楚了，比如股市、投资、涨跌、风险、买卖、仓位、后果等。在行动之前就应该想到我买还是卖，仓位是多少，可能出现什么样的状况，概率多大，我的胜算多大，风险能否接受，等等。只有真正思考明白这些，才可能真正地做到知行合一，否则那种在事情发生之后才拍脑袋说自己明明知道的，一概都是事后诸葛亮，与知和行扯不上关系。

二、过滤焦躁的杂音，心态平和，长期投资

相当长的一段时间里，我到处翻看着一些公众号、微博或者股吧、论坛，包括

社群，每天收盘看各种复盘、观点，对大咖点的个股都纳入自选关注，我刚开始炒股的时候还没有什么直播，不然估计还要每天抽点时间去看看直播。我至今都不知道我做的那些所谓的准备对自己的股票操作是否有益，但是账户的资产并没有达到我所预期的增长目标，反而在市场的一些大幅调整中屡创新低。

到后来，我自己也受邀成为行业里大的财经平台的大咖，也会时常发表一些自己的观点。每年都会有一些行业大咖的会议，我们这些人聚在一起的话，很多人认为肯定会谈论股票、投资什么的，其实不然，你会发现所有的股票大咖聚在一起基本上不谈什么股票，即使是会议上的一些发言、讲话，也只会展望未来一些行业可能存在的机会，至于大盘都很少阐述，对于个股基本上谈都不谈。

但是一到财经平台上，这些行业大咖们，不是分析大盘就是罗列板块个股，挖掘所谓的"机会"，而且一旦哪次猜对了或者抓到了一个大牛股，就赶紧翻出来或者截图持仓情况并晒出来使劲鼓吹。其实说直白点就是为了炫耀、博眼球，给观者希望的同时很少提及风险，也让不少原本就心浮气躁的人更是焦躁，自己的股票不涨别人的股票天天涨，这会对持股的耐心和不成体系的理念造成致命的冲击，但凡有点炒股经验的人应该都曾备受毒害。

我们浏览信息，翻看一些复盘观点或者大咖言论，发现一些自相矛盾的，或者彼此出现矛盾的都很正常，但是要作为一个读者去参考吸收，却很容易被弄得不知所措。这个对大盘看多，那个对大盘看空；这个看好这个板块，那个不看好这个板块等。尤其是到开盘后，在市场大盘和几千只个股的波动里，你更加容易陷入迷茫，这是因为自己尚未形成一定的交易体系，过度地依赖那些所谓的大咖的观点，不够独立而又涉猎太多。我们应该有意识地过滤掉市面上绝大部分焦躁的言论，不要被各种观点牵着走，而要自己选择性地参考那些与自己理念相符合的观点。

至于时常看到的在财经平台或者社群动不动就晒今天大涨或者某个股大赚的，对于这些要尽可能地过滤掉，尤其是自己的股票依旧在坚守或者涨得慢的时候。人内心都会有攀比，如果控制不住这些炫耀性的言论对自己的冲击，就容易打乱自己的交易节奏。我们作为投资人一旦逐步建立了自己经历实践磨炼的交易体系和理念，就不应该轻易更改，而应当持之以恒地在实践中坚守和完善。

炒股很像是进行充满未知的长跑，不是说在这个过程中偶尔赚到一次大钱就可以持续复制，尤其是短线博弈，今天买了，涨停赚钱了，明天可能就卖飞，或者在频繁地调仓中下一次就栽了，而舆论基本上都是疯狂鼓吹成功或者炒股暴富的神话，因为这迎合了人性，却很少有人晒过亏损，甚至因极大的调整或者股灾被消灭的，而这种案例远比那偶然的一次赚点钱的案例多得多，但是却很少公开地看到过，为什么？

所谓的"成功学"，跟这些焦躁的杂音是一脉相承的，如果不坚决过滤掉的话，必然会对个人的交易和理念产生一定程度的干扰。

在整个投资的历程中，肯定是会经历一些波折。市场本来就有周期性，涨跌起伏很正常，垃圾股也可能短期内备受炒作，几周翻倍，绩优股也不可能持续性地上涨。距离金钱最近的地方往往都充斥着巨大的诱惑，而对于不在自己认知范围内的钱，你伸手去赚的话，仅仅凭借运气是很难持续的，一旦被抓基本上会加倍吐掉那些利润甚至还要倒贴。从我执业这么多年来看，被诱惑、忽悠进去的买卖交易让自己付出过不少的学费，现在我把它叫作"对市场的敬畏"。

心态要放平和一点，眼光放长远一些，可能对于眼前这次的诱惑进去的话真的能赚一笔，但很少有人侥幸一次成功后能管住手，下一次诱惑来临的时候不再心生侥幸。消灭一个账户，在A股市场的发展历程中是常有的事，尤其是现在创业板注册制落地后，创业板的股票涨跌幅放开到20%，账户遇到两三个跌停板，不继续增加资金的话，基本上很难再次爬起来，所以我们要想在投资的历程中保持愉快和取得一定的成功，前提是保障资金安全，确保自己可以进行长期的投资，而非时不时地抓极个别暴利的机会。

我很少让自己被市场的波动（尤其是短期波动）所牵制，一旦我投资的股票需要我时时关注其股价波动，或者股价涨跌影响我情绪，我都会不计盈亏立刻将其斩掉。但凡是所投资的不能让我静下心来读书或者睡觉的，基本上就不是我能够从中赚到钱的。投资，是我的生活也是我的事业，我不会计较短期的得失，也不会受到外界言论或者短期杠杆造就的暴利神话的干扰，更多的是脚踏实地、稳扎稳打，进行长期投资，追求资产稳健、持续地合理增长。有过很多次的投资经历，大多数并不是买入就会开始上涨，无论这个企业多么优秀，也不论你是通过各种技术面进行过多少分析，怎么也无法做到买入后就开始启动涨势。我曾因此被困惑过很久，毕竟谁都希望买在最低，谁都不希望遭受被套的困苦，我以为是自己选股或者分析不到位，但是从我自身持续多年的经历、我在证券投资行业所遇到的基金经理的经历以及投资大佬的经历来看，这种现象很普遍。没有人可以做到，而且即使有人做到过，那也基本上是运气使然，而非是有什么不可告人的绝技或水平。

短暂性的被套是很正常的投资状态，包括在投资历程中一些账户的浮盈、盈利的得而复失，都很正常。我们下注投资不会是为了区区几个点的利润，既然那些小波动不是我们想要的，为何不释怀一点，抓大放小就很好，眼睛盯着个把股票几个点的波动，略微赚几个点就想着摘取果实落袋的人，很难从股市里赚到大钱。

我刚开始炒股的前几年就没有哪一笔投资赚超过20个点的，基本上都是赚3~5个点就匆匆忙忙出货兑现利润，但兑现完利润过不了几分钟就又买入别的股票，最终下来都是竹篮打水。现在基本上在选一只股票的时候，如果没有涨几十个点的利润空间的预期，我就坚决不出手投资，每一笔投资时间跨度会长一点，但是利润兑现起码是几十个点起步，这样就算是一年赚几十个点，也是很欣慰的。

三、立足于理论知识和实战经验，回归常识

人都喜欢追求具有确定性的东西，因为确定性的东西总能让自己心理层面上

比较安逸，但是，比如要参加一场面试，要去谈一个客户，事先就能确定一定会被录取，或者就一定能谈成功吗？肯定是不能的，但是你可以确定自己是乘车去还是开车去，这些问题是自己可以确定的。这里就可以对比一下，是不确定性的事情存在的价值大还是确定性的事情的价值大？一目了然。

投资就是这样，没有风险就可以取得一些高于常规的收益的说法是假的，而且一旦涉足投资，就一定要了解其是存在波动性或者不小风险的，如果资金经不起风险波动就不要轻易入市。对于所谓的股市黑嘴或者金融诈骗，基本上只需要一点常识性的思考，就可以很容易地识别，这让我想起来最近出现的一些轮番盅惑、让人接盘的例子。

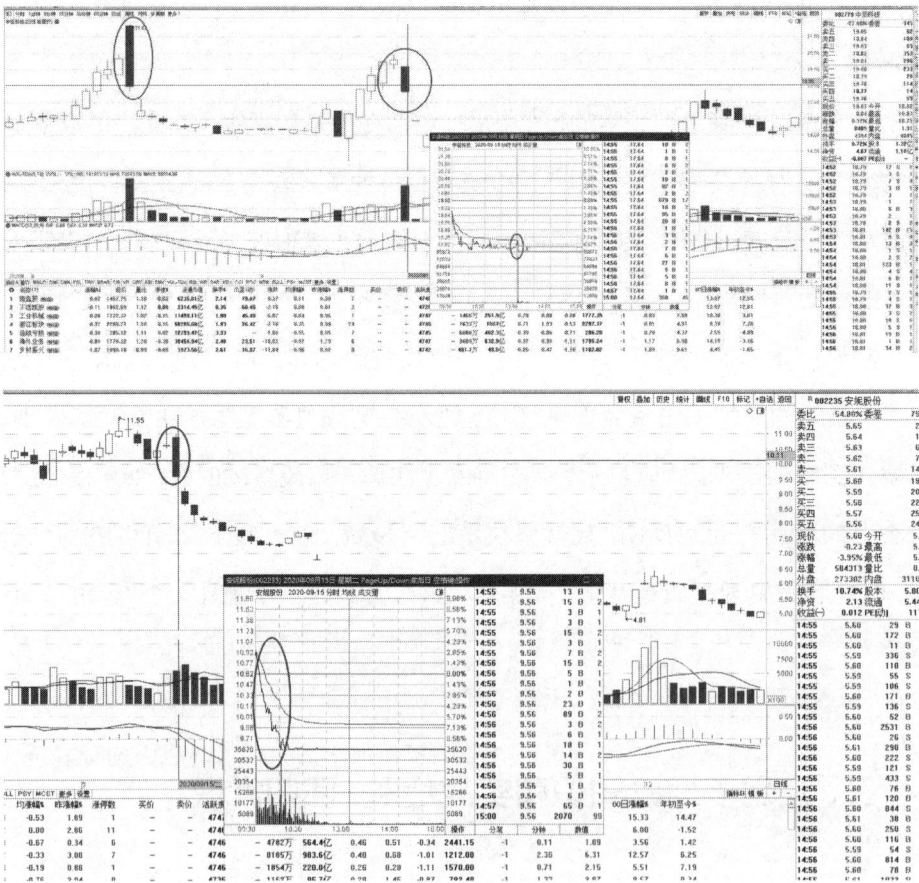

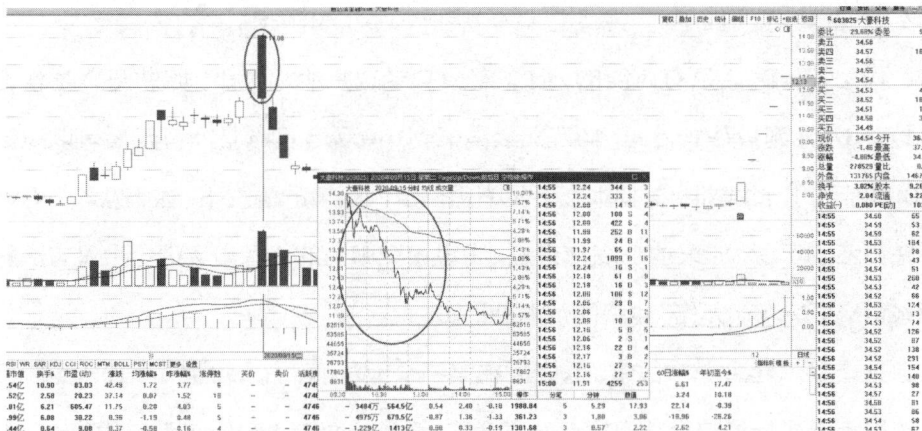

　　前几天还有股友私信问我，说有老师推荐个股，问我能不能买，说人家有可靠的消息要拉升，我只是说要谨慎。市场里很多的庄和托到处加好友，持续地嘘寒问暖，动不动就给你发一些观点和"好个股"。在这个社会，每个人都是要为生活而奔波的，就算是亲戚朋友也不会这般亲切，还给你提供发财的代码，更多的是暂时性地跟你建立起信任，等到机构派发筹码的时候找个冠冕堂皇的理由让你买入某只股票顺利完成接盘。这跟某音上的一些直播类博主宣称只要你花百八十块钱就可以告诉你自己年入百万的秘密，收割韭菜的道理是一样的。

　　内心的渴望和现实不匹配，就会寄托于外在不现实的力量，捷径没走成反而赔了夫人又折兵。浮躁的心理环境下，常识性的判断往往就更为珍贵，不要让心存的侥幸占据着决策的主导地位，否则迟早是要吃点亏的，这在投资领域里是有目共睹的。

　　前些年股市里一直流传着"八年一万倍"的造富神话，而我自己怎么也想不明白如何做到"八年一万倍"，尽管这被无数在股市淘金的人奉为毕生追求，但这么些年来无一成功，以致我一度怀疑其不过是舆论造势的噱头而已，"八年一万倍"真不真我不知道，但八年消灭一万个账户倒是真的我知道。不管怎么说，我不会任由媒体舆论误导我，何况这还不是官媒。我们可以常规性地推测一下。

　　单纯靠10万元本金，不带杠杆的话，八年一万倍，一年要上涨1 250倍，持续八年，才有可能达到一万倍。我认为不要说八年，只要想达到一年本金翻1 250倍，基本上就已经不可能了。

借助杠杆的话是有可能的，但注定成功者也是少之又少，场外配资基本上是1万~8万元到1万~10万元，10万元最高配到100万元，赚到100万元后可以配到1 000万元，以此类推，在基本上不犯错遭到巨大回撤的情况下，达到八年一万倍存在渺茫的可能，如果成功堪称奇迹。在世界范围内的资本市场历史中没有这般记录，所以"八年一万倍"也只能传为神话。

这让我想起来一个故事，这好比在某一个大沙漠，有人捡到了一个金块，所以传得沸沸扬扬说这个沙漠里有一座金矿。诸多听闻的人纷纷来到这里淘金，附近的人就在这里卖饭、卖水、卖淘金的器具，几年过去了淘金的人没淘到金，附近卖水、卖饭、卖淘金器具的人都发了财。你以为你在淘金？其实你才是背后一些力量在淘的"金"。

从我这些年的投资历程来看，前三年是很惨淡的交学费阶段，后面几年总体上看来，有过一些起伏，随着市场的波动周期这是难免的，但是总体上算下来，最近几年的年化收益率在15%~18%，但在2018年全年下跌的时候，我的账户也没能逃过一直被套的命运，到2019年才爬起来，2020年最高时账户资金几乎翻倍，只是这几年总体平均下来的话年化收益率在15%~18%。

从我们国内公募或者私募基金发展的这些年来看，能够持续存活下来的，年化收益率在18%~30%不等，巴菲特持续几十年年化收益率也在25%左右。时间拉得越长年化收益率的维持就越艰难，几个月或者几年取得稳定的或者相对高的收益率不算难，但是要说十年、几十年维持 平稳的年化收益率，这就是在做号称第八大奇迹的复利游戏。

以10万元本金，按照年化收益率20%递增为例来计算复利：

10年，$10 \times (1+20\%)^{10} = 61.92$（万元）

20年，$10 \times (1+20\%)^{20} = 383.38$（万元）

前十年本金翻了6倍多，如果能够按照这个收益率再保持10年，则20年时间本金翻了38倍，也就是说前10年只有6倍，后面十年贡献了32倍，这就是复利能够延续的巨大威力之所在，也是为什么我们一直倡导要长期投资的原因。

所谓成功的投资，绝不是简单地某一次抓到了一个连板妖股，或者投资在某几个月或者某一年翻几倍，因为财富的管理从来不是短暂性的事情。任何人可能说炒股炒着炒着就不炒了，但是家庭资产的管理却不可能说管着管着就不管了，这些问题都是长期性的，追求科学合理的投资回报才可能支持稳健、持续的实践性操作。

股价10元的股票跌5元跌幅是50%，股价100元的股票跌50元跌幅也是50%，市场并不会因为你买的股票价格低跌幅就会少，我见过买千元股价的茅台股票而赚得盆满钵满的，也见过抄底股价3元的股票被套好几年还巨额亏损的。

不要太在意股票的价格，每一只股票背后代表的是一家企业的单股价值，价格低的不一定代表便宜，股价高的也不一定就代表股价贵了，而且好东西往往都不便宜。

价格在我们实际生活中可能会让人习惯性地联想到价值，但是股市中对于价格高低的界定需要结合实际的股本考虑，其后才能与其价值相关联。比如，有一些企业股本很多，即使企业估值高点，价值稀释到这么多的股本上价格也会偏低；有些企业股本并不多，但企业整体估值较高，所以整个企业价值分散到每一股股票上，单价往往就比较高。

你看，我们在市场上直观看到的股价，其高低能够实际地反映出企业价值是高估还是低估吗？

四、实战操作中的三种选股模型及思路逻辑

所有证券知识和实战经验的积累最终都要落到个股选择和买卖点的寻找上，尽管在整个A股市场中，有诸多的操作手法都或多或少地能够赚到一些钱，靠运气也好，实力也好，指标也罢，道听途说也行，除了自己花费时间和精力不断学

习总结、摸索的方法外，均很难复制，或者用以实现稳定、持续的盈利。能够在持续几年的摸索中掌握一两种操作模型，在后续的实战中不断地去完善和验证，最终能够提升其成功的概率，就非常不错了。市场永远都是充满着不确定性的，任何一种操作模式都以一定的市场环境为前提，并且需要一定的交易纪律，一旦走势或者基本面不及预期要及时斩仓，切不可存在侥幸心理，直至被深度套牢。

我结合自己实战性的操作经验和直接或间接的知识积累，把在交易中进行过完善和修正并具有一定的成功概率的三种操作模型做个分享，其中包括1种短线、1种波段和1种中长线，并且阐述选股的思路和逻辑，用以辅助理解，以便大家更好地消化吸收和付诸实战。

1. 短线：强势股的反抽

超短选手往往都要追随市场最强的热点龙头品种，而这种股票一旦发现基本上都已经走出至少几个涨停，往往第一波的连板想上车需要一定的勇气，而且风险相对偏高，一旦追进就会遇到调整，基本上会遭到不下十个点的回撤，但在第二波的拉升中，往往操作的成功率相对较高，而且风险在可以接受的范围内，所以这成为一种短线选手低吸的操作模型。

首先这是针对强势股，强势的特征包括以下三个方面：

（1）近期有涨停，最好是2连板起步，盘子（总市值）尽量大一点，低于50亿元（流通值）的要适当谨慎；

（2）资金堆量的以换手板为主，不能是一字板，有资金堆量换手，说明活跃资金关注度高，筹码没有断层，不至于获利盘太多形成抛压；

（3）最好K线是在均线之上，调整的时候要缩量，而且10日均线不可失守，尤其是不能放量击穿，否则不符合选股模式。

选股方法：

可以通过对所有的个股进行一一翻看筛选，也可以在股票在涨停板中出现2连板的时候就开始纳入股票池进行关注，等待回调的第二波机会，或者在市场主流热点题材中进行个股梳理，寻找符合这种模型的标的，以上三种是选择的方法。

买点的寻找：

这里需要关注两个点，一是量能，应尽可能地随着K线的回调而出现缩量，量能适当变小，这个小是相对的，也就是相对最近几天量能要缩小到一定程度；第二是K线的形态和位置，K线形态为小阳线/下影线，踩着5日或者10日均线等，这几种是典型的止跌信号。需要注意的是，一旦放量击穿5日或者10日均线，则可能面临买点构建失败风险。

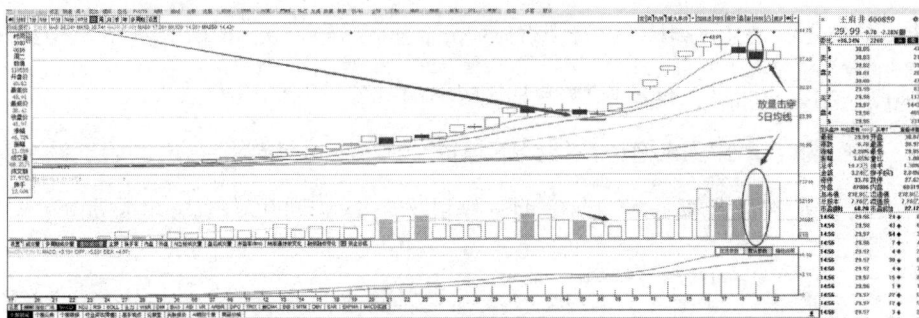

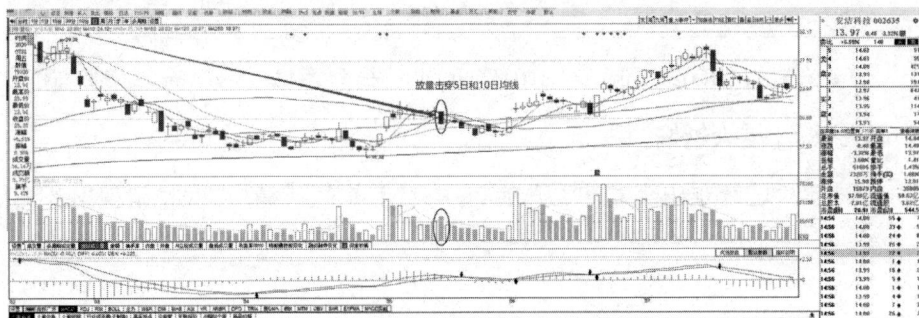

2. 波段：趋势品种良性回踩后的回升

对于波段的操作和时间周期，很少有严格的划分标准，一般认为是介于短线和中长线之间，时间周期几天、几周不等，而且在选股上，成功的概率比短线略高，我今天讲述的是一种波段操作中成功率相对较高的选股模型。

由短期资金主导的趋势往往经不起资金砸盘，这就会提高进场后延续失败的概率，我们在波段操作中尽可能地选择机构资金主导的大趋势，特征如下：

（1）总市值150亿元起步，500亿元以上安全系数更高，流通市值最好在100亿元以上，越大越好；

（2）股价已经走出明显的上升趋势，并且不断创新高，均线也呈现出多头发散的信号；

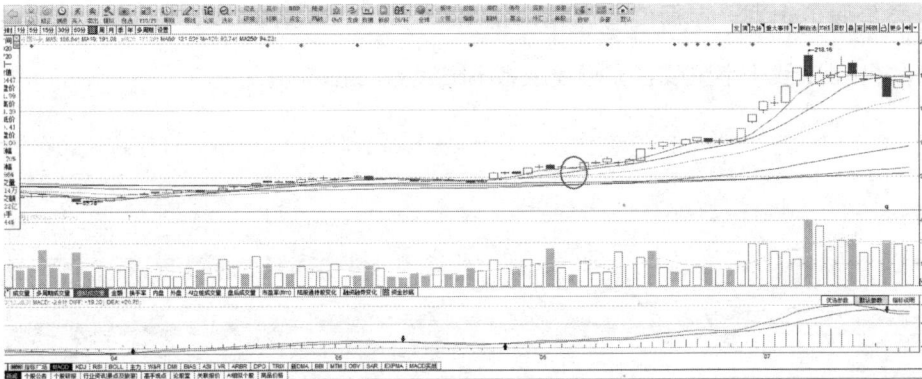

（3）没有频繁地出现放量大阴线，20日均线不放量击穿，60日均线不可失守，一旦出现放量击穿或者失守情况就要撤退。

选股方法：

可以一只一只慢慢地去翻看，也可以直接在同花顺软件的问财里按照上面讲过的特征搜索，比如搜"走出均线多头排列的个股"即可。

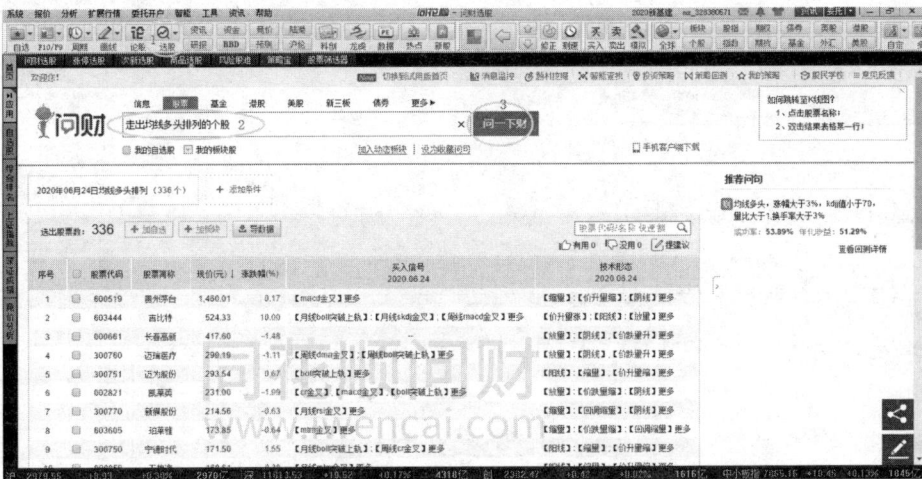

问财这个功能有很多种应用，读者朋友有兴趣的，可以自行摸索，要学会举一反三。

买点寻找：

两类买点，一类是500亿元以上甚至千亿以上盘子的股票，股价在所有均线之上运行，遇到缩量略微小幅度地调整，几天不破5日均线，可以趁机直接进场；

一类是股价出现一定程度的调整，缩量回踩击穿小级别均线，走出量能缩小趋势，并出现K线十字星或者下影线或者小阳线等止跌信号。

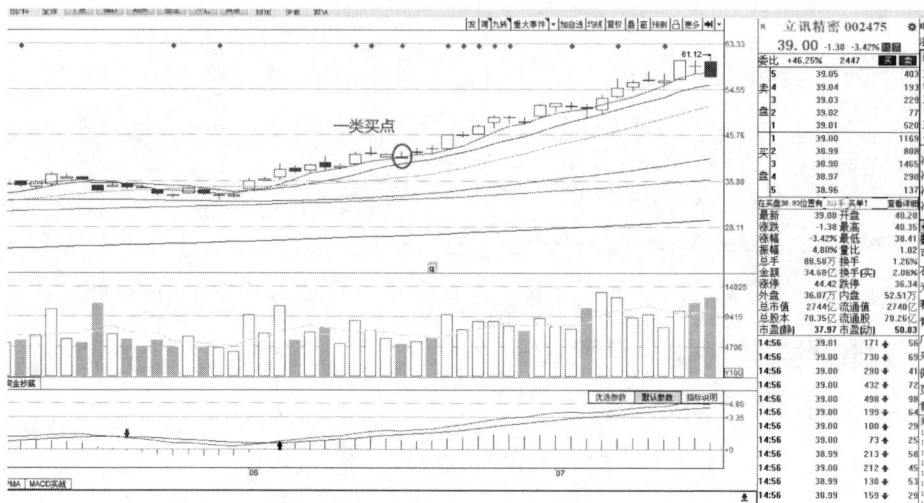

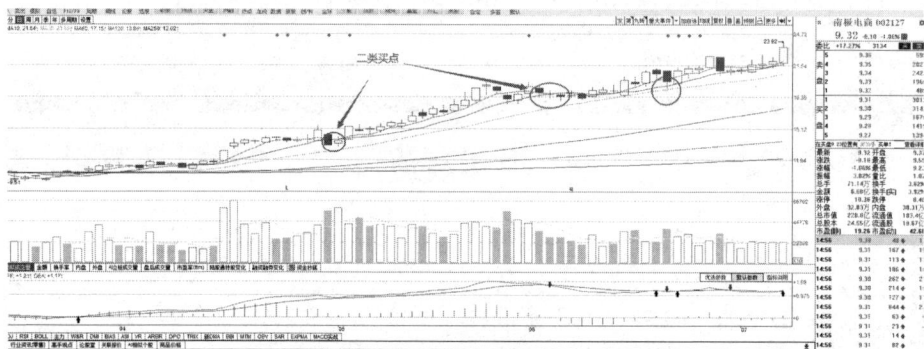

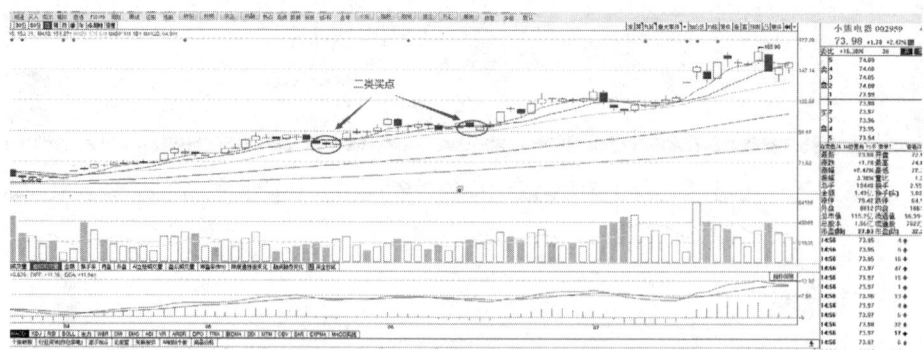

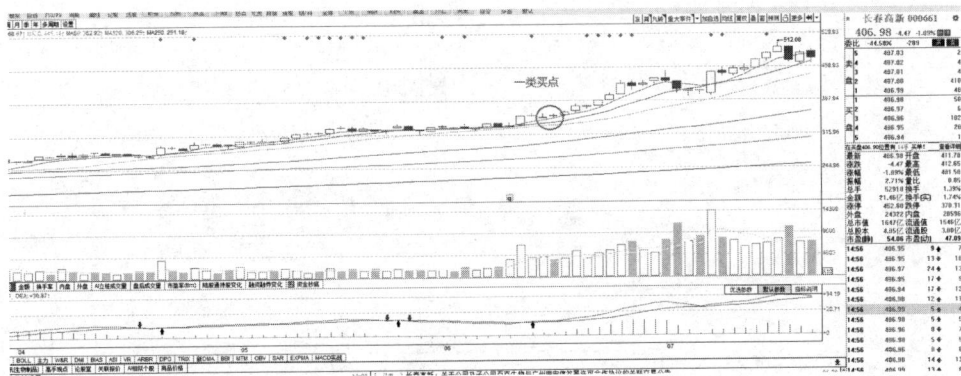

3. 中长线，价值投资类选股

买到（入股）一家现在市值还很小的公司的股票，然后小公司长成了大公司，这是投资中最愉快的事情。但至少在二级市场上这种思维可能是一个很大的坑。市值小的公司会出现在二级市场上，通常是因为它的商业模式、管理层的能力，所以它也许会变得大一些，但并不容易，有机会长成大公司的小公司在一级市场上融资很容易，所以二级市场上不容易买到。

不是说不能投资小市值的公司，但最好不要抱着它会成为大公司的幻想来投资，期望要降低一些，这就是我们选择中长线投资的标的对企业大小有一定要求的根本原因。

在进行筛选时从以下方面考虑。

（1）从行业上来说，全世界能够走出大牛股的领域基本上都集中在医药、食品、消费、科技，规避夕阳产业。相对来说，这些行业受到危机的冲击会比较小，业绩波动不会过大，所以相对稳定。

（2）财报中要看的几大要素：

① 净利润是否稳定，是否保持增长的态势，投资的标的，净利润至少一亿元，几千万几百万元以下的参考价值很弱，净利润波动很大的也尽量规避。

② 净资产收益率低于15%的尽量不考虑，保持在20%以上的值得关注；毛利率和净利率在原有的基础上保持稳定，略微上升更好。

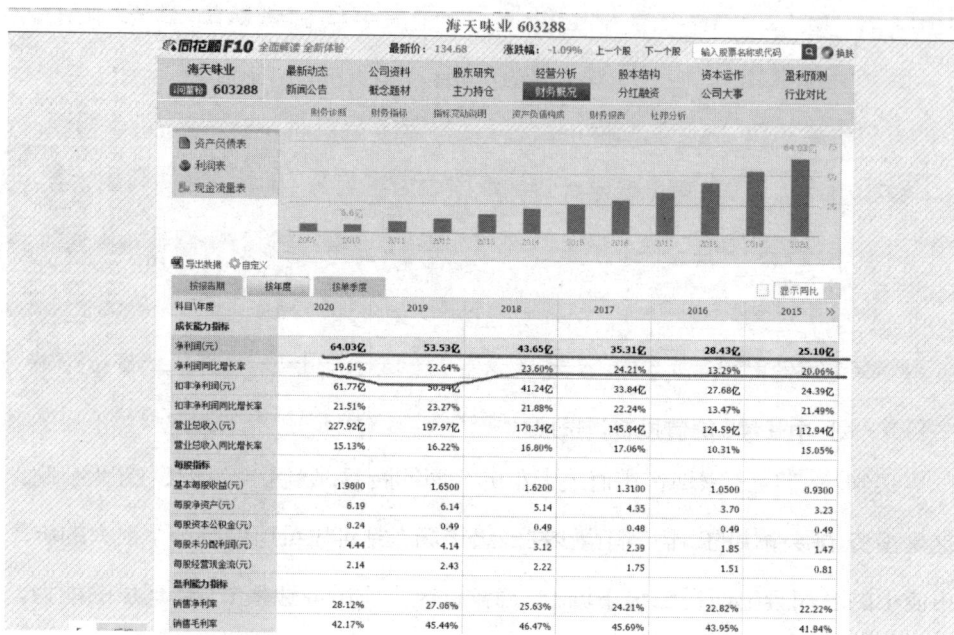

海天味业 603288

科目\年度	2020	2019	2018	2017	2016	2015
成长能力指标						
净利润(元)	64.03亿	53.53亿	43.65亿	35.31亿	28.43亿	25.10亿
净利润同比增长率	19.61%	22.64%	23.60%	24.21%	13.29%	20.06%
扣非净利润(元)	61.77亿	50.84亿	41.24亿	33.84亿	27.68亿	24.39亿
扣非净利润同比增长率	21.51%	23.27%	21.88%	22.24%	13.47%	21.49%
营业总收入(元)	227.92亿	197.97亿	170.34亿	145.84亿	124.59亿	112.94亿
营业总收入同比增长率	15.13%	16.22%	16.80%	17.06%	10.31%	15.05%
每股指标						
基本每股收益(元)	1.9800	1.6500	1.6200	1.3100	1.0500	0.9300
每股净资产(元)	8.19	6.14	5.14	4.35	3.70	3.23
每股资本公积金(元)	0.24	0.49	0.49	0.48	0.49	0.49
每股未分配利润(元)	4.44	4.14	3.12	2.39	1.85	1.47
每股经营现金流(元)	2.14	2.43	2.22	1.75	1.51	0.81
盈利能力指标						
销售净利率	28.12%	27.08%	25.63%	24.21%	22.82%	22.22%
销售毛利率	42.17%	45.44%	46.47%	45.69%	43.95%	41.94%

海天味业 603288

科目\年度	2020-03-31	2019-12-31	2019-09-30	2019-06-30	2019-03-31	2018-12-31
成长能力指标						
净利润(元)	16.13亿	53.53亿	38.35亿	27.50亿	14.77亿	43.65亿
净利润同比增长率	9.17%	22.64%	22.48%	22.34%	22.81%	23.60%
扣非利润(元)	15.72亿	50.84亿	36.38亿	26.00亿	13.97亿	41.24亿
扣非净利润同比增长率	12.54%	23.27%	23.78%	20.89%	21.46%	21.88%
营业总收入(元)	58.84亿	197.97亿	148.24亿	101.60亿	54.90亿	170.34亿
营业总收入同比增长率	7.17%	16.22%	16.62%	16.51%	16.95%	16.80%
每股指标						
基本每股收益(元)	0.5000	1.6500	1.1800	0.8500	0.5500	1.6200
每股净资产(元)	6.74	6.14	5.58	5.18	5.69	5.14
每股资本公积金(元)	0.49	0.49	0.49	0.49	0.49	0.49
每股未分配利润(元)	4.74	4.14	3.58	3.18	3.69	3.12
每股经营现金流(元)	0.15	2.43	1.19	0.34	0.02	2.22
盈利能力指标						

海天味业 603288

同花顺F10 全面解读 全新体验　最新价:134.68　涨跌幅:-1.09%　上一个股 下一个股　输入股票名称或代码

海天味业 603288　| 最新动态 新闻公告 | 公司资料 概念题材 | 股东研究 主力持仓 | 经营分析 财务概况 | 股本结构 分红融资 | 资本运作 公司大事 | 盈利预测 行业对比 |

财务诊断　财务指标　指标变动说明　资产负债构成　财务报告　杜邦分析

	2020	2019	2018	2017	2016	2015
净利润同比增长率						
扣非净利润(元)	61.77亿	50.84亿	41.24亿	33.84亿	27.68亿	24.39亿
扣非净利润同比增长率	21.51%	23.27%	21.88%	22.24%	13.47%	21.49%
营业总收入(元)	227.92亿	187.97亿	170.34亿	145.84亿	124.59亿	112.94亿
营业总收入同比增长率	15.13%	16.22%	16.80%	17.06%	10.31%	15.05%
每股指标						
基本每股收益(元)	1.9800	1.6500	1.6200	1.3100	1.0500	0.9300
每股净资产(元)	6.19	6.14	5.14	4.35	3.70	3.23
每股资本公积金(元)	0.24	0.49	0.49	0.48	0.49	0.49
每股未分配利润(元)	4.44	4.14	3.12	2.39	1.85	1.47
每股经营现金流(元)	2.14	2.43	2.22	1.75	1.51	0.81
盈利能力指标						
销售净利率	28.12%	27.06%	25.63%	24.21%	22.82%	22.22%
销售毛利率	42.17%	45.44%	46.47%	45.69%	43.95%	41.94%
净资产收益率	36.13%	33.69%	32.66%	31.12%	32.00%	32.00%
净资产收益率-摊薄	31.91%	32.28%	31.46%	30.05%	28.39%	28.68%
运营能力指标						
营业周期(天)	53.64	50.14	44.35	45.08	50.00	59.13
存货周转率(次)	6.75	7.19	8.13	8.00	7.20	6.09
存货周转天数(天)	53.30	50.10	44.30	45.02	50.00	59.13
应收账款周转天数(天)	0.35	0.04	0.05	0.06	--	--
偿债能力指标						
流动比率	2.67	2.54	2.57	2.61	2.59	2.65
速动比率	2.43	2.31	1.55	1.25	1.53	1.67

海天味业 603288

同花顺F10 全面解读 全新体验　最新价:134.68　涨跌幅:-1.09%　上一个股 下一个股　输入股票名称或代码

海天味业 603288　| 最新动态 新闻公告 | 公司资料 概念题材 | 股东研究 主力持仓 | 经营分析 财务概况 | 股本结构 分红融资 | 资本运作 公司大事 | 盈利预测 行业对比 |

财务诊断　财务指标　指标变动说明　资产负债构成　财务报告　杜邦分析

资产负债表　利润表　现金流量表

导出数据　自定义　　显示同比

按报告期　按年度

科目\年度	2019	2018	2017	2016	2015
资产项(元)					
货币资金(元)	134.56亿	94.57亿	56.13亿	51.97亿	45.19亿
交易性金融资产(元)	48.78亿				
应收票据及应收账款(元)	246.33万	244.46万	246.66万	--	--
应收账款(元)	246.33万	244.46万	246.66万	--	--
预付款项(元)	1857.77万	1720.14万	1836.64万	1699.79万	727.95万
其他应收款合计(元)	8975.12万	5890.58万	1654.18万	832.31万	783.92万
其中:应收利息(元)	7892.06万	4567.31万	379.78万	207.13万	75.33万
其他应收款(元)	1083.06万	1323.27万	1274.40万	625.19万	708.59万
存货(元)	18.03亿	12.03亿	10.41亿	9.40亿	10.00亿
其他流动资产(元)	2213.91万	50.69亿	51.03亿	26.66亿	16.41亿
总现金(元)	183.34亿				
流动资产合计(元)	202.69亿	158.08亿	117.94亿	88.28亿	71.75亿
非流动资产(元)					
可供出售金融资产(元)	--	10.00万	10.00万	10.00万	--
长期股权投资(元)	--	--	--	--	--
其他非流动金融资产(元)	10.00万				
投资性房地产(元)	542.45万	612.85万	470.51万	531.44万	592.38万

F10　反馈

③ 为防止遇到一些看似很赚钱而账上又没有钱的企业，我们还要看一下企业资产负债表，看货币资金这一栏，是不是最近5年保持稳定，略微稳定地增长是最好，特殊情况下出现小幅波动也正常，异常大幅波动就说明不稳定，尽量规避选择这类企业的股票。

（3）看股价近5~8年的走势和分红情况。查看最近几年的股价走势是为了确保整体股价在上升的趋势中运行，业绩的增长只有体现在股价上才可能对我们的投资产生回报；其次是分红派息，有一些企业股价涨得很猛，持续多年连续攀升，但是分红很少，有些企业股价持续上涨，但是涨得并不是非常猛，但是每年保持高比例的分红（10股能分到股价的10%以上），这两种特征都表明企业是优质企业。

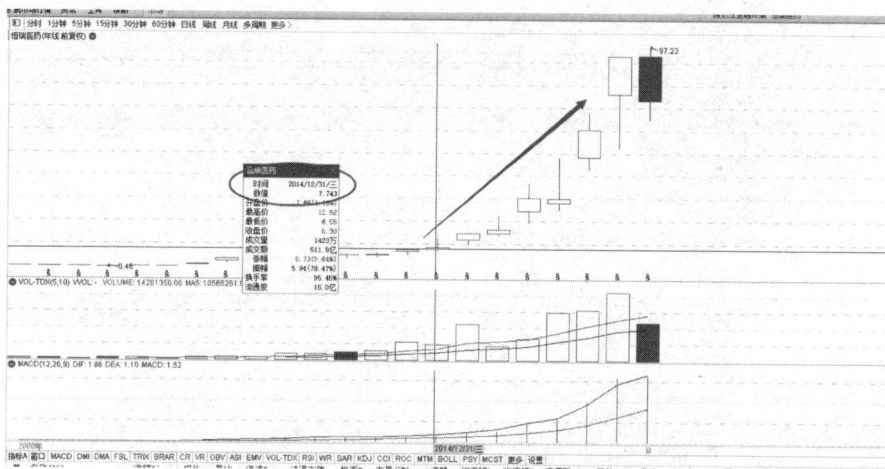

买点的选择：

相对来说，在选择中长线的投资标的时，对买点区间的要求不需要过于严格，反而对市场大的周期要有一个基础的了解。我们极少数情况下采用逆向进场的策略，多是按照以上的选股要求筛选出一批个股纳入自选关注，在日线上走出阶段性筑底回升趋势或者开始创新高的趋势性上涨之旅的，均可择机进场。

倘若在十大股东中能够看到有国家队等机构的资金进场甚至加仓，则往往成功和不久要启动的概率更高。

案例：

所有对市场的分析和逻辑的梳理都是为了在市场中寻找到具有普遍性规律的东西，技术分析更是如此，价值投资偏向于基本面分析，这是商业运转的本质，说白了就是寻找市场中最赚钱的企业，为了分享企业发展的成果而进行投资，二者有一定的区别和联系。

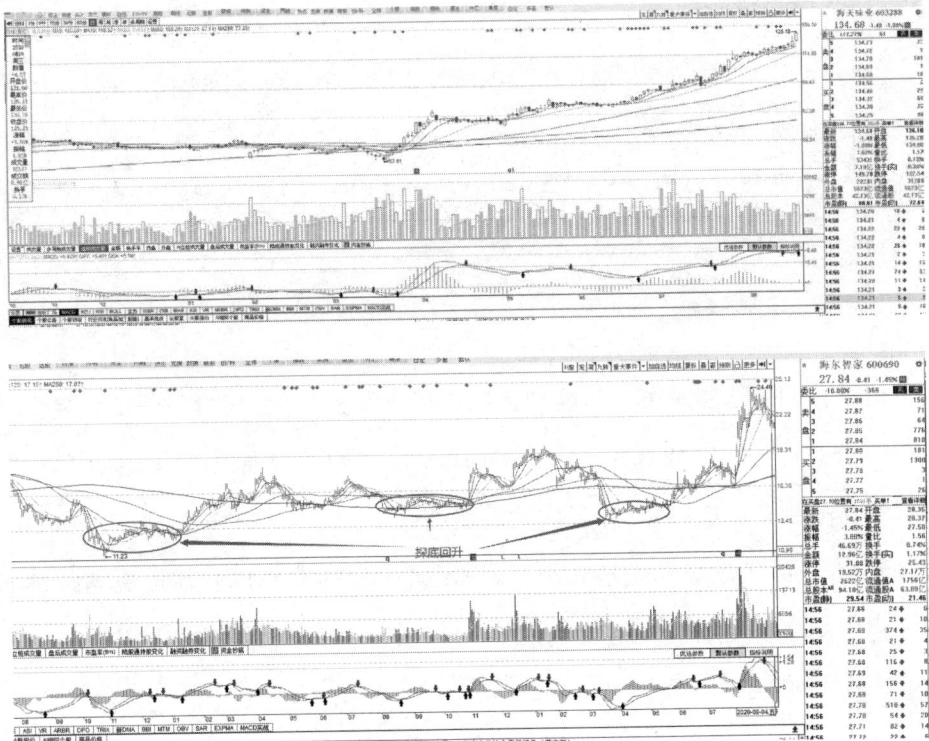

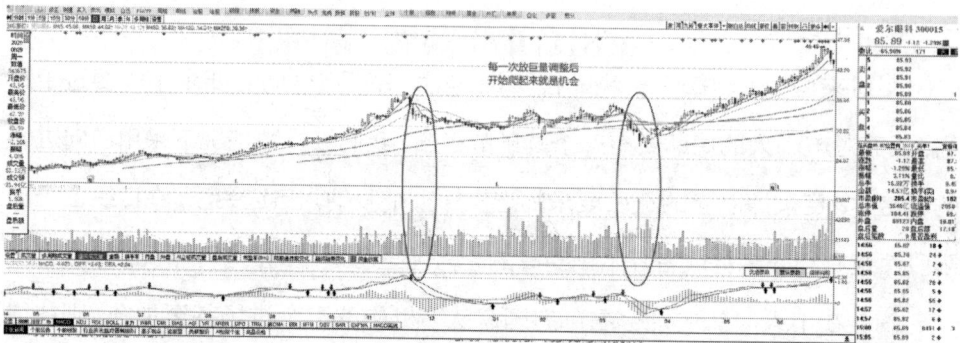

对于我们的选股本书尽可能地强调选择盘子相对大一点的个股，这会在很大程度上避开一些雷或者避免大亏的可能，这三种选股模式应用广泛，我在这些年的实战中多次反思修正，其成功的概率我认为在所有的选股模式中算偏高的。当然，受制于市场的变迁和个人认知，阶段性的选股模式在投资的成长历程中肯定都会有其局限性，读者朋友们可以在往后的实战中在这个基础上进行

运用、论证、完善和提升，最终还是要取其精华去其糟粕地形成属于自己的选股系统。

五、持仓适度分散，构建投资组合

但凡是具有投资属性的东西，势必会存在着不确定性风险，尤其是资本市场，远不同于固收类理财，踏入股市的时候在理念、意识上就应该明白这个道理。而且据我这些年的观察，很少有人是遇到某一波行情赚到些钱，然后就功成身退的，即使是在遇到市场的趋势性调整倍感煎熬的时候，一而再地抱怨着回本就不玩的人中几个人退得出去？

尤其是把股市当作赌场，还依旧在里面进行押涨跌式博弈的人，他们彻底地离开股市只有两个原因，要么是人没了，要么是钱没了，别无其他。既然这是一个我们一旦沾染上就难以再全身而退的征途，要想到的首先就是风险，特别是致命的风险，股市就好比汪洋大海，下面不仅仅潜流暗涌，还有无数看不见的冰山暗礁，跑得快不快不是最重要的，重要的是能否持续航行、抵达彼岸。

对高额投资回报的追求势必会驱使人去冒险。在我看来，追热点、做妖股的高频交易是"最佳"的财富毁灭方式。我不否认凭借着一波大牛市行情，通过一定的高超技巧加上点运气，重仓或者全仓甚至融资加杠杆式的博弈能够暂时性地实现暴富，但这一方面成功的概率极低；另一方面就是其难以持续，我在投资行业里这么多年来没有遇到过以短期暴利的方式持续稳定盈利的。

按照前面说的，既然你不可能短暂性地获得暴利后就退出市场，在获得暴利的过程中，人的身心都会受到巨大利润的牵引而爆发出莫大的自信，对暴利机会虎狼般追逐。从中国A股市场近三十年的历程来看，趋势性上涨行情不仅少而且短，而断崖式下跌的漫漫熊途多而且还长，这就直接从天时上决定了依靠着重仓或者全仓，甚至融资加杠杆的方式获取的财富，终将会随着所谓的"时运不济"

而灰飞烟灭，甚至直接被股市消灭，这么多年类似的个人或者机构由此折戟沉沙的还少吗？

我也曾一直在这个方向上寻找能够抓住上涨规避下跌的最优解，却一直难以如愿，反而伤痕累累。

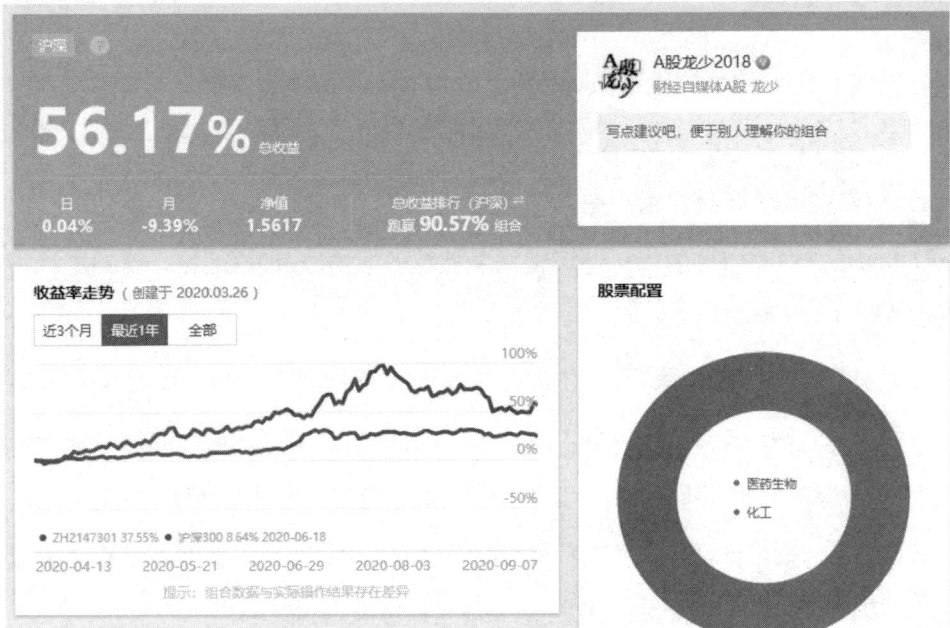

我转而投向新一轮历程并进行尝试，经过近些年的验证，颇有收获。任选一个例子。这是2020年分别投资于三个不同行业的个股并持有近半年所取得的收益率。或许这反而是适合绝大部分机构和个人投资者的一种普遍的投资方法。

本章一开始，我就进行过一些行业性的分析，对自我管理的资产我们遵循"把鸡蛋放在不同篮子里"的理念，但是我强调的是适当分散，这个分散不是单纯地指个股，因为据我观察，在A股市场结构性调整的时候，某些行业或者题材的相关个股基本上都联动性地调整，一旦市场稳步上行，有一些行业适合攻击，有一些行业适合防守，所以我们对持仓配置的个股构造需要进行行业划分而非个股划分，比如在我们看好的或者在全球资本市场中持续性走牛的行业中，我们根据接下来的经济形势找出可能被暂时性低估的行业，在对应行业里选择具备一定地位的企业的股票，一般情况下以3~5个为一组构建成一个投资组合，可以分仓进场或者一次性进场，配置完成后耐心持有几个月、几年即可。

我们去精确地判断个股或者大盘短期的涨跌是比较困难的，而且随机性太强，过度痴迷于此反而会让人产生投机心理，但大致上对于模糊性的位置高低和接下来哪些行业可能存在机会，在进行一些细致地对比分析后，在成功率上应该还是能有一定的把握的。

适度分散的投资组合从好几个层面上进行了风险管控，首先是规避了重仓单只股票遇到巨大的波动或者黑天鹅事件产生的毁灭性打击的情况；其次是在行业的选择上，就应该是从在全球尤其是中国几十年资本市场的历史上产生甚至是持续产生增速并且造就牛股的行业中去选择，再在这些对应的行业里寻找具备一定的地位和影响力，近5~10年表现良好的优质企业，尽可能地提高成功的概率；最后，这种投资组合能够持续性地运行下去，基本上不存在被消灭的可能，方向对了再努努力深耕一下，或许就形成了稳定、持续盈利的投资正道，毕竟国内外不少杰出的个人投资者或者公私募机构都是这么过来的。

能够保持着一定增速，或者说在遭遇一些全球性危难的时候依旧保持着抗跌韧性的行业或者企业，无论是在国内或者国外市场，其实都不多。这也在很大程度上决定了一旦入了门，在行业和企业的选择上会相对集中，而不需要整天整月地大海捞针，寻找那些点滴波动的不确定性机会，只需要顺势而为地与伟大的优质企业一同成长，享受发展进程中的红利。

那些动不动就涨停的股票只是看起来非常暴利，相当诱惑，而实际上不具有长期投资价值。这就好比那些锱铢必较的小生意人外表上给人感觉很有钱或者吹牛各种项目很赚钱，其实多是虚荣心驱使做给别人看的，而真正做事情的人都是埋头脚踏实地行事，这就好比茅台、通策医疗、泰格医药、海天味业等股票，一直小碎步闷声上涨，不断创新高。

通过过于浮夸的超越常规涨幅获取收益的投资者，他们的经历往往适合作为事后畅所欲言的日常谈资，但在真正做投资时，对于要与之共事的人，还是需要选择稳健、靠谱一点的实干派，慢虽然慢一点，但脚踏实地让人安心，这就是投资的抉择。

2020年末随笔：

有十倍的野心，却只有十分钟的耐心。

我记得自己第一次走出农村到大城市的情景，那时是高考后得知自己的大学在武汉，所以趁着暑假就来到武汉，想尽可能早地熟悉这个城市，在光谷附近找了一份服务员的工作，月工资为1 200元，一周休息一天。对于当时的我来说算是人生中第一份工作，虽然不算正式，1 200元的工资我也欣然接受，高中毕业的孩子刚走出农村来到城市，能生存、养活自己算不错了。

那段经历距离现在已有近10年，就现在的我的工资来说，一个月最高收入是13.8万元，与十年前服务员的1 200元工资相比，是其一百多倍，但是为了这一百多倍，我付出的远不止10年青春，还有我为了提升而进行的四年大学的进修，不断地学习、看书和进行社会实践，毕业后离开武汉去一线城市北京2年，选择了一个不错的行业，在具备前景的职业生涯中脚踏实地、深耕沉淀，再加上一点点的时运，才实现工资价值相比十年前的百倍增长。

投资是需要做有积累性的事情的,倘若我在这里做一段时间,那里做一段时间,这个行业这个职业做一下,那个行业那个职业做一下,或许随着时间流逝的就只有青春,而没有知识、技能、行业认知等的深度沉淀,即使迎来时运,都不一定接得住。

昨天看了一下账户,相比于最近几个月市值的波动,总资金昨天创了新高,虽然之前也创新高过,但是没稳住,随着市场进行的几个月的调整而出现回撤被打下来,最近指数开始走强突破,账户也随之再度突破。

我其实操作得很少,虽然人们看着我每天都会对市场或者个股发表一些观点,但是我并不操作,主要的时间和精力是花在选股和仓位配置上,大的时间节点上进行一定的攻击和防守把控。这样其实就足够。总资金的上涨幅度很慢,我的账户一天增值1个来点就已经算很多了,所以我即使遇到回撤,跌幅都是很小很小,涨起来也不会很大,但是总体上我的持股和选的股大方向都是向上的,所以只要分散持有的股票构成的投资组合总体上行加上一定程度上能够抗跌,我就在相当大的程度上可以实现资产的稳定、持续增长,慢一点并没有关系。

有人可能会说:"你这跟乌龟爬坡有什么区别,我抓一个涨停板都抵你几个月的涨幅。"我不否认这个说法,倘若真的能全仓抓到一个完整的涨停板,所创造的收益率的确远超我个把月的收益率,但是你们可以想一想:抓板的风险多大,持续性怎么样?我分散配置的股票有进攻的也有防守的,稳步上行爬起来的收益率一旦涨起来的话想再跌回去可没那么容易,我赚十几、二十几个点基本上不管怎么波动都回撤不了多少，而抓这个涨停、那个涨停一旦遇到大跌或者跌停甚至连续跌停，不单说浮赢回撤，甚至可能亏本，是不是这个道理？

很多人有十倍的野心，却只有十分钟的耐心，殊不知，世间所有的伟大绝大部分都是熬出来的，投资也是如此。

第四章

商业本质——投资周期

三四线小县城开一个拉面馆，可能成本不到十万元，租个门面请一位拉面师傅和一位服务员，锅碗瓢盆桌椅配套齐全基本上就可以开始营业，这时候一天能有几百、上千元收入算是不错，如果对其进行投资，估计三五万就能占据20%~30%的股权。

随着生意逐渐红火，老板有了一定的财富积累，便在县城的校园、医院、车站边上又开了几家同样的面馆，因为模式、原材料的供应链都是现成的，所以经营、管理起来相对得心应手，生意不错的话一天收入能有上万元，于是老板琢磨着注册个餐饮公司，注册个拉面品牌的商标，形成一定的口碑。那么，这时候再想对其进行投资的话，没有个几十万、上百万基本上都无法入股，毕竟拉面馆的营业收入、规模都已随着这几年的发展呈现倍数增长，估值由之前的10万元变为2 000万元。

这是很简单也很质朴的商业逻辑，做投资需要看到这些本质性的东西。拉面馆在初始阶段，可能每股也就3~5元，发展几年后，有了自己的口碑、品牌和连锁店面，股价在股本不变的情况下，还能是3~5元吗？从其中是不是可以想到推动股价运行的本质到底是什么了？

在资本市场中从业几年后，如果你自己所参与投资的标的还是停留在6位数的代码上的话，那是比较悲哀的，因为股票在你眼里不过是筹码，你在股票背后究竟代表着什么，是哪些因素驱动着其上涨，其所在行业和其所指公司的经营业绩发展前景怎样都不了解的情况下就对其进行投资，甚至重仓，这跟赌一把有什么区别？

虽然投资不是直接地参与生产经营，但同样属于商业的范畴，既然如此，就需要挖掘和理解商业运行的本质逻辑，只有所投资的标的发展良好，能取得利润，才可以从中分享合理的收益回报，而且这是迟早的并且具备极大确定性的事情。

无论是在大的经济环境中，还是在拉面馆的发展历程中，都可能会遇到一些阻碍，比如，可能在三、四线城市想要崛起不难，但是发展到一定阶段，要往一、二线城市扩张，势必就会面临具备资本或者技术优势的对手的竞争，能否进一步突围成功，是经营发展就止步于这个小县城，还是向其他领域进行融合，都是需要深思熟虑的，这是因为任何企业在发展的历程中都逃不开周期的干扰。

根据以往的观察，金融危机以每8~10年为一个周期进行，间断性地反复，企业的生命从统计数据来看，几年、几十年、百多年也终将会消失，但是人类在进行财富管理时，对利益最大化的追求永无止境，为此需要对新机会进行寻找，适度地进行多元化资产配置，来对抗难以规避的周期性波动风险。

一、股价涨跌，是业绩主导、资金驱动

因为股价的涨跌直接关系着个人账户的盈亏，所以历来股市参与者都对涨跌的猜测无休无止，无论是对大盘还是对个股。股市上，对短期股市涨跌博弈的下注，尤其需要说明一点的是：A股市场只能通过做多赚钱。

所以这就决定了进场就只能押涨，对了的，就能赚钱；错了的，就亏钱。

押大小有什么逻辑或者规律可以遵循吗？基本上都是靠运气对吧？这种游戏不断玩下去的宿命是注定了的。股价涨跌不排除有运气的因素，但只要你不让自己陷入这种靠猜的涨跌博弈甚至痴迷上瘾的话，那就绝不是没有逻辑和规律可循。

股市既然遵循着商业的逻辑，那么价格的涨跌势必会在很大程度上受到供求的影响，但是在一定时间周期内，上市企业的流通股本是固定的，所以影响价格波动的只能是买卖需求。直白点说就是买的人多，卖的人少，这样就可以推动股价上涨，反之股价则跌。我们把这个叫资金驱动。

市面上所谓的庄家、机构或者龙虎榜的游资凭借着其自身具备的信息和巨额资金的优势，利用的就是这个买卖需求影响股价的特征在市场中进行着掠夺式

博弈。

因为市场只有日内的涨跌幅限制，但是时间拉长一点，最终都拉不多高，这是由于A股市场盘子太大。

按照商业逻辑来讲，这就好比是哄抬物价操纵市场，虽然能获得暴利但是难以持续而且还有被强行干预，甚至违法的风险。

凭借所谓的消息炒作，使某些个股通过不断巨额买入价格被拉抬到高位，吸引散户来跟风接盘，然后出货收割。本质上来说这就是零和博弈，有人赚就势必会有人亏。

财富散户很难从股市获得巨额，而且一旦见顶后所迎来的下跌风险巨大，动辄巨额本金亏损使人直接丧失斗志和继续投资的希望，严重点账户直接被注销或者倾家荡产。这是由于资金驱动，前期有巨额资金运作不断买入，但后面没有继续买入的资金，反而是巨额资金轮番抛压，卖方动能的加重反映到股价，就只能是上涨的对立面——下跌。

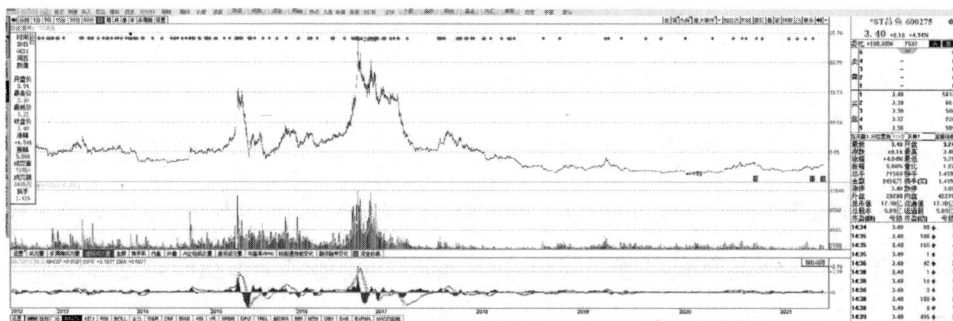

而且这种资金驱动，一般市场的反应都比较迅速，趋势难以维持，好比那些热点和题材，转瞬即逝。这个过程中人最难克制的就是情绪和贪念，往往是这些迫使着人进行跟风助攻而忽视风险，丧失理性。时间拉长一点儿看，那一段的K线在整个走势历程中也不过是惊鸿一瞥，却有不少财富或者账户埋葬在那里，没人记得。

往深层次挖掘一下，既然股价的涨跌是受资金的驱动，那么驱动这些资金进行买卖的又是什么呢？根源上来说是其内在的价值。我们知道，小时候一块钱能买4个包子，初中时候一块钱可以买2个包子，高中时候一块钱可以买一个包子，大学毕业后2块钱才能买一个包子，这里面使得价格上涨的因素除了通货膨胀外，还有原材料价格和个人劳动价值的抬升，基于这些因素，价格能够再回到一块钱买4个包子的时候吗？基本上不可能。

你看，这就是时代发展、历史进程不断推进的体现。A股市场中能够跟随经济发展的脚步分享时代红利的企业，凡是业绩支撑推动股价上去的，股价会再度轻易回到多年以前的价格吗？概率很小吧，除非历史倒退，或者企业自身发展受阻无法进发新的生机，适应时代的需要，否则在一定的周期内几乎不可能。

一家企业所创造的社会价值和经营业绩按年均20%的增速增长，从年净利润几百万到几个亿、几十亿，他们在各自的阶段所拥有的价值会一样吗？股本不变的情况下，估值提升最直接的反应必然是股价上升。资金都是聪明的，尤其是现在，随着金融开放，国际资本也会参与A股市场，但凡有优质的企业被低估的，资金肯定会流入低估地带并且伴随着企业成长，一来是把市值维持在一个合理的范围，二来是等待着企业的进一步成长从而分享投资的红利，经营业绩保持着稳健增长，财务、品牌和科研实力不断积累，也会在发展途中增强抗击金融风险的能力。

这就是为什么一些靠业绩主导的企业，股价纵使不断间断性地创新高，不少人望着几十元、几百元的高股价不敢上车，目送着其越涨越高，而那些几元、几十元股价的企业反反复复上上下下备受炒作，总是在一定区间里反复甚至不断下行至更低直至被ST或者退市。

通过业绩主导的股价波动和纯粹资金驱动的股价波动所最终获取的投资收益，在历史的长河来看，是截然不同的。

对市场的观察和理解，每分钟、每小时、每天都会有不同，很多人其实无法作出判断，但是喜欢关注和盯盘，并且每天会看各种财经平台或者大咖对市场的预判和观点，这相当于间接地盯盘，对市场的解读无非是涨、跌或者横盘震荡，往短了说就只有涨或跌，那么是不是看涨就赶紧买入甚至满仓，看跌就要减仓或者清仓呢？

这样做看上去很正确，其实仔细思考一下，尤其是短期的，上午看涨就赶紧买入，下午看跌就赶紧卖出，明天看涨或者看跌又要进行买或者卖，周期缩得越短，投资者就越容易迷失，这需要不断地进行判断，而且一旦判断错了怎么办？节奏会乱，最终陷入这种怪圈里自己都不知道该卖还是买，而且总是觉得买也不对卖也不对。我不知道你们有没有遇到过，反正在我炒股初期遇到过，而且我在这些年与很多人交流的时候也听到过不少这样的问题。

本质上说这就是贪婪和恐惧在情绪杠杆放大下的反应，以第三人的身份看待自己的这些操作行为，或许会更清楚一点，频繁地买卖不够理性，不够成熟，既然如此，为什么不尝试着改变呢？

我现在把短期涨跌看得很淡，基本上几天、几周、个把月都不怎么操作，心态沉稳很多，也没亏什么钱，反而还赚不少，所以回过头来思考，当初那么频繁急切地买卖或许就是错误的。

二、牛熊交替，如何化解非理性波动

2015年6月，当时无意间朋友给我介绍了一个私募机构的执行董事，四十多岁，比我年长很多，偶然在饭桌上谈到股票，给我留了一个代码说买它能赚钱，我出于对长辈的尊重记了下来。这只股票是我看不懂的行业和企业的，但想着这只股票被这位执行董事看中可能有看中的道理，于是少买了一点放在那里，当时价格是11块多，好长一段时间被我给忘了，尤其是股灾爆发后更是没怎么关注，等我翻看的时候发现已经腰斩了，我看形势不对果断止损撤退。

这只股票是郑州煤电（600121），当时买的价格正好是历史性高位，买完就见顶，也有正好遇到牛转熊的原因，当然，行业和企业本身也存在问题，不过这都是后话。

我2017年8月在北京一家小型私募机构里就职，与我们有合作的资方是一个中型企业的董事长，在一次交谈中说到一家上市公司的老板跟他们公司有业务合作，并且谈到业务收入可能在2018年达到翻番的规模，他自己通过二级市场购入不少股票，甚至成为该公司的第二大流通股股东，私下说你们自己也可以买点儿放一两年。但是结局并非都让人满意，我自己当时也弄个账户买了一些放着，一直到2020年都还没解套。

这也是为什么我对所有内幕宣传、机构等怂恿的或者神秘的有意无意给人推荐股票的都比较谨慎的原因，毕竟自己执业过程中经历太多，无论成败，其实更多的是市场行情使然，而非是什么内幕、机构主导，纵使有也很少，而且不持续。

在这些年的投资历程中，绝大部分时间整个大的市场环境和绝大部分个股其实都持续多年地沉于颓势中，涨跌的延续都有一定的时间界限，甚至个股选得不好，还有退市的可能，说是牛熊更替也好，但更多的是由于企业经营失败。

在所有的时间周期内，股价或者指数都不可能是一直上涨或者一直下跌。所谓的抄底和逃顶，据我这么些年的经验看来，不过是忽悠散户的两项绝技，实际上压根就不存在，更多的是没来得及避开下跌，反而是成功地错过了上涨。我说的牛熊并非短期涨跌的小波动，而是几个月甚至几年的起伏，这种特征无论是在指数上还是个股上都非常典型，基本上每隔几年就有一次，而且基本上会伴随市场永久性存在，不可能消失，这跟经济发展和企业生命的周期特点的道理是一样的。

上交所和深交所都是从1990年开市，到2020年，30年间的指数走势从来都不是一直涨或者一直跌，而是涨两年跌好几年。通过这个数据来看，牛短熊长、涨少跌多并不是没有根据的，但是总体上这三十年来大的方向还是不断地上行的，尽管几经波折。

既然市场天然地就存在着这些牛熊周期的波动，而且放到历史长河中来看，总体上市场都是震荡上行的，那么为了化解熊市的风险，投入股市的资金首先就要能扛得住波动，只能是闲置资金，而且不是一次性全部投进去，一次性投入失败的概率太大。这里就需要讲究仓位管理和资产配置，不至于让自己的资产一次性进场，遇到熊市就束手无策直接套牢好几年。

在个股中，分化非常明显甚至可以说极端了，主要是两大类：一是一些杰出的企业，在一定的历史时期内都在不断发展，并且熊市期间也能抗跌，一旦市场走牛迅速爬起来创新高。

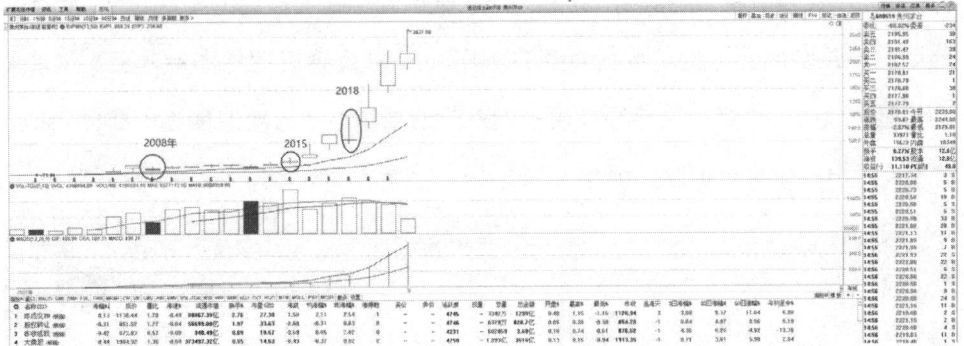

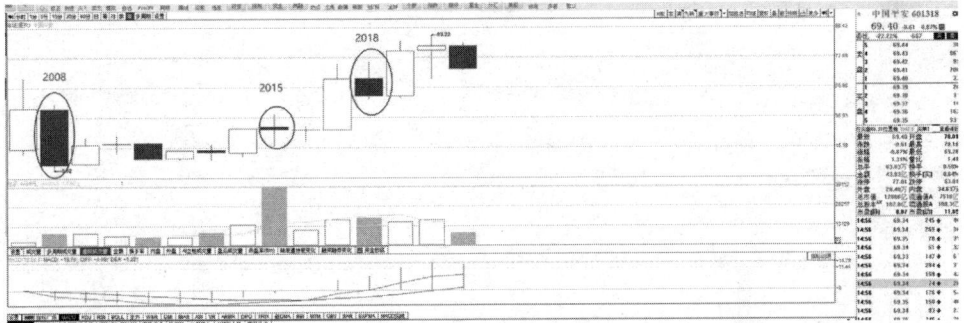

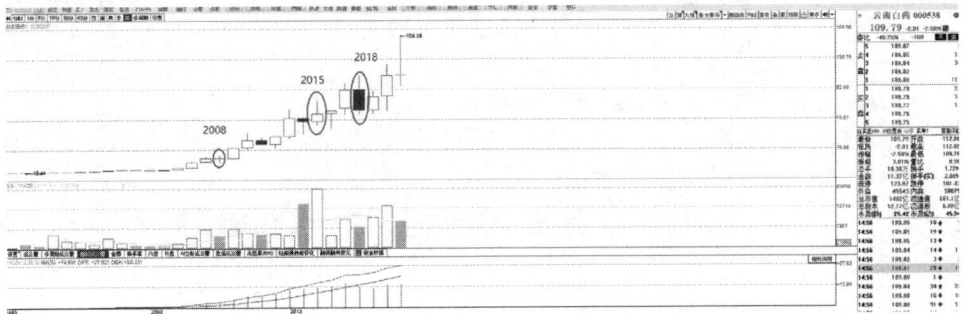

　　茅台是神话，但能类比茅台的有很多，我只是随便举几个，这些企业在几十年的发展历程中所创造的社会价值反映到股价上就是不断攀升，即使遇到熊市，大环境导致的不过是股价非理性的阶段性波动、调整，放在略微长一点的周期中，其本身的市场价值并没有被所谓的熊市所淹没，算是能够穿越牛熊。

　　另一类就是靠题材、热点等噱头的炒作型个股，这些企业属于中小型规模企业，尚处于发展阶段，自身的市场占比与业务模式存在着一定的不稳定性，而且即使得到点儿发展优势也基本上会由于盘子过小，被资金迅速炒作抬升透支了未来的业绩预期，一般熊市过后往往由于没有业绩支撑会步入漫漫熊途的阴跌，维持几个月或者几年甚至退市。

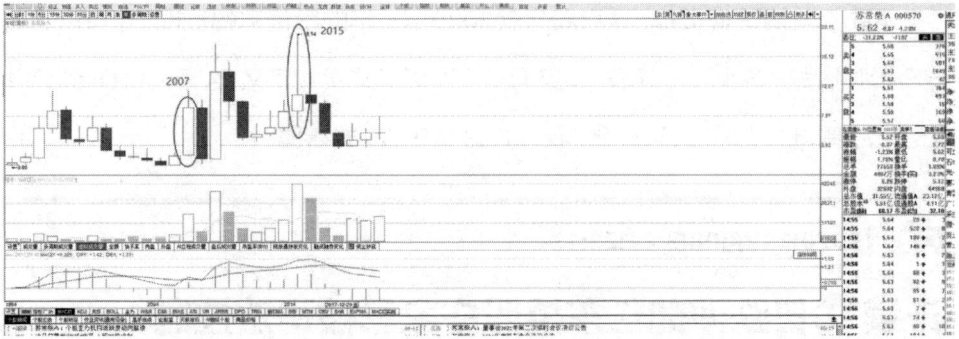

这些往往都是以小盘股为代表，而且业绩不稳定，基本上股价除了大牛市时涨一涨，其他的年月都是下跌，持续几年的下跌。

我们追求的肯定是在市场中能够尽可能地摆脱熊市困扰，扛住熊市打压，并且在市场平稳时再度走牛，股价能够迅速攀升再度创新高的个股，而这只能是通过研究企业本身来选择，只有投资到优秀企业的个股，方能具备化解牛熊波动的可能。

前面说到的资产配置和仓位管控基本上就在很大程度上能解决掉熊市的困扰，当然，如果能够配备上一个时间因素，也叫进行长期投资，则熊市反而成为增加财富积累的绝佳机会，这点后面通过一个小结专门来阐述。

在2020年收尾的时候，A股市场出现了史无前例的庄股崩盘，仁东控股14个连续跌停，刷新了多少年的跌停连板记录。

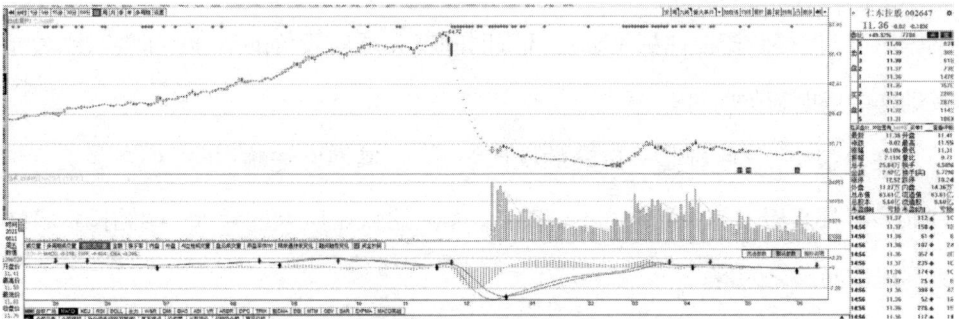

不要看前期跌得很惨，这只股票就2020年一年的股价涨幅近四倍，可以想象一下沿途上涨中多少人看着眼红，又有多少人买了又卖卖了又买，我中途看到过几次这只股票，也有不少人问过我，我说过这是庄股，要谨慎。

C电报 2020年12月08日 22:29:13

连续10日跌停的仁东控股庄家已被司法控制

财联社12月8日讯，仁东控股连续10个交易日跌停，市值最高蒸发245亿。从一位接近监管层的知情人处获悉，仁东控股确实为庄家操盘的个股，目前该庄家已被司法部门控制。"该庄家控制了不少个人账户的融资盘以及场外配资盘，庄家被监管和司法部门控制后，融资盘按规定被券商强制卖出致使该股开始跌停，配资盘也闻风大举卖出，而仁东控股跌停后的成交量极低，且卖盘很大，导致连续跌停引发踩踏"。（证券时报）

庄股，是指有一定的资金实力的团体或机构联合控制某个股票的流通股。有的甚至跟上市公司内部有关联，利用资金和消息的优势操纵股价，一般时间周期是几个季度或者几年，A股历史上出现过不少。这种股票换手率往往开始阶段高，中期阶段低，因为筹码全部在庄家手里，外面没多少筹码，而一旦遇到被查或者资金链断裂的情况，往往跌起来也会非常惨，操纵者甚至有牢狱之灾，仁东控股的庄家就属于这种。

市场上很多人宣称"与庄共舞"才能赚钱，而且说得头头是道，也有不少人解读游资机构，尤其是超短线，因为游资跟庄虽然都利用资金优势和对市场的一定的敏感度，但是游资往往都是通过几天时间就完成对股价的运作，涨停和跌停是其动作中很明显的特征。

在我眼里，这些都是高风险的操作手法，把握得好能赚点钱，但再怎么分析其实多半都是看运气，而运气不好的话，面临的就是巨大的亏损，稳健投资者还是尽量敬而远之为好。

三、追求合理回报，不要心存侥幸

一次国庆假期从高速路回家，路过一个加油站的路口交会处，我的车在高速主干道正常行驶，由于堵车，这个会合处的不少车择机插进主干道，我一直跟着前面正常行驶的车辆。当时一辆想插进来的车比较猛地一直往中间蹭，我没当回事，加点油就走了。行驶了大概十几分钟，突然后面一部车加速超过我后迅速变道到我车前，先刹车再踩油门，弄得我立刻紧急刹车，全车人瞬间前倾，然后又放开油门。副驾驶的人提醒我这是刚才路口那辆没给让道的车，估计是为这事超你的车出气，我也一下明白了。后排的兄弟年轻气盛，喊着超过去教训他一顿，没过一会儿，那部车又来强行超了我一次，好在我提前有意识地降了速度，并未理会，而是下意识地让他先走。

可能我年轻几岁，也会凭着一腔热血扑上去以牙还牙，现在人更稳重了一些，做任何决定不会是心血来潮一拍脑子就行，我能预想到硬上的后果，那不是我想要的，我尽可能地避开即可。

做投资跟在高速上行驶是很相似的，一旦上路就存在着不确定性的风险，在确保自己规范、正常驾驶、不出问题的前提下，还要防止他人出问题伤到自己，在高速上遇到拥堵就去抢占应急车道，或者遇到点不顺就开斗气车，就好比是不经过理性思考做出投资决策，可能一两次侥幸实现迅速超车或者出点怨气，但我们一生不可能只上几次高速，也不可能只在尝试过那些侥幸后就迅速收手，但只要出一次事故，基本上，小则伤筋动骨，大则有性命之灾。

各种以低风险高收益为幌子的宣传一直在各大媒体、广告中绵延不绝，这种在我们明眼人看来小儿科的骗局，每年却实实在在地有企业据此营生，纵使遇到监管投诉导致公司被关，过不了几天依旧重新注册，继续开公司，换汤不换药地从事着这些虚假的投资骗局业务，因为自始至终都会存在一批又一批的人，抱着低风险高收益的侥幸心理。

在我看来，这些企业最厉害的就是营销策划部门，他们所做的事情就是造梦，打造那些心存侥幸的投机者内心渴望的梦，把不切实际的东西包装得十分华丽，然后在诸多"托儿"营造的氛围中进行各种传销式洗脑，在变着手法索取钱财之后，造梦活动结束，一轮一轮地收割。

有很多人选择过报警，甚至成立各种维权联盟，但是能够索赔回来的很少。这是一个虚拟的网络世界，天天交流互动的采用公司化运营的微信、QQ都是买的，即使顺藤摸瓜查下去也会发现都是虚假的主体。而且基本上只要一个人内心深处对在距离金钱最近的投资领域存在博取暴利的侥幸心理，被诱惑、引导、诈骗是迟早的事情，即使不被诈骗，凭借着这种心理做投资，也基本上注定亏损。

这世界上存在多少暴利的机会？暂不讨论暴利背后应该承受的风险，单说暴利的机会，我都可以说很少很少，而且即使有，门槛也会足够高，否则暴利的门口早就排满了人，不可能干等着人来把握。

零几年做淘宝，随随便便在里面倒腾点业务，都能发不小的财；现在，2021年，再搞淘宝能发财吗？发财机会早就因为暴利被扎堆介入的人群和机构瓜分光了。

一直倡导追求合理的投资收益，那么这个合理是在一个什么范畴呢？我们在银行存款或者购买理财产品，年化收益率在2%~4%，基本上超过5%的很少很少；债基稳健一点的年化收益率在4%~8%，略微激进一点的债基年化在10%左右，伴随着一点点风险。股票型基金和股票按照巴菲特持续几十年的年化收益率来看，能够每年保持在25%~30%就已经很不错，由于一些极端异常的牛市或者熊市，可能会出现收益率的大幅波动，也正常，平均下来保持这个收益率按年递增，基本上有持续的可能。

对于那些总是渴望着全程抓到涨停或者连板的人，可能觉得这点收益率不就几个板的事，但这些人中一年到头下来账户能够达到这样收益率的并不多，绝大部分时间都是在回本，即使有那么几次抓了点涨停，也不过杯水车薪，随时要准备还回去，一个涨停赚十个点，再遇到一个跌停就回吐利润还要伤本金。

即使遇到一波不错的行情，持续一段时间，连续几个月收益率达到十几、二十几个点，但根据历史状况来看，这种情况不会持续，不合理的非理性的波动所创造的收益也会由于市场的理性修复而回撤。这才符合市场的规律，也才能够持续地运转下去，任何一个行业均是如此，更何况带有情绪杠杆的资本市场。

短暂性地从市场获得超出合理范畴的投资回报，这是有可能的，但我们存在于市场中，很少有人是玩一把就走，而基本上与之结缘就是一生。所以投资注定就是一场马拉松，爆发力不重要，重要的是财富增长稳健和能够持续。

什么是好股票？一直涨的股票就是好股票？还是说好股票就会一直涨？实际操作中，那些持续几年上涨的股票总是享有着价值投资者的追捧，无论是盘子大小还是位置高低，往往都不被重视，而我们都认为很有道理，因为几倍或者十几倍市盈率的银行、地产公司估值虽然低，而且有不少被推崇的好股票，但是几个月、几个季度甚至几年都不见股价上涨而是一直低迷，而那些白酒、医药动不动几十倍、几百倍的市盈率，股价却动不动就创新高。不拥抱泡沫、守着低估值的好股票，就会错失上一年的牛市，是因为低估值的行业里没有好股票吗？还是说那些一直涨，甚至估值偏高了还在涨的，才是好股票？

好企业对应着的就一定是好股票吗？经常有人问我这个问题，其实这个问题的背后逻辑就是好企业的股价就会一直涨吗？是不是好股票不重要，能不能一直涨才是关键，前面说了好股票并不一定会一直涨，所以好企业有没有好股票无关紧要。

从底层逻辑来说，我们场内投资者追求这个"好"字，实质都是按照涨跌来看，其实股票好不好、企业好不好有两个方面的含义。一是股票对应的企业本身的质地好坏，二是质地好坏能否反映到股价上来，而对这两方面的探究需要追踪过去的历史，企业质地本身好坏需要看企业历史财报和在行业中的地位和表现，能否反映到股价上也需要看至少最近5~8年的股价和分红特征，这也是股票分析的一大要领。

四、用做生意的信念进行投资

社会分工是有一定的递进关系的，不是所有的人一走上社会就可以直接做老板或者参股甚至控股进行投资，一来是商业经营的能力没有达到，二来是站在这些社会分工的位置是需要有一定的财富积累作为后盾的。从这个角度来说，就算是做了企业老总或者职业投资人，也必然是经历过多年的基层苦干和财富积累的艰辛历程。凭借着资本投资获取财富增长的话，归根结底还是会间接性地回归到商业经营的历程中去。

无论是在一级市场还是二级市场中进行的投资，不都是对投资对象创造的社会财富的红利分享，而对投资对象好坏的判断就需要从底层逻辑去思考投资对象的商业模式和未来前景，这跟把自己的生意做大是一样的，都需要点坚韧的信念。

上大学那会，我们几个同学办过补习班，从场地租赁到设计海报，从到处宣传招生到服务对象的选择、服务项目和课程费用的设计，都是亲自参与。第一学期招生20名，扣去各项费用没有多少盈余，基本上不赚钱。第二学期学生数量到了30多名，开始有一些利润，第三年度人数到了50以上，赚得比一般打工的人要多。但是到大四面临着毕业，几个合伙的同学有想离开这座城市的，也有想尝试别的行业的，所以难以为继，恰好遇到同校有人想承接下来，毕竟补习班做了几年有一定的名气，招生渠道也比较稳定，所以相当于卖了出去，但是我把卖出去分的钱留在了买这个补习班的人这里，算作是投资，不参与经营只共担盈亏。

我只需要每个学期了解下他们的招生、课程费用、租赁和教师的成本情况，基本上就能够推测出每年能有多少利润，如果新的承接人有远见说不定还能开个分校，这就是最简单的投资思路。

很多人做股票有不少年头了，估计连自己所投资企业的中报、年报都不曾仔细看过，自己投资的企业今年做了些什么，进行过什么重大决策，哪些业务上营收增长迅猛等都不晓得，一股脑地天天盯着股价、K线这些画在屏幕上的结果呈现，却对结果呈现背后的底层逻辑视而不见，这是很难在股市中取得实质性进展和提升的。

我对云南白药的了解最早是来自于它的创可贴，当时只知道这个创可贴好，虽然相对贵一点，但是在几种选择中往往都会选择云南白药的。这在同行竞争中无论是心理上还是行为上直接就抢占了制高点，后面有一次偶然崴了脚，医院给我的跌打损伤的药，又是云南白药的，医生说这个对治疗跌打损伤效果不错。

几次的印象冲击让我对这个牌子有了兴趣，便开始在资本市场予以关注，并且对这家企业进行了解，原来它可不止生产创可贴和跌打损伤的药，三七也很有名，而且这家企业位于云南省，对于纯天然中草药产品生产有天然的绝佳的地理优势。这跟茅台依托茅台镇的地理环境的道理一样，基本上是不可替代的。我当即买了一些筹码，关注着其公司的发展态势。

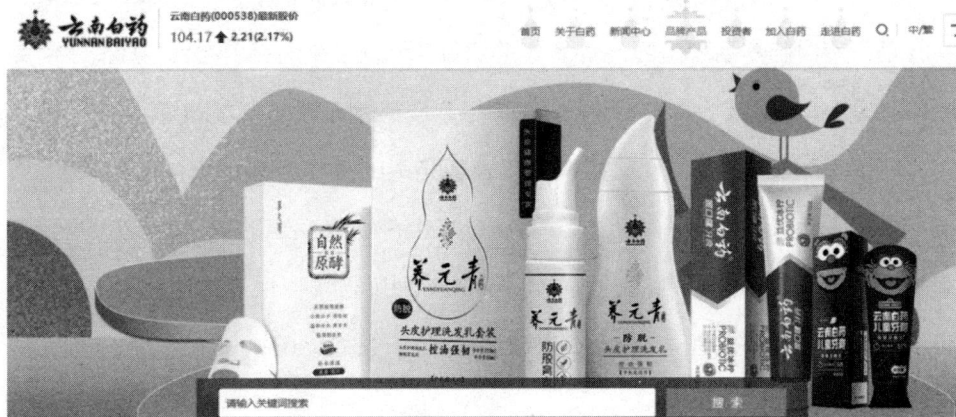

云南白药生产的产品有用于洗头洗澡、健胃消食、跌打损伤、破皮感染的，品类很全；这两年涉足牙膏和化妆品领域，它的产品貌似都贵一点，但基本上围绕着天然植物中草药，向日常生活消费品进行延伸，价格都在可接受的范围内，而且随着人们生活水平的日益提升，在质量和价格中选择的话日益倾向于质量优先，单单是云南白药这个中药第一民族品牌的价值就是74.35亿元，构建了很强的护城河。

2018年，云南白药的产品云南白药喷雾剂、云南白药膏、创可贴、云南白药酊荣获中成药骨伤科类综合统计第一名的成绩，其生产的牙膏市场份额约为18.1%，位居全国第二位。我想象着人们在生活中无论是健康还是受伤，无时无刻都要与其产品打交道，都从内心感觉到这是一个很不错的生意。按照这种势头发展下去，拥有5 000亿元的市值都不为过。

什么是好的生意？

经营的是没什么天花板，而且基本上一年四季，无论男女老少都有需要的产品；没什么明显的经济周期，扛打击，总不能说宏观经济形势不好就不刷牙了吧？受伤之类的能不去医院？化妆品更是女人少吃少喝都要买的东西；还要有一定的垄断性，也就是投资上说的护城河，不至于任何一个人要进入这个行业竞争抗衡都可以。云南白药依托着云南独特的天然的地理位置优势，这在中国独天独厚，其次是云南白药的品牌是经历许多年的沉淀形成的，在消费者心目中形成了信赖价值。就在一定程度上享有定价权，想超越它压根就不是三五年的事。

可以环顾资本市场，那些持续多年表现亮眼的基本上都是这样，茅台最为典型，腾讯、阿里尽管是互联网企业，但其运行也符合好生意的逻辑，老少皆要，基本上属于电商行业的垄断企业，而且不断地向四周延展，快递、美团等都有其参股或者控股，占有的地位不是任何新生企业敢于去撼动的，没有5年、8年都无法在同行业中与之抗衡。

我们无法到这些行业里去创业做这些生意，但是我们可以凭借着知识和智慧以及细心的跟踪观察研究选择这些企业，然后予以投资。在不需要经营管理的情况下分享着好生意能够带来的红利，而且相对于自己去这些行业里创业做生意来说，风险更小，不是吗？何乐而不为！

以前跟我夫人谈恋爱的时候，我问她要不要投点钱进入股市，她一直摇头说不要，不仅现在不要，以后也不要。我说那不可能，用不了几年你肯定基金、股票都要接触到，她不信，还跟我说走着瞧。

前段时间我让她开了一个证券账户，然后账户给我用，她说赚的钱得给她当作零花钱，我给里面转了2万块钱，可能因为那一周行情好，赚了有4000多块钱。她说赶紧转出去到银行卡上，是她的零花钱，还说怎么股市赚钱这么快，一周赚的都要赶上她一个月的基本工资。从那以后，她每天下班回来都会说一句今天行情怎么不好或者今天行情还好，我很奇怪她怎么知道股市行情，后来她才告诉我说她自己手机下载了券商App，登录了开的证券账户，每天都看一眼是赚是亏。

一看到赚得多，她就时常跟我说不想上班了，上班赚钱太辛苦了，对工作有较多的不满。你看，人只要赚到过快钱，基本上心态就会变。这就好比A股那些不负责任的企业，时不时搞个概念、题材、热点炒作一下，公司的市值就能短期内推高，如果靠这些概念、题材、热点就可以迅速把公司市值做大，那谁还愿意脚踏实地勤勤恳恳地做业务？这种现象一旦在资本市场成为风气，A股就会成为赌场，而追逐于此的人就是赌徒。

这就是为什么管理层一直对过度的炒作进行干预、监管，而不断地引导中长期资金进场，这是宣扬理性投资和价值投资的底层逻辑之所在。

五、适当多元化发展

2015年股市断崖式下跌。大盘都跌停，千股跌停是常态，那些开盘不到半小时个股就全部跌停的日子，至今触目惊心。

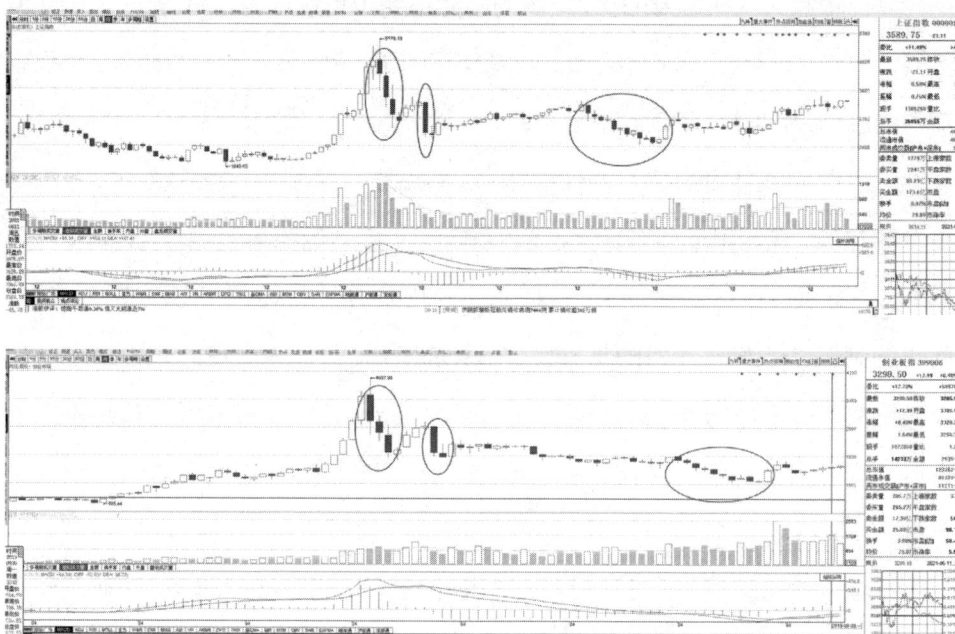

那时我也是第一次完整地经历暴跌，至于原因各有争论，但我早已司空见惯，在这个行业里，对已经发生的事寻找各种言论来做千奇百怪解释的，我称之为"马后炮"。你能指望根据这些原因来推测未来？不可能的，只能自欺欺人地解释过去。这是股评家做的事情，而对于身处其中参与市场投机或者投资的人来说，该错过的暴涨依旧会错过，没能避开暴跌依旧会使你伤痕累累地巨亏。

鉴于那时候我在股吧、论坛里还算活跃，亲历过整个的历程，不少的"股神"级人物遭到了历史性的回撤打击，私募基金遭到清盘的不计其数，中小投资者更是遭受着财富的巨大缩水和心理的痛苦煎熬。至于没来得及卸掉融资和杠杆的，基本上在这轮股灾中直接被消灭。那时候整个行业里最有力的一句话是：活下去。

当时没有供养家庭的生活压力，即使是在股市遭到了史无前例的打击，但还不至于直接被打垮，到了2018年，我由此引发的思考更多。

2016年和2017年进入证券投资行业磨炼，券商、私募都接触过，在北京参与过不少的私募论坛，接触到不少的正规化的投资思路和理念，并且有幸与支付宝旗下的蚂蚁财富签约，为其撰稿，同时也着手做一些对中小股民的投资者教育。

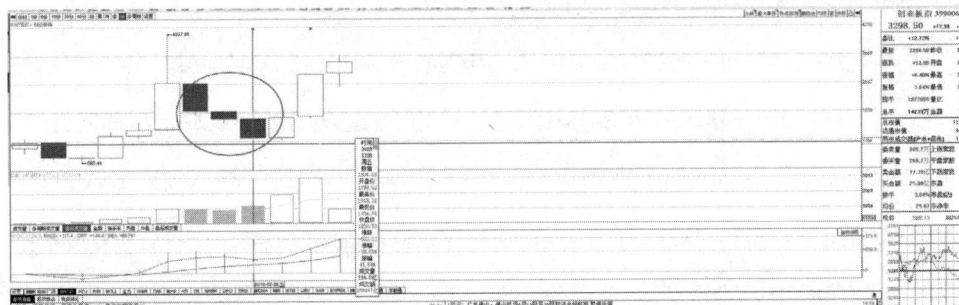

2018年脱离了券商和私募开始步入自己的个人职业投资生涯，正好遇到贸易问题，导致股市呈现全年下跌的态势，丝毫没有阶段性上涨的反弹力度，连2015年都没跌的茅台在这一年都跌掉15%，其他的个股更是可想而知。与2015年急跌暴跌不同的是，2018年是漫漫阴跌看不到尽头，最为磨砺人的心志，而一旦成为职业投资人，就需要考虑家庭生活的负担，而投资于股市的资金迟迟见不到收益，无法做提取（我是计划将收益按比例提取作为生活支出），所以在这一年最为真切地感受到压力的所在。

受到2015年断崖式下跌和2018年全年下跌的两轮影响，我一直都在思考个人职业投资者如何化解股市天然的周期波动性问题，这不像是打工每月每年都会有流动性的收入，而股市一旦投资进去几周、几个月、几年都没有回报是很可能的，但人总要生活，不可能整年都没有收入进账。思考化解这种状况的方法无疑让我想到了个人投资和收入来源的结构多元化问题。

做投资的人时间其实是很自由的，而且一般在股市中的投资除了前期选择优质企业和后期跟踪外，不需要太多的时间研究，这时候借助自媒体是可以赚取点收入的。基本上哪里都有网络，平台又很多，做一些自己的投资记录或者分享，发表一些对市场的看法观点，这些都是有一定的价值的，不然为什么在那么多的平台上或者视频上会看到那些内容。无论是基金机构还是个人基本上都有受到平台的邀请或者自己申请注册，持续摸索一些方法、技巧进行创作，完成一定程度的积累后享受互联网这波热潮推动的自媒体红利并不是什么难事。驱动财经内容产出的背后必然是藏着利益的，这是价值的一部分。

再者尤其是职业化投资后，用于投资的资产的分配要一定程度地进行结构性分散，适当抽出一小部分用于实体投资，项目的选择要依据个人实际情况而定，尽可能地结合自己拥有的资源或者优势，成本低一点，不然的话回本周期太长，会影响收益的实现。这个项目最好是可以短期内提供现金流的，毕竟进行这类投资的目的就是在股市短暂性无法实现盈利的情况下可以用其提供的现金流来养家糊口分担生活压力。能想到的比较不错的项目是依靠线上自媒体的零售类项目，带货之类的虽然很火，但是对于个人来说短期内很难形成规模，所以收入、利润颇为有限，最好是自产自销类，这样利润和项目整体好把控一点。

我尝试过依托老家农村可以忽略的土地和喂养成本进行农村土鸡养殖，我负责在线上进行销售，接到预订后通过快递发货。由于养殖并不是大规模的，所以不需要请人，父母就忙活得过来，而且一天卖几只鸡，按照一只鸡一百元的价格，一个月赚一两万块钱不是什么难事，基本上每天、每月都有现金流，能够化解职业投资中不顺时的矛盾。

股票市场投资的周期性是天然的，不可抗拒，既然摆脱不了就只能想方设法来化解，以便于可以长期投资。行情好的时候能让全年收入爆发性增长，行情不好的时候能够沉得住气稳得住生活；投资咨询和自媒体至少在这几年算是风口，里面存在着可以挖掘的金矿，再加上实体产业的配合，两项都可以提供现金流，至少维持生活不成问题，好一点的话还可以反哺股市投资，趁着行情不好多吸纳筹码拉低成本，这才是多元化最为核心的内容。

　　只要是一个在股市摸爬滚打几年的股民，都或多或少地买到过一些比较强劲或者后来涨幅很大的股票，这不一定是水平问题，更多的是瞎猫碰到死耗子的运气。请注意，我这里只是说买到过，并没有说拿住并吃到了那波涨幅。很好理解，比如那些马后炮般的言论，如：300块钱的时候我买过茅台，330走了；60块钱时买过五粮液，40块钱割肉了；或者买了又卖掉了的妖股后来连板涨停，等等。能买到就表示很厉害吗？那卖了又怎么说？

　　经常在一些股吧、社群等社交媒体里看到抓住一个板或者赚了点钱动不动就到处炫耀的人，这些人一般都不怎么沉稳，因为这类群体至少在那个阶段对市场对投资是没什么理解的，那样下去很难有未来，而我们做投资的人追求的不单是资产增长，还有持续，二者缺一不可。

　　靠运气买到牛股是可能的，但是靠运气拿住牛股却基本上不可能。这就是为什么即使买到一些强势股后面却总是卖飞了的原因，对于自己看不懂和理解不了的企业，内心都有莫名的恐惧感，外加股价略微有一点非理性的波动，很容易就把筹码轻而易举地交出去。这是现实也是必然。

　　所以我们需要不断地学习，分析行业、企业、趋势、估值高低等，很多时候，投资真的是知识和能力在市场的变现。

　　贪婪与恐惧，多是自己吓自己。

　　经常会有这种情况，明明很看好一只股票，然后开仓买入，买得不多，先打底仓，然后跌了两三个点就加仓，依旧看好这只股票，但是过了几天，没怎么涨反而跌了8~10个点，这时候不敢再加仓了，反而开始害怕，担心是不是出什么问题了，似乎忘记了当时选中时各种看好的点。

　　或者很多时候去抄别人的作业，明明是一个自己跟踪了很久的比较靠谱的基金或者大佬，以往的操作业绩都很不错，这次跟着一起布局了一些，但是遇到市场调整，甚至是持续几个月的调整（这种情况在A股中很常见），导致布局的这只股票迟迟没有上涨，反而几个月跌了十几个点，人的信心都被磨灭了，大佬依旧纹丝不动地持有，而自己却天天盯着股价分时的波动或喜或悲。内心的煎熬实在受不了，尤其是看到那些动不动就被游资炒作的涨停板更是难受，然后自行止损去追热点做妖股或者再度道听途说开新仓，没过多久，自己当时止损的股票又涨起来了，而且前期跟踪的基金和大佬还加了仓，顺利实现了回本盈利，而自己重新开仓的股票没赚多少甚至又被套了，悔不当初。

我遇到过一些股友，跟我私信说自己几十年的积蓄大部分都亏在了股市，前些时间一直跟踪我的实盘布局过我的股票，但市场调整两个月布局的股票也没涨，还套住了，自己实在是拿不住就止损了，没想到没过多久就全部涨了回来，非常可惜。总是一买就跌一卖就涨，都想退出股市了，但又不甘心。

如果是炒股四五年还这样的话，我的确是建议这类选手离开股市或许更好，因为做投资是为了生活可以更美好一点，如果投资让人每天都备受煎熬，并且财富不断毁灭，那就不如趁早离场。

四五年的投资经历都无法认清和理解市场的话，那需要付出的时间和金钱代价就太高了，这些代价花费在任何一个行业，勤勤恳恳做下去，得到的回报都会比在股市里这么折腾要丰厚。

出现这些问题说到底就是对很多事情没有真正想明白，比如为什么选股的时候非常看好要投资的一家企业，而一旦自己买入后，没过多久对其看法就改变了呢？

一般来说，一个企业由好变坏不至于那么快，何况还是自己前不久精心挑选的，难道就因为股价短期内没有涨，所以就觉得企业坏得不值得投资了？好企业不应该是越便宜我们投资人越多买吗？

市场一涨的时候总觉得可以涨到5000点，股价一跌或者持续跌几天，就觉得几乎看不到底部看不到希望，心神恍惚吓得要死。这是典型的贪婪和恐惧的表现，最终都是自己吓自己。

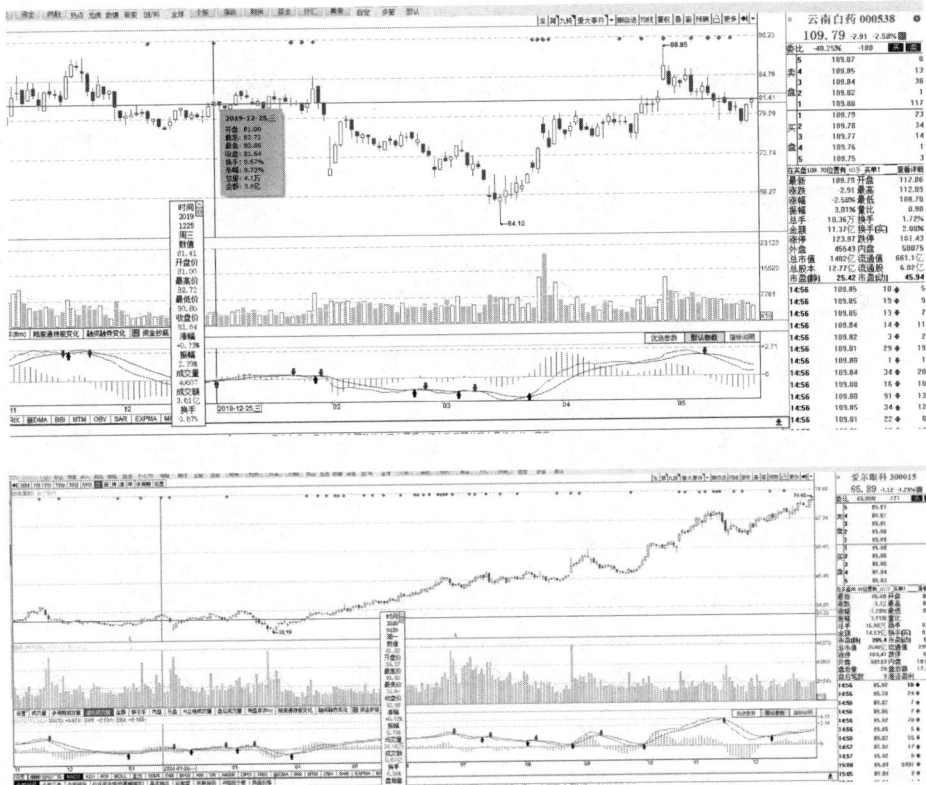

我在2020年初的时候投资过云南白药和爱尔眼科，是自己很熟悉的品种。云南白药分红比例很高，而且位置不低，地处云南，有先天的独特的地理位置优势。爱尔眼科基本上在行业里具有垄断性质，处于高速发展阶段，我都是精挑细选并且跟踪过几年的，而且翻看企业过去5~8年的历史，这两个都是相当优秀的企业。

在我投资后，股价走势并没什么起色。不过我关注少。由于在一些平台发布过自己的布局观点，当时也有一些人跟，时不时还有人抱怨说："啥票，来来回回光跌不涨。"我不在意这些，一个做投资的人尽量不要受到外界的干扰，尤其是在股价不理想的时候了非议更多，这是大众常态。尤其是到了3月份跌幅有20多个点，招来了很多人的责备，而我顺势加仓，然后锁仓未动，也在这个时候很多人扛不住而止损离场，后面两个月不到，股价都创出新高，而这个时候四处都在鼓吹云南白药和爱尔眼科是绝佳的价值投资标的。面对这些言论，我略微一笑：涨起来了就是价值投资，与之共甘苦等价值增长的时候可曾见过？在股市里靠一些小聪明是走不长久的，要想投资取得一定的成就，需要经验的沉淀和大的智慧。投资的企业打雷下雨你不在的话，后面大口吃肉的时候大概率也不会有你。很多时候人在股市中的情绪和心理，不过是自己吓自己。

第五章

心存敬畏，感恩市场的馈赠

2020年，我发现身边陆陆续续出现不少新股民，有的是从不曾交流的老乡，有的是毕业几年没怎么交往的同学，网上找到我的粉丝股友更是不计其数。这些人都属于很年轻的群体，原本我以为老乡、同学之类的是压根不会这么快就接触到股市的，没想到这么快，而且很多网上的股友才二十出头，甚至很多人还在读书就已经开始接触基金和股票，在市场里面的冲劲往往比我还要足。

甚至很多人虽然是来向我咨询对市场或者某些方向、问题的观点，但是大部分时间都是他们在谈，谈到最多的是白酒、新能源、半导体、光伏等，这些都是这一年中市场最热也是人气最旺的品种，而且不少人单凭着拿了几个月甚至超过一年的白酒基金所取得的收益率就超过了我，并且有时在市场行情大好阶段，某几天或者某个月他们在市场斩获的收益率也比我的高，弄得我相当尴尬。八年多的A股老股民，居然抵不过这些最近入市的后生，要说起来，其实他们什么分析都不懂，就是看着某些大咖的文章、电视新闻等就直接重仓甚至满仓，往火热的方向猛冲。反而我们这些久经市场历练的人即使再看好某些机会，也会讲究适度分仓的仓位管理，对所选标的进行甄别、分析，甚至更谨慎一点的成熟的投资人可能会绕过这些人多的地方不进行参与，所以总会在某一个阶段跑不过这些激进的新手后生。

当时我也在思考，按道理来说，我们这些老股民要技术分析有技术分析，要证券理论知识也有理论知识，要投资经验也已经至少有多年的经历，怎么会在行情大好的时候连这些新手都胜不过？仔细想想，其实在行情大好的时候，基本上是个炒股的人都可以或多或少赚点钱，至于赚不赚大钱取决于你敢不敢重仓，这有运气和博弈的成分。直到2020年末，不少看好新能源、光伏和白酒的新手开始慌了，不管是买股票还是基金，好像之前买啥啥涨的所谓的技巧、热点策略都失效了，怎么买怎么亏，沿路补仓沿路跌，好不容易前期赚到的利润还没来得及脱手就加倍地还给了市场。这并不是什么陌生的现象，每年都会重复上演，只是换了一批又一批。行情好的时候敬畏市场会在一定程度上拉低你的收益率，但是在风险来临的时候却可以让你账户的收益率波动平缓异常坚挺。在这个市场上的人并不是没赚到过钱，只是最终钱都没怎么留住。哪个成熟的投资者不是从这种意气风发、傲视群雄的阶段跌跌撞撞、磕磕碰碰才逐渐变得稳健成熟和理性的？

每当看到那些围绕着涨停板博弈的人我都会心生过来人的感慨，动不动亏损就是十个点起步，而我的账户每天也就个把点的起伏，超过3个点就算很大的幅度了，一个月能赚8%~10%就是相当好的成绩。所以只要整个账户亏损幅度超过40%，再想回本甚至盈利赚钱的可能性微乎其微，而在涨停板博弈的人基本上遇到不好的行情就很难走出这个怪圈。

那对于绝大部分不擅长选股又不擅长仓位管控的大众投资者来说，有没有什么投资品种可以帮助他们规避这种怪圈呢？市场是很慷慨和包容的，只要你不贪图不合理的投资收益，就必然能够找到适合你的投资品种，基金是一种可选项，股票里就可以选择一些常年大概率可以跑赢指数的ETF，这也是我接触股市后很多年才关注到的一类品种，波动风险比个股低，投资收益率上很少输给指数，要知道能够常年跑赢指数可不是一件容易的事，不信你可以打开自己的证券账户看看自己投资的品种这些年跑赢指数的年份多吗？

一、赚到钱，是得益于自身水平，还是市场

截至2020年年底，创业板指数收复了自从2016年以来所有跌幅的损失，并且创了最近5年来的新高，仅次于2015年牛市的高位。要说这轮牛市的启动年份是哪一年，应该是始于2019年，盛于2020年。也就在这两年里涌现了一大批新生代基民、股民。当时在写年度投资总结的时候，我记录下自己2020年股票的投资收益率是43.4%，时不时会收到一些新生代股民、基民给我发来的收益率截图，而且这些收益率都普遍性地高于我的43.4%。有的人表达得很委婉，说自己做得不算好；有的人就很直接，仗着自己2020年度收益率远高于我，就说你们已经跟不上

新时代的股市，弄得我哭笑不得，为了不引起争议，只能竖起来一根大拇指。我在投资领域很少与人攀比争论，绝大部分时间都是自己看书、独立思考，对市场以及过往操作记录总结。

按照常规来说，任何一个人只要略微懂得股票的买卖，就可以自己进行独立的交易。而市场是一个对每个人都公平并且存在机会的地方，你再不懂知识再没经验，都有可能随便敲敲代码买一只股票赚到钱，而资深选手却可能精挑细选开仓买入还瞬间被套。这些事情相当常见，甚至包括许多拥有专业的证券知识和近十年行业经验的基金经理所取得的收益率在某些阶段都不如一些中小散户选手，但这些中小散户选手就有能力去担任基金经理的职位吗？肯定不能。

这里面值得深究的就是赚钱的过程。涉足市场能否赚到钱，有三个关键因素起作用，一个是这个人自身的能力，包括这个行业所需要的专业知识、理念，很多人炒股几年都不知道年化收益率达到多少才算合理，所以在操作上比较盲目，而且永不知足，甚至在耐心持股不到三天时就以考虑到资金的时间成本为由说服自己一而再，再而三地陷入追涨杀跌的投机怪圈。

二是证券投资的资深经验。应该说，各行各业都需要有相关经验的人才，哪怕你是面试就职，面试官都要看下你有多少年的经验，以便于给你定位，证券投资行业里尤其如此。光是某某大学金融专业毕业出来远远不够，将所有的理论知识落地很难，单单凭借这些专业的理论知识就想做好证券投资那更是不可能，起码需要长达5年的实战性经验才能对市场有贴合实际的理解和认识。经验就是财富，巴菲特先生的绝大部分财富都是在40岁之后取得的。这就是最经典的演绎。而那些新生代股民初有的冲劲和取得点收益就傲视群雄的特征就是缺乏投资经验的表现。

三是市场行情的配合。前面两项算是能力水平，有了能力水平还需要有市场行情的配合，我常把投资赚钱比作种田，而我们投资人就好比农夫。就算我们农夫的插秧播种水平再高超，只要你遇到洪涝灾害，依旧会对收成少束手无策。这就是为什么投资行业里无论基金经理或者股市操盘手再牛，每隔几年都会有人退出有人重新出来一样，并不一定是因为水平、能力不高，只不过是没有扛住市场残酷的洗礼。

有资深经验和专业知识的选手在市场不好的时候想赚到钱也是不容易的，但凭借着经验和知识可以让自己尽可能降低亏损，使得自己扛过资本的寒冬，迎来牛市盛宴。所以说这个经验和知识的作用并非在行情好的光景里辅助你赚钱，最关键的是在行情极端低迷的时候护你减少回撤。

这里有一个绕不过去的偶然性因素，那就是运气。如果说对于上面三个因素的思考算理性的话，那么这个运气就是感性的东西了。运气在新手身上的副作用极大，每一轮牛市期间被各路消息吸引进入股市的新人很多，而且由于正好处于牛市阶段，所以往往能够赚点钱，一旦发现这个钱这么好赚，就对其充满着期待，期待着开盘，期待着加仓，期待着频繁寻到买卖机会继续赚钱。仓位越来越大，赌瘾越来越强，别人好心提醒说股市风险很大要小心，却再也阻挡不了由短暂性赚钱念头引发的欲望，一旦市场由牛转熊步入调整，凭好运赚来的钱很快就会还回市场，并且发现自己当初研究的"各种小聪明"再也不灵了，从之前的想多赚点钱到后来只想回本，越陷越深，最后只想尽量少亏一点……

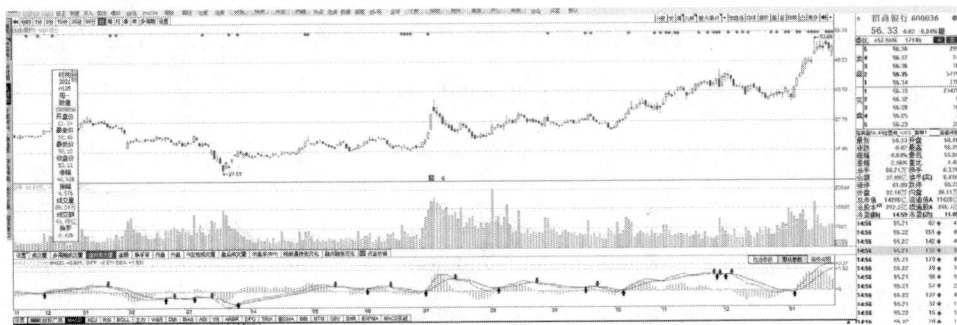

2020年拿的股票中有一只招商银行，这一年市场中绝大部分个股都出现了不小的涨幅，而招商银行却一直在横盘震荡，磨了大半年。很多人受不了这种走势而进行平仓或者略微止损止盈。到2020年年末和2021年伊始，股价开始飙升，不断地突破前期高点甚至创下历史新高，凭运气的人是赚不到这么一大波利润的，只有凭借着水平和依托着行情的选手才可能吃到这波涨幅的红利。

在股市里赚钱，靠运气是一时的，不仅无法持续，而且还随时都面临着要归还给市场的危险；靠能力、水平才有可能比较滋润地多年存活于市场，牛市享受繁荣与泡沫，熊市虽然难熬，但扛得住寒冬就势必能够迎来新的希望。

二、不会选股，就靠综合性投资来对抗指数

在我开始涉足投资领域的学生时代，不知道是基金不盛行还是自己身边没有这个圈子的人，压根就没怎么看到过基金，反而这几年我接触到的不少新生代股民都是一开始买基金投资后来才转到做股票。这个顺序的转变对整个社会的发展来说是很好的事情，往小了说可以让新入市的选手遇到的风险相对小一点，不会有剧烈波动和很大的亏损，往大了说这是投资意识循序渐进的改变。买基金的人往往不会那么急功近利和指望短期暴富，相比较于什么都不懂就直接闯入股市的人来说，这是一种幸福，而我的入市历程就算是不幸，8年以前的一大批人应该跟我一样。

也是在2020年市场复苏的大年，我对市场的注意力开始分出一部分到研究指数和行业ETF上，指数上我们拿上证举例。

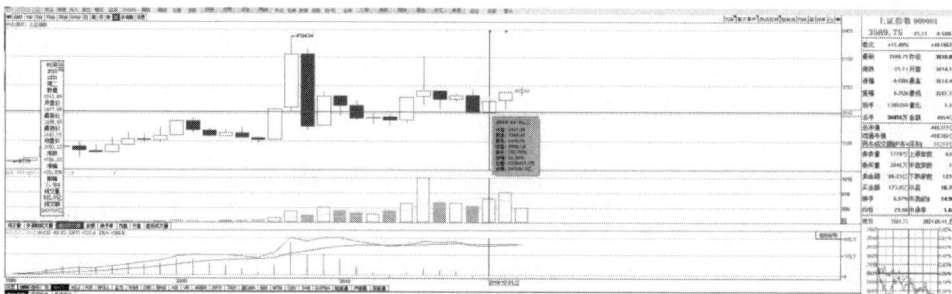

2019年上证年度涨幅是22.3%，2020年年度涨幅是13.87%。不算高。这是因为这两年资金集中在中小创上，所以创业板利润这两年近乎一年翻一倍，但是纵使在这般市场行情下，能够跑赢创业板指数的人并不多。绝大部分人能够跑赢上证就很不错了，更何况还有小部分人全年亏损。有必要提醒一点，这是牛市期间，试想如果不是牛市，就算是在震荡市场，收益率都会出现巨大的下滑，熊市就更不用说了。

再来看看上证50的指数。

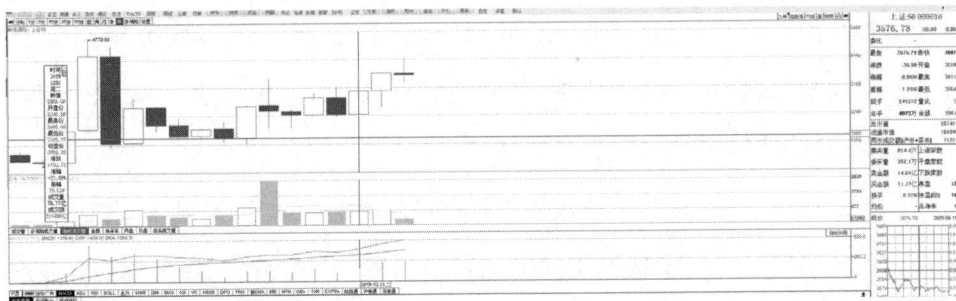

上证50跟上证指数有较大的关联，也有微妙的区别。上证指数与整个上海证券交易所中个股所占权重的变化都有关联，而上证50则在里面优中选优，寻找规模大、流动性好的最具代表性的50只股票来组成上证50的样本股，以综合反映上海证券市场最具市场影响力的一批优质大盘企业的整体状况。简单点儿说，就是在上证指数的权重股里面优中选优。

所以可以直观地认为，上证50的走势绝大部分情况下都优于上证指数。以2019年和2020年的数据来看，2019年上证50的涨幅是33.58%，比上证指数高11.2%；2020年上证50的涨幅是18.85%，比上证指数高约5%。我这是随机选了两个年份，大家可以对照前几年的数据进行查看，会发现这是大概率事件。

那么基于以上数据，我们要想常年大概率跑赢指数的话，进行指数ETF的投资就不失为一种不错的选择。

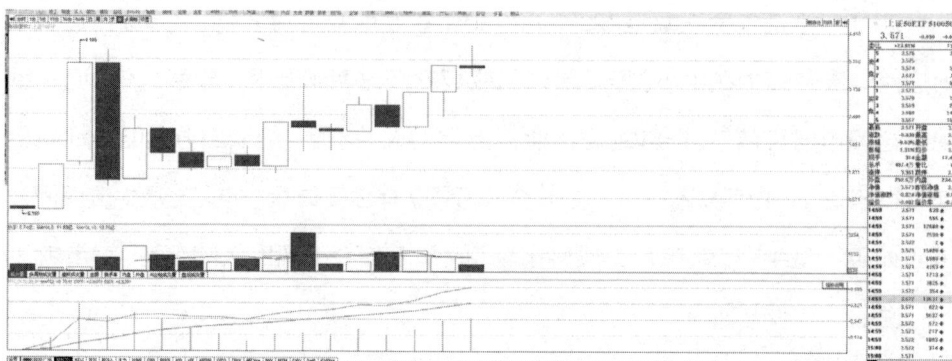

我们无法直接买指数，这时候ETF就出现了，前面分析过上证指数，讲到过对上证指数优中选优的上证50指数，而上证50指数是无法直接买卖的，所以演化出了一种基金，那就是上证50ETF，就跟我们输入代码买卖股票一样，我们可以通过证券市场直接参与指数基金投资。

有朋友可能会说，这几个都是关于上海证券交易所的，那如果在一些年份上交所涨得不多而深交所涨得多，该怎么来综合判断一下呢？市场最大的包容性这时候就体现出来了，但凡是有需求的地方，就会在力所能及的范围内提供供给，沪深300正是由此诞生的。

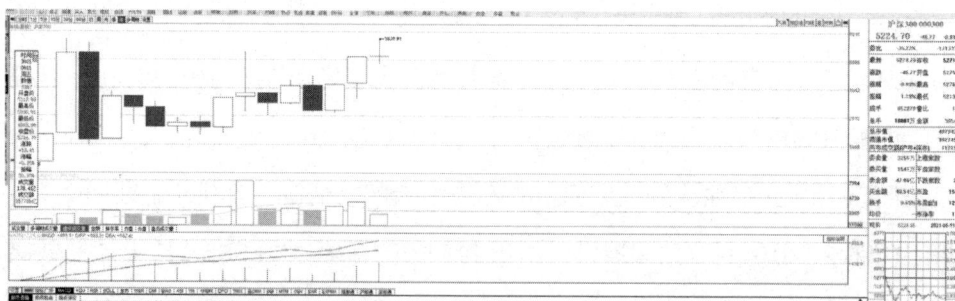

沪深300涵盖了沪市和深市一些优秀的上市企业，具体的细节性个股选择标准和权重就不需要我细致讲解了，随便一搜都能够搜得到，而且比我要讲得清楚具体。这个指数是考虑上证指数和深成指数影响的综合性指标。

不过，沪深300跟上证50一样，并不能直接进行买卖投资，而是需要借助其ETF。

　　沪深300ETF涵盖了沪深市场六成左右的市值，能够代表中国的经济发展水平，跟上证50ETF一样，可以直接进行买卖交易。

　　这几个基本上代表了指数级别的综合性指数，我们所熟知的上证指数、深圳指数每年涨跌幅，虽然波动不大，但是对于我们绝大部分中小投资者来说，要想凭借自身的选股和操作策略常年跑赢这些指数并不容易，不如索性直接投资以上这些在上证指数和深圳指数里面属于优中选优的相关指数ETF，省心省力还大概率能够跑赢指数。

　　我不知道是不是自己随着年龄的增长，见多了资本市场的波涛，对那些触目惊心的上涨和下跌有些厌倦了，所以也尽可能地让自己不再卷入其中，看盘的时间逐渐减少，而且对于个股的选择看得比较淡，反而比较重视构建多方位权衡的投资组合，到现在开始逐步地观察和研究指数，不想参与到个股惨烈的纷争中，但又不想错失经济高速发展的红利，所以投资时开始注重盈利的持续性。

　　很多新老股民对市场未来的发展方向虽然有模糊的了解，但经常在选股上与红利擦肩而过，为了避免这个问题，不得不提到行业ETF。

行业ETF是对各自行业中一些发展稳定的比较成熟的优质企业，按照一定的权重组合构成的综合性指数。购买行业ETF就相当于你同时买了这个行业里这些优质企业的股票，只要这个行业持续发展，就可以分享其成长红利，这就避免了你由于选股不当而错失盈利机会甚至亏损。

目前这是我开始探寻的新方向，后面我应该也会逐步入手落地实施。只要不追求短期的暴利，尤其是指数的ETF，我觉得算是普通人对抗财富贬值且是在熊市尾声不知道抄什么底的时候，最为稳妥的投资品种，而且压根就不需要考虑踩雷的问题。

三、波动、回撤和亏损，不可避免就坦然面对

前几天，看到我一直比较关注的在投资中做得算是相当不错的一个朋友，他自身也是某财经平台的大咖，凭借着自身的投资和分析能力吸引了一大批关注者，居然在2020年末端和2021年初期濒临爆仓，爆仓是什么意思呢？一般指强行平仓。他原本是通过接近一千五百万自有资金买入某一只股票，后来由于股价持续低迷动用了杠杆加仓，没想到几个月内股票继续下跌接近腰斩，本来如果不加杠杆的话顶多扛一些时间或者接受一些亏损，但由于动用杠杆留给股价下跌的空间就很有限，一旦触及平仓线就会被强制平仓，本金全部归零。

还有一个具有一定名气的人，前些年因为某一只股票发家，后来胆子越来越大，趁着股价低迷下跌，疯狂地动用杠杆加仓，甚至对亲朋好友举债，我能理解他对自己所投资企业的研究深度和信心，但是这种操作手法的确是孤注一掷，而且相当不幸运，这个企业由于市场环境变化导致业绩增速下滑并且由盈转亏，股价持续下跌三四年，直到现在还没爬起来。他的生活也因此陷入了困境，四十多岁的男人，对家庭对老婆孩子都相当内疚，多少个夜晚点根烟辗转反侧。职业投资

很多年，这个年纪再去找份工作也不合时宜，一直备受煎熬期盼着股价攀升，好在他投资的的确是很优质的企业，至少这三年里没有触碰到爆仓的边缘，不然真的是几十年的积蓄转瞬成空。这还没算上负债。

我从接触股市到现在已有8年多的时间，除了前三年时间里，把一个账户做得亏了96%（基本上被消灭），往后都没有遇到那种情况。好在那阶段我还在学校，刚出校门，没有家庭负担，即使破产大不了从头再来，而且那时候把本金亏完完全是由于我对市场一无所知而进行追涨杀跌外加遇到2015年牛市后的下跌，没有接触到杠杆，所以对我造成伤害我多打两三年工就爬得起来，但现在到了而立之年，承担起了为人父母和对自己家庭的责任，也不得不思考这些前车之鉴。

创业者和投资人，包括亿万股民在内，在面对别人创业或者投资失败陷入亏损甚至从此遭到严重的打击的时候，没必要幸灾乐祸或者看热闹不怕事大。要知道对于我们任何一个人，尤其是职业炒股的人，只要你存在于市场，就务必步步小心，严格地做好非常完备的风控管理。我之所以对创业者也谈及，是因为创业也跟职业投资这种行当一样，做得好风生水起功成名就，做得不好妻离子散倾家荡产。

可能也正是这些事件导致我后面的投资风格开始变得更为稳健，重点在构建投资组合和关注指数ETF品种，对于杠杆我是不会涉足的，可以的话估计一直都不会。

但凡是投资都会存在风险，我不认为波动和回撤就是亏损，很多人炒股历程中一直都不顺，总是抱怨说明明最高的时候赚了几万，但是由于自己没有出货导致收盘还倒亏，在我眼里这都是不成熟的表现。你们可以这么想，一轮很大的牛市后，基本上绝大部分股民账户都或多或少有浮动盈利，而且整个A股市场的总市值被推到一个历史性的高位水平，试问：这里面的这么多股民账户里的浮动盈利都可以顺利落袋吗？

这就好比庄家和机构操纵股价的逻辑，亿万股民账户中的那么多浮盈绝对无法顺利落袋，为什么？你们想，如果这么多人一起出货想兑现浮盈，那么市场会出现什么情况？直接下跌。是的，这么庞大体量的资金砸盘不跌才怪呢。一旦市场下跌，前期A股市场总市值的水位会逐步下降，对应的就是这么多股民账户的浮盈消失，甚至很多人到卖出的时候利润回撤了大部分甚至可能出现亏损，可以思考一下为什么会出现这种情况。

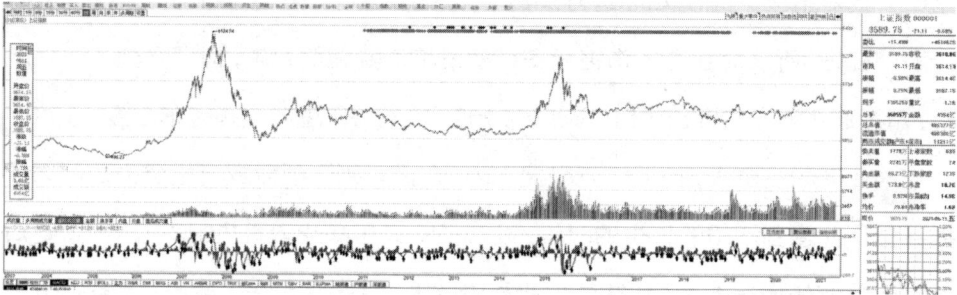

"泡沫"这个词很好，用另一句话说叫"虚假的繁荣"，也就是说那些浮盈都不是真实的，都是假的，一定程度上就可以解释上文中提到的明明盘中最高的时候赚了几万没走收盘还倒亏的问题，你看到的盘中最高时候赚的钱可能根本就不存在，甚至可以说，只要是在持股期间，就算你最高浮盈几十万几百万，只要你没走，都是虚假的，最终出货时候的盈亏才是真实的，而中途的都是虚假的，都是泡沫。

所以，不要过于为那些纸上的富贵而患得患失，那都是虚假的繁荣，不切实际，波动、回撤甚至亏损，都是投资中不可避免的，谁也不能例外。我不认为波动和回撤就等同于亏损，波动造就的更多的是加大盈利的概率；回撤是为了提醒你赚到的并不一定都可以拿到手，做生意谈买卖还得付出成本和交各种税费呢；亏损是你直接割肉止损了，这是实实在在的亏损，涉足股市就会接触到，无可避免，很多人买完一只股票遇到下跌就怕亏损，你觉得你怕有用吗？换股？换股就不存在亏损的情况了吗？

市场不亏欠任何人一分钱，是我们这些人拿着钱进入市场，寄希望于通过自己的知识、分析和判断从市场里赚钱，还不允许市场有点脾气？多一点学习、思考和感恩，少一点抱怨、懊悔和贪婪，毕竟谁也不亏欠谁，尤其是那些知识、经验、时间和精力什么都不曾付出就想赚钱的人。

四、总有莫名的因素来干扰持股信心

在2017年我就职于证券行业期间，在北京参加各种论坛，试图去拜访过一些国内我们投资行业里比较资深的基金经理，但可能是冒昧打扰，所以并没有得到多少会面的机会。本来我以为是因为我没什么知名度，跟这些基金经理不熟而无法会见。后来才知道一来是因为行业特殊性，二来是因为我过于年轻，我是通过他们的助手告诉我才知道，资深的基金经理一般不见年龄低于四十岁的投资人。

可能是因为当时从业经验有限，对这些讲究理解得不深，一度以为受到了偏见和歧视，直到现在我回过头去想，在很大程度上能够理解这种规则，就好比我这几年里也跟不少找我取经的选手分享过中长期投资的理念，但基本上我分享完我的理念不到一周就接到频繁的咨询说今天涨了、下午跌了、还不涨怎么办等。长此以往，我发现我讲的东西他们只在当时觉得是对的，很有用也有价值，但真正到自己去践行投资的时候，却总是被卷入股价的短期波动中。有年纪的因素影响，也有知识和阅历匮乏的原因。

说出来你们可能会感同身受，包括我自己，股价波动造成心理起伏而影响了身心健康，你永远不会想到原本对待生活和工作都是心如止水的斯文人，在接触股市或者在盯盘中变得易恼、易躁、易狂。相当长一段时间意志消沉、无精打采，除了看到股价上涨有一些兴奋外，对生活，对家庭，对工作，对锻炼等都毫无兴趣，眼看着这个人逐步变得颓废，身体也一点点垮下去却无能为力。我经历过，我也见过很多这种情况。在这种负面的循环里如果想单凭自身的力量打破比较困难，往往都是亏得精光或者情绪崩溃，才会得到短期的大彻大悟；要不就是外界对其进行有意识的开导，极少部分人能靠自我的克制走出此种困境。这需要超高的自律才做得到。陷入这种困境的人基本上是在经历炒股最难熬的阶段，即使买到了再好的股票都无法拿得住。

我把在持股期间股票涨了赚到钱，然后又跌了，赚的钱归零甚至出现亏损的情况比喻成一个人在砌墙，刚刚砌好一面墙，然后又把它推倒，再继续砌好，反复地砌好又推倒再来砌。这种现象是违背人性的，没有人不会为之产生情绪甚至愤怒，一旦涉足市场，在不脱身的前提下，面对这种境遇其实无可选择。尤其是那些做热点、做妖股的手法。今天这个题材是热点，明天热点转移到了另一个方向，每天都在疲于奔跑而且还总是迟一步到达。其实无论你再怎么努力切换，始终都会滞后，因为题材、热点只有走出来了，市场才会反映出来，短线选手才能够知道。有谁能够提前知道什么是热点吗？不存在，但凡是有人能够提前3秒知道下一轮炒作哪只股票，他都早已成为世界富翁。这跟我时常挂在嘴边的那句"所有的牛股都是马后炮"一样，走出来了就是牛股，没走出你知道哪只是牛股？

哪怕我经过深度研究和分析告诉你某只股票是大牛股，你信心满满冲进去，结果两天不涨，你心里就会打鼓。一周不涨，而市场别的股票都在涨，你就开始动摇，并且一旦不涨反跌，更是恨不得立刻脱手。公司出点什么新闻或者网上爆出点负面的消息，或者股东个把点的减持等都会干扰你持股的信心，市场每天都会有无数的理由让你出货、换股、止盈或者离场，而往后真的走出大牛股涨势，你也只会拍拍大腿说"我当时哪里知道会这么牛"。

一买就寄希望于立刻上涨，本来就是一种先入为主的贪婪思维，这就在很大程度上注定了我们难以拿住股票。退一步说，就算你买入就涨，涨了几个点或者十个点，然后就开始下跌3~5个点，是不是持股的信念就开始出现动摇？你看，那种一买就希望立刻上涨的思维其实是希望股价一直拉直线般地上涨，中途不能出现一定幅度的下跌，甚至回撤都最好不出现。我说的这种思维并不是虚构的，而是现实中相当常见的，可以称为赚点的时候即出现小富即安急于落袋的心理，而这种心理的延伸就是止盈落袋之后又继续寻找机会开仓，又寄希望于一买入就立刻上涨，希望一直这么顺利地循环往复下去。这种思维站在人性的角度是能够被理解的，但市场并不会这么慷慨，尤其是遇到接二连三的亏损割肉，很可能就会在下一次被套的时候装死卧倒不动，而且一旦遇到主力出货买在山顶，或者恰逢股灾降临，这种手法就暴露出致命性的缺陷。

　　2015年6月，当时市场炒作煤炭股，流传着"煤飞色舞"。一位"股神"喊我买入郑州煤电，当时价格接近12元，买入之后随即下跌，"股神"让我持股不动，拿了2年多6元位置割肉，终得四字箴言：远离题材，远离炒作。

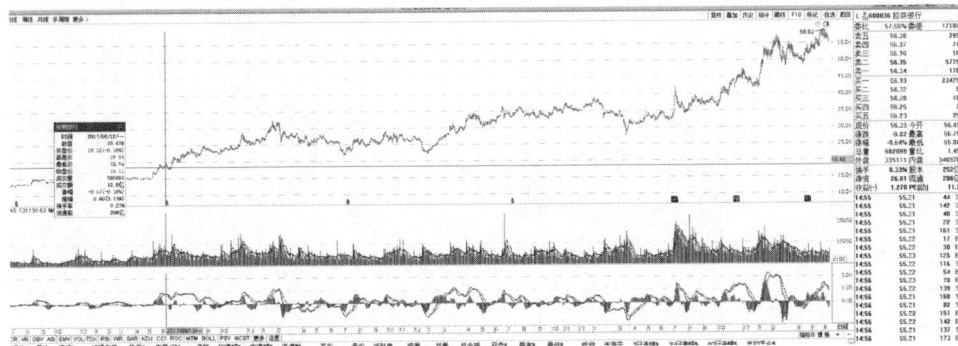

2017年6月，我开始遵循价值投资理念，选择高分红的优质企业，买入招商银行和万科A股，当时价格都在17元左右，持股不动拿到现在，算上股价涨幅和分红，浮盈几倍有余，终得一些领悟：拥抱高分红的优质企业，进行中长期的价值投资，才是小散户步入投资正道的不二法门。

五、持续性地跟踪市场，明高低，懂周期

很多人炒股多年，连自己每天对着看的同花顺或者券商软件的数据来源于哪里都不一定清楚，而想要查看一些一手的参考材料或者查询过往年份市场、指数或者个股的数据，单靠这些看盘软件是根本不够的，而且盘上的图形、数据都会被选择性地压缩，并不完整和全面。这就不得不借助数据来源地的官方网站进行查阅。

我们A股市场始于1990年，分别在上海和深圳各有一个证券交易所，平常敲打的代码的起始数字600、3000或者002等都是上交所和深交所的区别数字。上海证券交易所的代码都是600打头，2020年在上海开设了科创板，代码多是688的数字打头，其他的基本上都是深交所上市的企业的股票代码。我们所经常看到的上证指数和深圳成指代表的就是在各自市场上市的企业按照一定的权重所构建的指数。作为投资者，需要定期地跟踪估值、量能的高低，并且尽量做一些记录跟踪。

上海證券交易所
SHANGHAI STOCK EXCHANGE

请输入关键字

主要指数　更新时间：2021-01-19 15:45:02

| 上证指数 3566.38 | 上证50 | 科创50 | 上证180 | 上证380 | 沪深300 |
| -0.83%　4674亿元 | -1.06% | -2.52% | -1.12% | -0.69% | -1.47% |

3639.42
3617.82
3596.22
3574.62
3553.02

1.20%
0.60%
0.00%
0.60%
1.20%

09:30　10:00　10:30　11:00　11:30/13:00　13:30　14:00　14:30　15:00

市场数据　数据日期：2021-01-18

数据总览　主板　科创板

上市公司/家
1805

上市股票/只
1848

总股本/亿股（份）
42705.52

流通股本/亿股（份）
37605.97

总市值/亿元
471408.92

流通市值/亿元
393594.31

平均市盈率/倍
17.36

指数行情　地区成交统计　2021-01-19 15:00　深证成指

15003.99
成交量(亿手) 3.95　涨跌 -265.28　今开 15278.53　最高 15314.05
成交额(亿元) 5737.41　涨幅 -1.74%　昨收 15269.27　最低 14954.35

分时　日线　周线　月线

15581.95
15425.61
15269.27
15112.93
14956.59

09:30　10:30　11:30/13:00　14:00　15:00

市场总貌　深市主板　中小企业板　创业板
2021-01-19

股票总市值（亿元）
349863.75

股票流通市值（亿元）
270940.23

上市公司数
2362

上市证券数
11402

股票平均市盈率
35.35

股票成交金额（亿元）
5753.08

数据统计范围包含存托凭证。

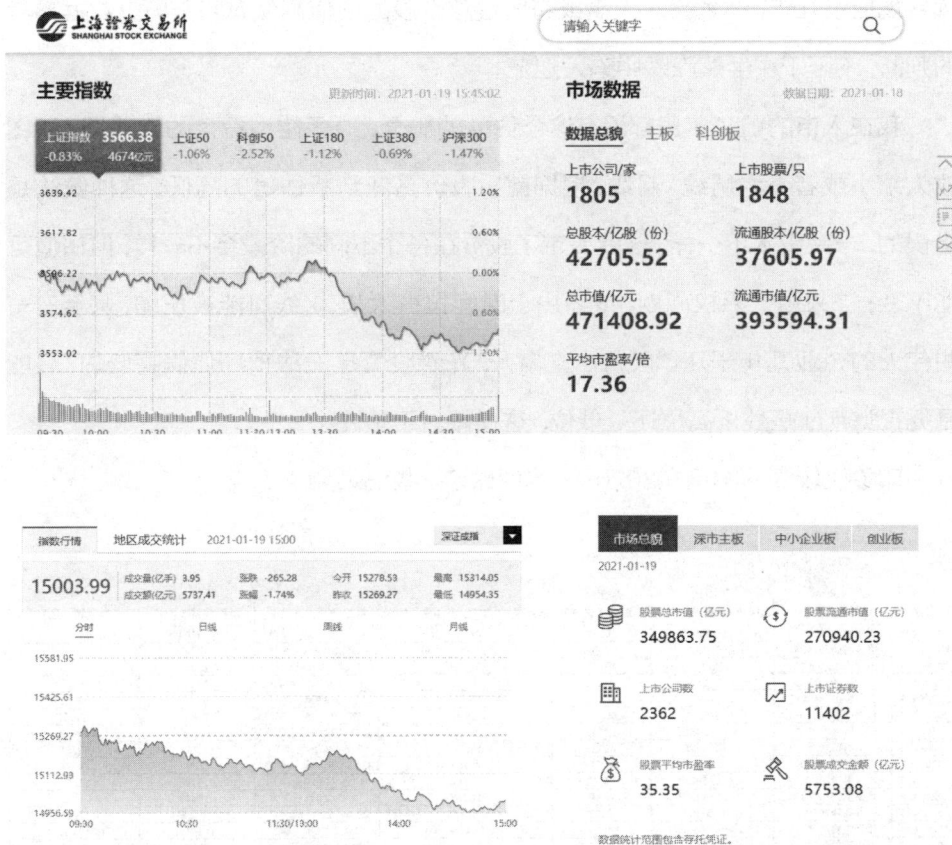

　　上面展示了两张图，第一张是上海证券交易所官网截图，第二张是深圳证券交易所官网截图。

　　一般在看盘软件上无法查看过往的市盈率，而我们如果想知道市场或者个股估值高低的话，市盈率是一个不可忽视的参考指标，这个数据也不需要每天都记，我个人是有一个专门的Excel表格，每隔一段时间（几个月或者每个季度）做一次记录，记录包括成交量、总市值和上市企业数量。因为从历史来看，成交量的大小也是判断市场顶底、位置高低的一个参考因素。

　　无论是大盘还是个股，只要是你关注的企业，其公司基本面都需要跟踪年报，分析估值的高低就需要按一定的周期记录市盈率、量能、股价等数据，只有持续性地记录几年，你才会对大盘或者所跟踪个股的估值高低有基于历史数据参考的判断，不至于在牛熊涨跌中陷入迷茫。

我在入市的前三年里都没有这个估值的概念，最多使用看盘的软件把K线图放大缩小或者看看周线、月线，根据前后股价高低判断估值的高低。这种做法是错误的，一来股本不一样，这就决定了股价在各个不同的阶段会不一样，但估值可能不变；二来由于除权问题，或者由于时间拉得太长，K线可能被压缩，甚至有一些伟大的企业几年十几年股价一直攀升，光看股价是无法预判估值高低的，只能是凭视觉判断是处于高位还是低位。这样做过于感性。

印象比较深的案例在2020年，当时做了一些记录如下。

日期	股票略称/代码	总市值/流通值（亿）	总股本（亿股）	市盈率（P/E）/市净率（P/B）	每股净资产（元）	每股收益（元）	净利润（亿）
2020/4/3	爱尔眼科/300015	1220/989.5	30.98	88.31	2.08（2019第三季度）	0.4004	12.31
2020/4/3	泰格医药/300347	492/357	7.5	58	5.15（2019第三季度）	0.7045	5.28
2020/4/3	上海机场/600009	1222/693	19.27	24.29	16.61（2019全年）	2.61	50.3
2020/4/3	万科A/000002	3026/2601	113.02	7.78	16.64（2019第三季度）	3.47	388.72
2020/4/3	伊利股份/600887	1785/1731	60.66	23.78	3.99（2019第三季度）	0.93	56.31
2020/4/3	格力电器/000651	3126/3102	60.16	10.6	16.75（2019第三季度）	3.68	221.17
2020/4/3	贵州茅台/600519	14318/14318	12.56	35.26	99.71（2019第三季度）	24.24	304.55
2020/4/3	恒瑞医药/600276	4146/4136	44.23	77.81	5.6（2019全年）	1.2	53.28
2020/4/3	凯莱英/002821	399.4/395	2.34	71.88	12.34（2019第三季度）	1.6	3.67
2020/4/3	华兰生物/002007	688.5/591.6	14.03	53.64	4.66（2019全年）	0.9148	12.83
2020/4/3	康泰生物/300601	758.5/426.7	6.45	132.3	3.79（2019第三季度）	0.6804	4.31
2020/4/3	长春高新/000661	1086/912.5	2.02	61.2	39.95（2019第三季度）	10.27	17.75
2020/4/3	智飞生物/300122	1068/584.6	16.00	45.09	3.21（2019第三季度）	1.1018	17.63
2020/4/3	丸美股份/603983	269.2/27.52	4.01	56.21	6.27（2019第三季度）	0.97	3.59
2020/4/3	珀莱雅/603605	237.9/73.83	2.01	60.58	10.08（2019全年）	1.96	3.93
2020/4/3	中国平安/601318	12588/7459	182.80	8.43	36.82（2019全年）	8.41	1494.07
2020/4/3	招商银行/600036	8108/6632	252.20	8.73	22.89（2019全年）	3.62	928.67

2020年第一个季度，我粗略地记录了部分我跟踪的企业，当时茅台的市盈率是35.2倍，万科A是7.7倍，招商银行是8.7倍。这些是我比较熟悉的也是在整个投资圈里面耳熟能详的伟大的企业，所以即使在我没有之前历史数据做对比进行参考的情况下，都能够在心里进行大致的预判。这几个企业估值偏低，尤其是银行和地产，是我比较熟悉的，所以我敢于进场或者坚定地持有。而如果是没有数据作为支撑的普通人，或许并不知道当前价格所对应企业估值的高低，这时候是买还是卖或者是否应该拿住筹码，都会难以抉择。

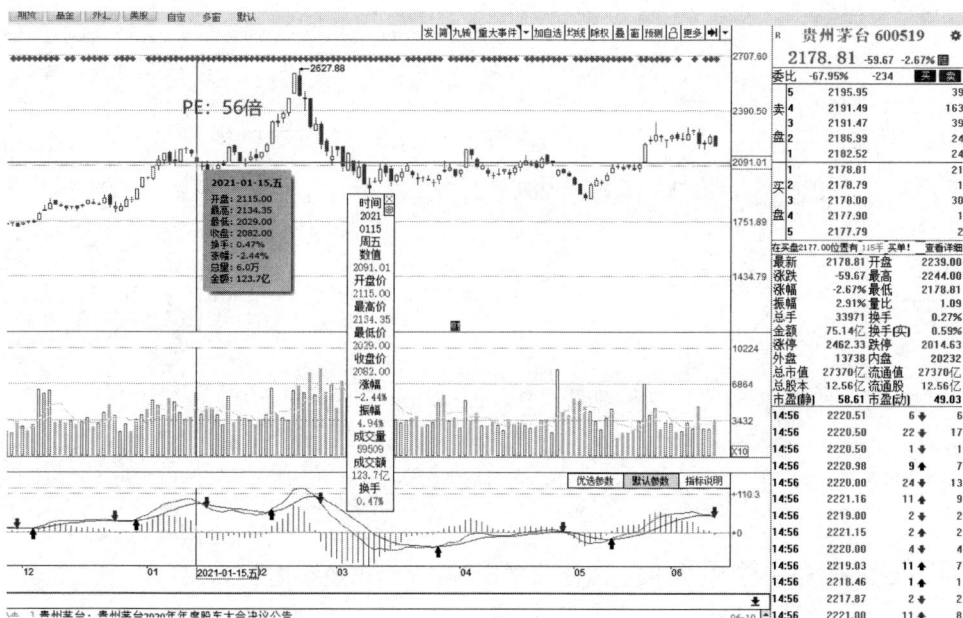

到2021年一开始，年报还没出来的时候，茅台市盈率达到56，招行达到13.4，万科达到13.7。跟2020年初对比，茅台涨幅接近翻倍。相对于整个白酒行业来说，茅台56倍市盈率不算低，如果是60倍以上就算比较高了，所以这个位置不再适合进场，但是业绩增速如果能够保持住的话，持有是可以考虑的。招行和万科的估值只能算是在合理区间，2020年是低估，经过一年的上涨，目前的市盈率依旧不算高，对应的操作策略是持股或者择机加仓。跟踪这些数据，对应进行操作策略的制定，前提是选择的是伟大的优质的企业，其次是企业本身各个方面情况没有出现比较大的改变。

市盈率是一个动态的指标，计算上是股票价格除以每股收益。股票价格是变动的，每股收益也是会随着企业业绩增长和股本变动而变动的，所以对这个市盈率需要持续地定期地记录跟踪，才会寻找到意想不到的奥秘，比如说：有些股票的价格越涨估值越便宜，有些股票虽然价格很低但是估值却很贵。这就是为什么会出现一些伟大企业股价持续很多年一直上涨的情况。

市场是具有很强的周期性的，有些人在市场达到一定的点位后会选择握着现金耐心等待，这样不怕错失行情吗？感性上对周期的认识会比较模糊，但如果做一些数据上的跟踪，看着每个固定周期记录的数据，然后结合往后的行情变动分析，忽视小波动，专门抓中大期级别的涨跌，你对市场行情高低的判断就会逐步偏向于理性。感性的人做判断是会比较主观和随意的，而且很容易被市场诱惑再度进场，而理性的人往往比较客观，并且意志坚定。

比如2008年，你可在上海证券交易所网站上查到，市场平均市盈率是30倍，随后股市大幅下跌；2015年，你可在上海证券交易所网站上查到市场平均市盈率达到25倍，理性的人可能进行对比后会发现当前市场的估值整体偏高，在整个牛市中人声鼎沸疯狂抢钱的阶段，尽管很多人感性上担心市场位置过高，但由于受到市场赚钱效应的诱惑很难管住手，或者即使准备收手又被身边的人赚钱所吸引再度进场，而理性的人却会迅速退出市场，并且尽管市场还在上涨，自己也只会不断地提醒自己市场整体估值太高风险太大而不会再度进场。一旦成功地进行过一次这样的预判，那么往后时隔多年，再赶上这些疯狂时期则会更加坚定自己的判断。同理，对待个股和对待底部的跟踪也是这个思路。

无论是指数还是个股，一般情况下都不会一直被市场低估或者高估，周期意味着估值过低的东西价值终究会回归自身本有的水平。市场中，在情绪和人性杠杆的作用下，价值的运转就好比钟摆，不断地从低估到合理再到泡沫，循环往复，无休无止。做投资不仅仅要考虑所投资企业的未来前景，还要在精挑细选后对进场时机做充分的择时性思考！

脚踏实地地探求真知。

对知识和真理的追求需要有务实的精神，容不得半点弄虚作假。小学、中学期间的考试，还能临时抱佛脚，但到高考基本上束手无策，而到职场或者需要你将知识和能力变现的时候，所有的虚伪都会无地自容。我之所以这么说，是因为在我们这个行业有太多的不切实际的狂妄指导，很多打着各种名号的分析师或者所谓资深股民动不动就对市场或者某个股进行自认为"相当精准"的分析和预判，旁人听起来还以为真是那么回事，其实更多的是自己骗自己。

很简单的一个例子：我们买入一只股票，买完就开始上涨，或者某个月份收益率比较高，就赶紧截个图在群里或者论坛或跟身边的人吹嘘，说自己当时看到什么量能、基本面、题材等，所以选到了这只票，果然大涨。由于买完这只股票涨了，绝大部分人都会称赞其的确厉害，至于其分析选股的思路和理由是否正确已经完全不重视。貌似涨，你说什么就都是对的；跌，你说什么都没用。这种思维在股市里相当盛行，很多新入市的人的确是诚心想学知识或者经验的，但却往往很容易被这些思维带偏。

当年我为什么会去研究技术分析？就是有同是散户的其他个人斩钉截铁地告诉我懂了技术分析才能在股市赚钱，后来我不断地研究技术分析，查阅资料，不断地拜访技术流派的高手向其取经，花了两年时间后发现依旧不行，什么均线金叉就会涨，放量就会涨，要做热点、追龙头等一系列属于技术流派的言论，我深信不疑。要是新入市的散户听到对方讲得头头是道，可能真会以为对方很厉害，但只有侃侃而谈的人自己知道，虽然自己懂得这些但依旧在市场赚不到钱，而且这些侃侃而谈的东西是真、是假、是对、是错自己都不知道，只是在一些论坛上或者股吧里看到别人这么写自己就照着说罢了，至于是否正确，能否在实践中提供价值则自己没有进行验证。这显然是不务实的，杂七杂八的东西充斥着市场，也是投机风气挥之不去的根源。这种现象很普遍，随处可见。

为什么会有能力圈？它就是对每个人所具备的知识所限定的框架。我们可以通过思考、阅读和经验积累来扩展自己的能力圈，前提是要脚踏实地稳步推进，不要奢望着走捷径。虽然对于任何事物的认知，采用的方式、手段和选择切入的角度可能会有差别，但有些方面还是有一些共性的。比如对股市的了解，股市始于什么时候，为什么会创立，创立了多少年，初衷是什么，是什么支撑着股市的发展，发展趋势是什么，全球股市最先始于哪里，往后的发展轨迹怎么样，等等。这些都有历史轨迹可寻。对于研究的个股，个股对应的企业是做什么的，属于什么行业，行业发展的空间多大，企业在行业的地位如何，企业自身过去发展历程是什么样的，股价近些年是否真实反映了价值，等等。

暂且不说自己是否能够研究透这些，但如果你要做投资或者要了解股市，起码你要知道从哪里入手，不然怎么有底气下注？或者往后与别人交谈起来，这些基本的功课都不知道的话，光凭对着K线畅所欲言吗？遇到稍微懂点行的人问几句话就可以点中问题的核心，让你哑口无言岂不是尴尬。好几次看到有人抓到一个涨停板，或者某个时间买到某只股票后就涨了不少，然后到处炫耀说自己多牛，显得自己高人一等。我偶尔看到后，先夸了对方几句然后顺便问了一下：今年收益率达到多少了？直接就没了下文。

不知道各位有没有遇到过这种情况，某些人基本上时不时地就抓好票赚大钱，无论行情好坏，股市牛熊，总能每天看到他说赚钱，不是买车就是在城市买房，从来没有说自己亏过，纵使亏了不少，或者遇到他点的股票跌了或者跌得多了，你去问他这只股票还在吗？他会说早就走了，而那些涨得好的就说都被自己一直拿着。我有时候怎么也想不明白，这些人怎么这么厉害，涨的票都拿得好好的，跌的票早早地就给出了。

其实股市里怎么可能会有这种人？这种人这种现象都是堪称造假的典型，一个不敢于面对自己的失败或者不敢于面对自己亏损的股民基本上很难有所成就。我看到过一些做投资记录的投资者，包括我自己，每天、每周或者每月，无论盈亏都会如实记录，该止损的也会坦诚面对。贵在真实，而且也是对自己真实投资水平的检验。大家都是股市的普通股民，不要觉得自己有什么高超的抄底逃顶的绝技，长年累月能够获得稳定的常规性的投资收益率就已经相当不错。在我眼里，这样至少要比造假强很多吧。

对于我会的东西，别人问我，我会予以讲解，按照自己的知识和经验谈自己的观点；我不会的东西，别人问我，我也直接说我不知道。我对别人是这样，对自己也是这样，我在生活中需要用上的知识或者技能，我就去学习，通过阅读书籍学知识或者找相关行业的人教学授课。知道就是知道，不知道就是不知道。只有承认自己的无知，然后脚踏实地地去求学，生命才会逐步丰满，靠虚假垒起来的城堡是经不起任何考验的，尤其是在需要用知识和经验变现的A股市场，你有真才实学就可以稳步赚钱；靠坑蒙拐骗自我麻痹或者偶尔的运气，能指望靠此赚得多还是存活得久？

第六章

选得好，拿得住，才赚得了钱

以前看书上说巴菲特的办公室连台电脑都没有，我感到不可思议，一个在二级市场做投资的人怎么可能连看盘的电脑都不需要？因为觉得人家很厉害，潜意识里就认为人家高高在上，肯定跟我们这些中小投资者不在一个级别。时隔多年，我成长历程中也接触到不少投资做得好的人，貌似也并不会一直盯盘，直至我自己后来做投资，如果不是要去查询一些资料或者跟踪自己关注和投资企业的财报，平常也很少去盯着市场走势看，这时候再想想，巴菲特先生办公室没放电脑也正常，我们这些不成体量的中小投资者都不需要经常性盯着盘面或公司看，人家几千几万亿资金体量所投资的企业，更没有必要时不时地看一眼。

有人可能会说"不盯盘哪里行，三分钟不盯盘股票可能就跌停"，我经常听到这些言论，这暴露了一些问题，首先有这种思维的人，说明他的手法和思路肯定是停留在投机的博弈上，其次是对自己所买的股票相当没有信心，而且压根就不了解自己所投资的品种为何物。但凡满足以上两种特征的投资者，肯定是没有敢于放心持股的信心，而且也根本就不能够长拿，很多炒作起来的股票一旦跌起来，可以持续跌几年，跌幅腰斩都不少见。

我一直认为我们作为投资者，绝大部分时间和精力都应该放在投资标的的选择上，而且可供选择的标的尽量不要太多，在我眼里太多就等于没有，为什么很多人在市场上无时无刻不在疲于奔命地选股和买卖，根源就在于选择太多，更不可思议的是他们竟然都认为自己可以抓得住所有波动的机会，这需要何等的智慧和勇气？

投资中一项比较核心的能力，那就是专注，很多的方式方法、思维理念都可以归结于此，为什么年长的人更容易在股市取得成功？因为这些人经历过很多的磨难，历经过一步一个脚印的成长，心智更加成熟稳重，相较于年轻人，更明白世间没有什么短期暴富的捷径，所以属于这种群体的人都有一些耐心。我回头想这几年遇到的，尤其是退休老年人，他们有很强的理财投资意识，而且相较于年轻群体来说，他们更加注重投资，选择的都是伟大成熟的优质企业，很少进行短线投机，他们的股票普遍拿得相对久一点。

很多人是寄希望于买一只股票就涨，涨完后就出货换进另一只股票，另一只股票又立刻就涨，如此循环往复，去实现投资收益的积累，否则为什么这些人如此频繁地进行交易，每天收盘后去复盘，每天盘中交易时间不断地疯狂买卖，不就是这么个原因？但只要我们稍微理性地静下心来想一想就知道这不现实。绝大部分人都是这个赚那个亏，或者不断地亏损割肉，很少有人能够连续赚，甚至间断性地获得盈利都少，所以最终一年到头算总账，发现也就那么点。而不少的投资者，也就是在年初把自己精挑细选的几只股票分仓买进，然后持股不动直至年底，算总账看下这几只股票全年涨跌幅，就知道自己的年化收益率，很多情况下都不会比那种这只赚钱那只亏的结局差，我们可以翻看不少企业的年线，就能够看出来一年的涨跌幅，往往都不会差，尤其是绩优白马和高分红企业，甚至沪深300类指数，不信的话你们可以做个对比。我开始炒股的那几年记录，是符合我这个推论的，不然我也不会逐步完善和改变我的选股和操作手法以及理念。

不知道大家有没有经历过，今天依靠涨幅赚了钱，盘中没有及时获利了结，次日一跌利润又没了，郁闷半天，后面几天继续调整的话内心更是苦闷。我曾被这种走势干扰过很久才扭转过来，其实这是典型的贪图小利小富即安心理，往深层次想一下，今天涨的赚了钱你盘中出后，大概率会继续买别的股票，买完别的股票就能确保次日一定涨吗？既然不能的话那么你这只涨的股票不出继续拿着，难道道理不是一样的？既然都是后面遇到调整回撤，换票与否无关紧要，何况还要多花手续费呢。不克服这种思维，要想拿住股票就会有阻碍。

自从持股周期拉长后，投资收益得到了明显的改善，如果再辅之以适当的现金流，穿越牛熊都有可能，不信你们可以试试。

一、必要的时候，要敢于重仓出手

一手的股票涨得再多，可能对总体的市值影响也无足轻重，经常看到有些人时不时暴露一下持仓中涨得最好或者盈利幅度最大的持仓，但是把持股数给虚化，目的是炫耀一下自己多么厉害，某一只股票即使赚了上百个点的收益，可能你进一步推敲下或者多问一句买了多少，对方就保持沉默，实在是瞒不下去了就说只有一百股。这种案例很多，当然，可能是你真的选对了，只是买少了，也可能是你当时买了十几只股票，就这一只涨了（尤其是短线选手喜欢这样），但你要知道，这种虚荣无法掩盖账户总体盈亏的现实，作为在资本市场的夹缝中求生的人，我们需要尽可能真诚，不管是面对自己还是他人，如果是一味地对自己错误的理念和交易方法进行掩饰的话，就很难静下心来反思问题，寻找解决的途径。

我也很少对单独某一只股票进行重仓，不过刚开始那会是动不动就重仓甚至满仓一只股票，那时候真是初生牛犊不怕虎，哪怕是打板某一只股票我都敢满仓干，现在回想起来都后怕，担心会亏光，不过担心也没用，最终还是亏光了，所以现在基本上不会重仓某一只股票，那我标题说的必要的时候要敢于重仓出手是指什么呢？

自从我研究过机构和基金的一些持仓配置后，对于个人账户的股票配置就有了一些新的观点，有人可能会说，机构或者基金跟我们小散户又不一样，人家动不动几十亿几百亿，我们几十万百来万，不在一个层面。这个话有一定的道理，但是并不全面，就好比很多人说，我几十万上百万资金，肯定要疯狂交易实现暴富才可以跟机构或者基金一样做长期投资，当前肯定只能做短线追热点打妖股，不然怎么可能暴富，但可以结合国内外这么多年资本市场的历史来看，多少人凭借着几十万上百万实现了几个亿几十亿上百亿的暴富？反而很多人靠着稳稳当当赚取符合常规年化收益率的中长期投资实现了这种目标，巴菲特刚开始做的时候不也只有十几万美元。所以，这种持仓配置跟资金体量关系不大，或者说，要想长期性地做得跟机构或者基金一样甚至超过他们的话，同样也要遵循这种配置策略，并且在选股上进行优化，不然怎么超越他们？

我并不觉得我们可以凭借着某一次的好运，重仓或者满仓某一只股票后，出现涨停甚至连续涨停的走势，从此实现暴富。如果幸运的话，正在读这本书的你可能遇到过，跟我一样，我也幸运地遇到过，2018年遇到一只小股票，当时套了半个月，然后出现利好连续涨停，中间震荡了两天我没出，然后继续拉板，一波下来赚了76%，半仓筹码直接翻倍，但是资金体量不大，十几万市值赚了十几万，算是做涨停比较重的仓位，而且基本上吃到了绝大部分的涨幅。虽然半仓翻倍赚了十几万，但能暴富吗？很多人可能说那是你本金小，你买一百万试试，要知道可以拿百来万做短线涨停板的人，市值肯定也不会低，而且赚个百来万对这种人来说也不算什么暴富，你想想是不是？

相反，人一旦享受到过这种短期大涨的快感，就会很难收手，往后不断地寻找这种短期翻倍连板的机会，却基本上都是失败告终，不断地损耗着那一次靠着幸运赚来的盈利。发现没有？那种重仓某一只股票短期大涨的经历不但不能让你暴富，还基本上在你脑海、思维中助长了短线暴富的榜样印象，要知道榜样的力量是无穷的，大到能够掩盖背后的巨大风险和沿途无数的失败。

那是不是说不能重仓或者满仓呢？当然不是，其实机构或者基金大部分时间都是重仓的，只不过从来不重仓某一只，而是进行适当分散，我从自己做投资以来，也都是按照这个思路，开仓布局之前的选股，都会进行跟踪和分析，一旦选定，我出手的基础仓位是1~2成，这样配置4~5只股票后，仓位基本上打完，其中配置个股仓位大小会有微调，尤其看好的适当会多点，但是一般单只股票不会超过3成，一般建仓完成后，剩余的1~2成仓作为机动仓位，这就是我比较欣赏的敢于重仓真实含义，尤其是整个市场的大环境、估值都处于相对低位，个股都很优秀的情况下，一定要敢于果断地进行配置，而且就算是你配置后市场继续调整或者个股还在寻底，也可以择机加仓，倘若买完就开始启动，则机动仓位就围绕这些配置的个股做一些小波动，一来降低持股成本，二来增加资金使用效率，即使被套在里面，也就算是进行了阶段性补仓。

很多人可能会说，那要是在你认为的低估可以重仓阶段建仓完成后还一直跌呢？其实完全可能，而且基本上无法避免，或迟或早肯定会遇到，这种问题不用担心也不必过于担忧，因为再怎么担忧、顾虑都没用，有一种贪婪是，明知道估值高位了，还是想再等一等再卖，明知道被低估处于低位了，还是想再等一等再买，这符合人性但不符合理性，没人知道会涨多高或者低到哪里，但估值的高低不论是通过数据还是自己的毛估，可以大致地推算出来，既然抵达了建仓布局的合理区间，就要敢于重仓布局进场，因为一旦后面涨起来而我应该出手却没出手的话，我会更加后悔，比我买早了暂时性被套都更加后悔，既然如此，何必缩手缩脚畏惧不前呢？何况这种机会，往往几年才有一次，相当难得。

二、顶住刺骨寒冬，才能高歌猛进

我经常被问到，怎么这只股票该涨不涨还老跌。单就个股来说，涨跌有很多的不确定性，并没有什么时候该涨，什么时候不该涨，至于那些咨询者说的该涨不涨中的"该涨"，多半是自己随心所欲想当然，不是吗？不然你告诉我，什么时候是该涨的时候，什么时候是不该涨的时候？标准又是什么？如果以这种想当然的主观性标准来指导自己的操作的话，就演变成了我常说的猜涨跌，只要买入就猜它马上涨，没马上涨就说它该涨不涨，赶紧割肉。可能你们从旁观者的角度看，觉得有点好笑，但市场中这种情况却时常存在，任何人都有在某一个阶段，经历过这种无知和懵懂。

暂时我还不敢确定说，是不是所有的个股都有遵循着某种时间周期的波动规律，虽然指数是明显有这种规律，每隔几年都有一轮牛市和熊市，但就我近十年在股市的所见来看，遇到过不少的个股都有某种规律性的周期，这不是说隔多久涨一次，而是说不可能一直跌，总会有它涨起来的时候，当然，一直跌甚至退市的也有，不过数量相对较少罢了。

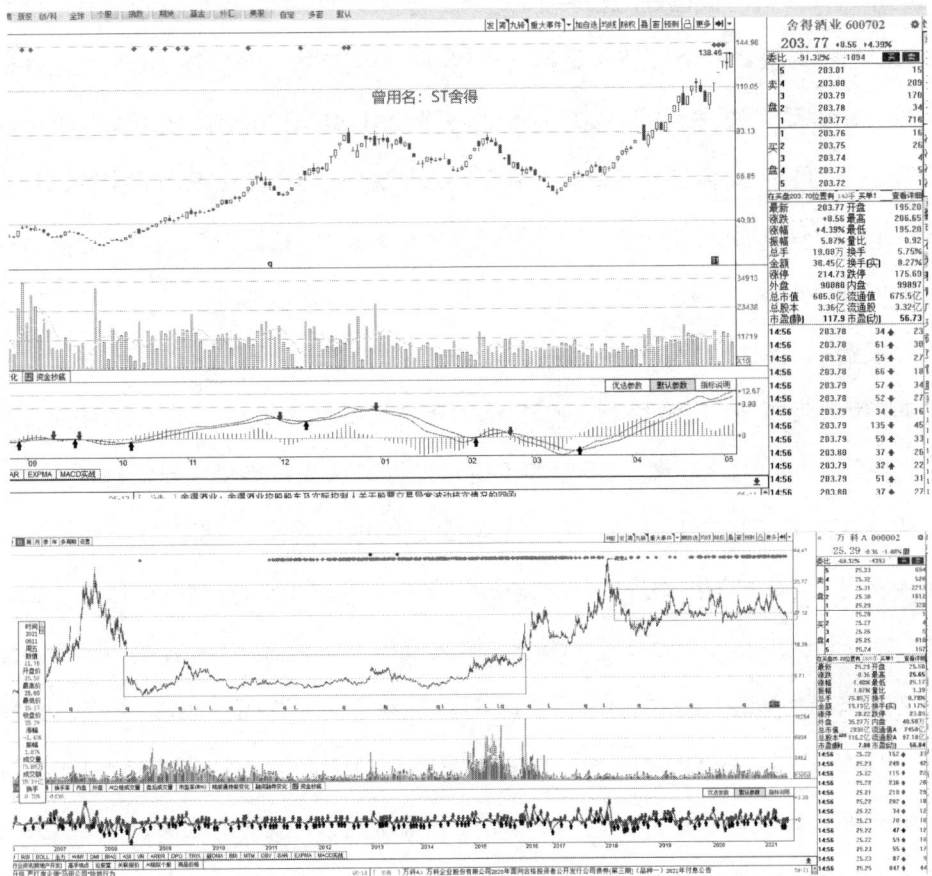

就算是ST品种，也总是每隔一些时间，会涌现出一段不断地连板涨停翻好多倍的走势，尽管我不涉足这些类型的投资，但我相信肯定也专门有人做这种（我遇到过专门做ST的投资者），也就是说在A股市场，只要你不是一跌就割肉，一涨就追求频繁买卖，无论你坚守哪一种投资手法，都能够有生存和获利的可能性。在看不懂的人眼里就叫死扛，比如我看那些投资ST的人，说他们是死扛；而那些投ST的人看我投绩优股比如万科，说我才是死扛。在看得懂的人眼里，这就是对投资的坚守，各有各的理论和信念做支撑，可以不同，但只要殊途同归，最终都能获得稳定持续的盈利，那就是一种方法。

很多人可能觉得，看别人炒股无论市场怎么样都赚钱，一晒交割单就全部都是盈利的持仓，而自己貌似炒得特别艰辛，持仓常年绿油油一片，搞不懂为什么自己不管是投机追板也好，还是痛定思痛后学习价值投资也罢，反正怎么都很艰难，好不容易跟着基金经理来做持仓布局吧，遇到市场调整，个股不是长期性横盘就是动不动阴跌，相当煎熬，貌似全世界股民里就自己遍体鳞伤，再好的企业、个股，哪怕是茅台，自己一买就要么横盘要么下跌，跟被市场庄家用放大镜盯着一样，其实这不过是心理在作怪，而且可以说所有的股民（包括机构、基金），绝大部分时间都是在熬。

投资招商银行的人，曾经横盘7年，才迎来翻倍式主升浪；投资茅台的人，曾经有9年横盘震荡；投资伊利、平安、格力等这一批基金机构扎堆的优秀企业的人，都经历过各种黑天鹅，经历过股价的非理性下跌或者持续几年的磨人阶段，是因为这些人都坚持下来了，而这些企业都最终成长起来了，所以才被众多的跟随者看见，刺骨寒冬打雷闪电的时候你不陪，大口吃肉论功行赏的时候凭什么有你？世界上从来没有什么轻轻松松低风险高回报的职业或者投资，为什么很多人这么些年老是被骗，原因在于他们内心对基础性常识的选择性遗忘，轻信什么投资十万三个月回本一年翻倍，什么低风险高回报投资言论。任何人给我打电话推销或者熟人跟我谈到这种项目，我基本上听都不听，小孩子都知道，那些功夫大侠们得到什么武功秘籍的时候，都是躲在一些山里自己偷偷地练习，哪有拿着盖世武功的秘籍到处找人，说你给我点钱我给你盖世武功秘籍的？

我现在很少换股，哪怕有些时间我的股票明显可能要回踩，我都很少选择去避让，因为首先，我只是觉得大概率回踩，其次是就算回踩，能回踩到哪里去？然后就是万一我减仓后不回踩继续涨怎么办？你看，一个小小的操作细节，会牵涉整个环节，而且，就算是成功地避开了那脚回踩，你也并不能够多赚到多少，而一旦你卖飞了，却会错失不小的盈利，并且这种操作还会触发你内心对小波动利润的贪婪，完全没有必要。加上从我多年的经验来看，长期持有比你追求低买高卖打差价的收益率，平均要高至少8%，宁愿承担着这些波动的风险，耐心地持有，少操很多心还能多赚钱，何乐而不为。

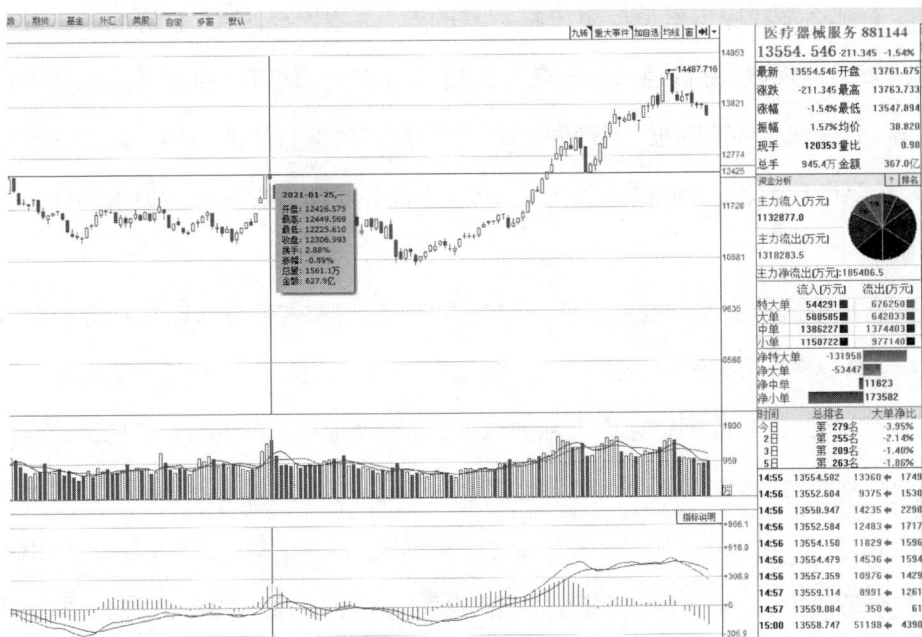

　　不要为那些持仓个股一有非理性的波动，和舆论的推波助澜，就在情绪杠杆中不知所措。很典型的例子，2021年初，以白酒、医疗等基金重仓股为首的巨幅调整，短短一两周就让这些千亿品种跌幅超20%，市场都在鼓吹：远离机构抱团品种，价值投资都是骗散户的把戏，等等。随后没过多久，不少的医疗品种又创出新高，白酒也修复了大部分跌幅，这还是在指数没有回到原位的情况下，试想，一旦时间拉长指数涨回原位，这些优质品种股价岂不是会更高？

　　不要害怕波动，不要试图避开所有的调整，不要总想着跌了赶紧卖，涨了赶紧买，试图避开下跌只要上涨，因为压根就做不到，也基本上没人能够做到，大的很明显的高估泡沫可以感觉到，但是小的阶段性的波动基本上很难察觉，也不需要过度在意，要想风雨之后高歌猛进，就必须乘风破浪砥砺前行。

三、抓大放小，忘却成本，不图小利

我如果说，股价的短期波动实质上是无序的，很多人可能不信，要不然就不可能有那么多在股市里反反复复打短差的人，这些人都认为，股价的短期波动存在着某种规律，并且通过自己勤劳的复盘式努力，就可以抓住并且成功地应用，以此获利巨额的回报，不管你们信不信，都不可掩盖股价短期波动无序的事实，希望很多人早一点明白这个道理，就会少很多对那种虚无缥缈追求的痛苦和烦恼。

自从进入市场或者说对某些个股开仓以后，持有者就不可避免地存在两种思维，第一是仓位思维，什么意思呢，就是你无论怎么看技术图形，或者跟踪各种消息面，都试图寻找到它短期上涨的依据，而对负面的、利空的消息与评论会进行选择性过滤，很难客观公正地做出评价，一旦真的跌了，往往找各种理由认为还会涨起来以让自己死扛不动；第二种是成本思维，就是你对这只股票往后做出卖出与否的决定，会紧紧地根据自己开仓的成本，这就是成本思维，一旦遇到回撤接近成本或者被套后涨起来接近成本，都最容易让人产生卖出冲动，这都是成本思维在起作用，其实真正让你做出买卖决策的，应该是市场、企业和估值本身。

很多东西一直存在于我们脑海里，会潜移默化地干扰我们对事物的看法和决策，而由于它们迎合人性所以不容易被察觉，所以很少会有人对其进行真正的思考和改变，你们细细想一想，是不是这样？

看到很多人，涉足股市的初心是希望赚点零花钱，一笔交易下去，赚个把点就开心得不得了，赶紧止盈跑路，美其名曰落袋为安，然后继续寻找另一个赚个把点的交易机会，长此以往下去，幻想着也能够赚到一笔不少的财富。我很能理解这种不切实际的希望，或者说，等这些人真正在股市实战了个把月，自己也会明白当初自己是想多了。可以看身边或者纵观那些基金或者职业投资人，多少人是靠着每笔赚点小钱发达起来的？反倒是希望每笔赚点小钱的人，更多地陷入小赚大亏的境地，通过对已经靠着投资赚到过巨额财富的机构、基金或者投资人总结些共性的规律，会发现他们基本上都是凭借着重仓大赚而实现资本积累的。

这里说的重仓大赚并不是说重仓某一只股票，就基金来说，基本上都是分散配置很多品种，然后经过几个季度或者几年，实现几十个点或者翻倍的收益，基本上不存在说什么股票赚三四个点就止盈重新再换一只又能赚三四个点的，机构或者知名投资人均是如此，这是这些成功典范的共性，个性或者特性的东西不具备普遍的价值，但是共性的东西却尤为值得参考。倘若你还觉得我就是想赚点小钱，那我只能说你不适合这个游戏，因为从一开始，你的方向就存在问题和隐患。

这让我想到一个生活中的常识，当年我大学毕业，经过几轮面试找到一份工作，工资3 000多元一个月，朝九晚五还要适当加班，包住宿和一顿午饭，我再怎么勤奋和节俭，一年下来撑破天能存下来3万多块钱算不错了，靠着这种每天省吃俭用节约下来的一点钱，要多少年才能解决财务问题？或许一生都难。而凭借着自己知识积累、能力阅历提升和试探性寻找新的机遇，做一些比较大的业务或者靠自己的能力水准管理一定体量的财富，只要一轮周期的牛市行情，我可以直接赚到曾经打几十年工都攒不下来的钱，那些曾经靠着淘宝 现在靠着抖音爬起来的人，谁不是借助了一轮时代的红利才实现了原始资本的积累，而且一轮下来都不是小钱，整天想着在某处赚点就跑的思维，跟省吃俭用或者打点零工的原理一样，压根就只会耗费你的青春，而无法形成具有积累性的价值，更不可能完全解决财富问题，更何况是在经常小赚大亏的股市。

虽然不喜欢投行里那些逢人就谈什么眼界、格局和价值观的人，但我并不否认眼界、格局和价值观对个人成长和事业发展的关键性影响。为什么我经常说要抓大放小、忘却成本和不图小利，因为人一旦着眼于这些的话，就很难看得比较长远，打牌只需要盯着手上的牌和思考外面可能有的牌，所以这是赌博，而投资却需要考虑经济、行业和企业发展的潜力空间，所有的牌是固定不变的，而经济、行业和企业发展却是不断变化的，打牌的人基本上个个都是输，不是今天输就是明天输，不是在这桌上输了就是在那桌子上输了，跟在股市想赚点小钱就跑的人何其相似。

对投资适当地思考深远一点，考虑问题想长远一些，通过对行业、企业的研究和跟踪，而不是一直盯着K线上股价的波动，试着去理解背后本质性运转的东西，从而找到一些降低风险的方法策略，并且还能找到可以大概率赚到巨额利润回报的方法，可以负责任地说，这不仅仅比盯着波动打差价风险低，而且还少了很多烦恼，人会轻松愉快很多，我很幸运自己摸到了这个门，而且通过这几年的实践，开始得到通过投资实现财富积累的复利回报。

四、开仓一只就做好一只，切勿频繁调仓

在我与股民做一些咨询和交流的过程中，有一位股民让我印象非常深，并不是因为她对于选股或者择时把握得很精妙，而是她相当专注，与她接触有三年多，她只问我一只股票，是一家生猪养殖行业的龙头，一开始问我的时候我对她并没有什么印象，因为找我咨询的人很多，但持续几年只投资一个企业的却很少见。

2019年她问及这家企业后，我研究了一下觉得可以，就回了她能投，于是她投资进场，开仓之后个把月价格从52涨到60，然后问我要走吗，我说可以继续拿，然后开始调整，股价跌破50，再跌到接近40，期间3个月，第三次问我的时候我看基本面很好，企业趋势也没问题，就跟她说可以加仓，然后她照做，并且继续拿，个把月后涨到70元，止盈离场。

2020年又找我咨询，还是这家企业，价格已经到了90元，问我能不能投资，我说可以，于是她进场，后面遭到了一轮调整，一度跌破70元，她中间问过我一次是不是走坏了，我看企业并没有出什么问题，就说可以考虑加仓，她照做，然后又过几个月涨到100元以上，再次止盈离场，全程历时大半年。

2021年3月再次咨询我，依旧是这一家企业。

考虑到我的职业问题，遇到这些投资类咨询和探讨交流的其实很多很多，但是绝大部分人是一会问这个一会问那个，像这种持续几年都只跟踪和投资一家企业的，很少很少，但是往往那些频繁换投资标的的人，他们对收益结果很少满意，而专注于某一行业或者某一领域的投资者，总是颇感欣慰。

不管你信不信，对于我们绝大部分股民来说，在市场里想获利的话，首先，要降低预期，一定要摒弃那些深受媒体舆论鼓吹的不切实际的高收益幻想；其次，要静下心来专注于少数企业的挖掘和研究，不要每天跟打仗一样频繁换，亏钱不说，手续费都足够拖死本金；然后，就是耐心，耐心拿住，不要受到炒作、热点、题材的诱惑。可能很多人现在理解不了，但我相信迟早会领悟到，就我在网络、平台或者论坛看到的那些心态浮躁的选手，我都完全不想去做一些科学的投资引导，因为过于浮躁。这让我想起来曾经一个财经人士问我：你觉得散户在A股会有前途吗？我很想说有，但根据我这么些年对诸多股民言论、观点、手法等的观察，我觉得很难，就算是有，也是付出多年的青春和财富后，才可能会领悟到有前途的方式方法和投资理念。

市场并不会一直都存在机会，那些每天在盘面上红绿跳动的光标在我眼里坑多肉少，而很多很多的人的本金就是被这些给蚕食的，我们要珍惜自己出手的机会，因为市场对于你犯的错，要么需要你付出青春时光要么需要付出本金财富，从不心慈手软，所以我们出手之前就要尽可能地想好各种突发情况的应对策略。有人可能说未来永远都有不确定性，我再怎么周密考量都会有意想不到的地方，这很正常，不需要也不可能面面俱到，而且无论是机构、基金还是成功的职业投资人，都做不到，但是对于投资品种的研究、投资资金的配置、布局仓位的把控、后续加仓的准备等，这些还是可以进行优化的，我已经好几年没被重仓深套了，止损割肉的操作这几年一只手可以数出来，并不是我未卜先知或者说不会选错，而是我开仓之前，基本上都想好了各种应对策略，可以在相当大的程度上确保我不会陷入被动和无法挽回的境遇，股价的非理性波动并不是市场真实的风险，只有资金永久性丧失才真是毁灭性的，前者我们要接受而且不要恐慌，后者则要坚决规避和果断斩仓。

我虽然常年都有投资品种在持仓，但基本上都是开仓一只就做好一只，持有几个月几个季度几年都很正常，就算别人跟我说某某股票是自己的朋友在坐庄要拉升，我也只会付之一笑，而不会调仓进场，适当专注一些、耐心一些，要么不要轻易开仓，要么开仓就不要轻易退场，投资是一个体系化的问题，买、卖、加仓、减仓、持有等都是环环相扣的，还有持仓结构、分红等，绝对不是靠点差价运作就叫做好投资。

事实说明，哪怕是做好一只股，也足以让你资产实现百倍暴增。

五、买卖果断，适当淡化顶底

我见过不少人在4000点买的股票，跌到3000点的时候依旧在赚钱，也见过在2800点抄底的人，指数涨到3500点反而被套住了，你告诉我眼睛看到的顶底，为什么参考起来那么对，而实际做起来却相差这么大？

我见过很多人买完股票后，看到指数在涨而自己买的股不涨，我说那你为什么不直接买指数？被套的时候回答我说真的该买指数，而到了因为市场要涨而重新开仓的时候我说不知道买什么就买些指数，这时候回答我说指数太慢，而且涨得太少。你看，被套住的时候就拿涨起来的指数做对比，当真正做操作决策的时候，又嫌弃指数虽然安全稳健但是满足不了自己理想中的涨幅，这就是欲望和实力的错位，要知道资本市场设立以来，能跑赢指数的人、机构或者基金，是可以称为投资界的大成者的。

就我近十年的历程来看，指数的顶底模模糊糊还能摸到点规律，个股的顶底判断相对来说比较困难，大盘股的顶底稍微好估测一点，小票的顶底基本上杂乱无章，尤其是周期越短越是无序，那些在各大股吧、论坛里号称可以预测顶底的人，通过我的观察，都是每天在猜顶或者猜底的人，只要有一次猜对了就截图花钱使劲打广告鼓吹，这些人赚的是流量和收割别人的钱，而不是依靠市场，更不是依靠自己的投资水平，就好比那些时不时秀持仓涨停板的人，每天追十只强势股，哪只出现涨停板了就贴出来吹，有的更是直接靠着PS技术做假的交割单。但这些东西迎合了人的贪婪和梦想，比如说，可能只是自己不知道市场或者个股的顶底，但世界上肯定有人知道；可能只是自己做不到每天都收获涨停，但世界上肯定有人可以做到。

比较在意顶底的人，买卖都会比较焦虑，这让我想起一句话，明知道5000点的时候高了，还是想再等一等再卖；明知道2000点低了，还是想再等一等再买，而当真正发现顶底已经到了的时候，往往已经来不及了。很多人动不动张口就说某某某真是大牛股，所谓的大牛股言论，基本上都是马后炮言论，你可以去看这些人口中的大牛股，要么是已经涨完了整个全程的，要么是已经涨了不小的幅度，而你理解和以为的大牛股是赶快现在买入后面会大涨的股票，马后炮的东西能作为参考？顶多只能作为饭后闲谈。按照这个思路推演一下，顶和底是不是跟这个大牛股的逻辑有相同的地方，都是走出来事后才知道是不是顶底，没走出来之前谁知道？只能靠猜，你去迷信一个靠猜的东西，有必要吗？还不如直接淡化。

当然，这个地方涉及估值，顶底可能给人的直观感受是尖子顶和倒V字底，但估值这个东西涉及一个模糊的区间，估值本身可以有数字做概率性记录并以此来衡量，我炒股生涯在某一阶段淡化顶底概念后，对估值的兴趣反而浓了些，一来，估值高低这是一个区间性的范围，而不是相对精确的点，资本市场本来就充满着概率性的东西，模糊的正确远比精确的错误要好，而且人还没那么累；其次，只要指数或者我们跟踪的个股，运行到我们持续跟踪的低估值范围内，我们就可以予以重点关注，并且试探性地逐步建仓，在这个地方指数或者股价波动涨跌其实比较自由，因为按照估值做配置的都是中长期的投资，就算是价值回归也需要一个时间过程。在这里要说一下，用估值来跟踪的个股一定要是业绩稳定、成长性容易推测，并且是已经发展成熟的优质企业，对那些炒作的小股票并不适用。

又回到开头说的，为什么有些人买在4000点，却在指数跌到3000点的时候依旧可以赚钱，而那些抄底在2800点，指数涨到3500点还是被套，一是因为所投资的企业估值高低不同，其次是所投资企业成长性在发挥着作用，这就可以解释，为什么A股几十年来，指数一直停留在3000点左右，但是有些企业上市至今却翻了几百倍上千倍，而且股价还便宜。

倘若单以指数的顶底做参考，估计几十年都跳不出几千点的圈子；倘若单把股价涨跌作为顶底的参考去买卖，可能永远都找不到顶底，涨了十几年翻了十几倍的股价走势，你告诉我底在哪里，顶又在哪里？只怕是涨的时候拿不住，越涨越不敢买，越不敢买越涨，从此错过。

只有从思维意识里，逐步淡化了顶底的概念，操作买卖上就会少很多的犹豫不决，省去了内心对于买早的担心和卖飞的烦恼，投资本来是一件比较愉快的事情，为了纠结这些东西而郁郁寡欢完全没有必要，而且投资收益并不会因为你低估时候买早了或者高估阶段卖飞了而有大的折扣，反而价值决定价格的规律，会再度为你提供低估时候淡定布局入场的良机。

第七章

根据性格打造交易体系

人类历史发展的过程都是渐进的，在任何一个阶段都有其不可突破的时代局限性，好比在古代不会有飞机、高铁一样，但是随着各个时代的演变，生产生活方式、理念、文化都会发生转变，这是悄无声息又势不可当的，现代生活能离开互联网吗？以前都要随身带点钱，现在不带钱可以，但是不带手机就浑身不自在。这就是时代发展对人类产生的阶段性影响。

不是从一开始就由于价值投资而进入股市的人是很难走上这一条道的，反而那些最能够迎合人性的投机博弈满足了人性中对刺激、暴利、成瘾等的需求，一旦沾染上，后面想转而做稳健型的投资往往需要好几年的时间，而且还有随时被吸引再去投机的可能，因为本性使然。从这个角度说炒股是逆人性的一点也不为过。

我在证券投资行业任职的时候，有一次想去拜访一位曾是金牛奖评委的私募基金管理人，却吃了一个闭门羹，对方给出的理由是不见30岁以下的投资人。当时不理解，现在过了些年再回头来想，其实能够想明白。回顾当时身边或者网络上接触到的，基本上都是相当活跃的年轻的投资者，每天都在市场里面寻找机会买卖博弈赚差价，追的不是热点就是妖股，时不时抓到一个涨停板还要到处炫耀攀比。身处这样的环境、氛围中，心浮气躁是常态。所谓的"耐心"，就是能够持股超过2天。在这样的阶段去接触私募基金投资人，即使人家讲授得再有道理，估计也很难听得进去，更别说理解和消化了。

为什么正式走进证券投资这个行业后，我就一直保持着阅读的习惯？不是单纯地知识积累，更为关键的是让自己静下心来。人的生命具有天然的局限性，比如不能亲历世界资本市场几百年的动荡，不能亲历A股三十年来的发展历程，但是我们可以通过阅读书籍中前人的历史记录，间接性地经历一下资本市场几轮牛熊和经典的历史事迹。这有利于我们比较全面地看待和认识我们要参与的市场，比整天对着K线图和分时线而无时无刻不处于高度的紧张状态有价值太多。能够每天看两个小时的书，一直这样坚持下去，人的心境必然会逐步地宁静和平缓下来。因为见识涨了，经验多了，再也不会因看到一点市场波动就不知所措了，因为A股市场三十年来的起伏波动太大，自己再通过亲身的投资实践，经过理论结合实际的反复思考，就会逐步沉稳下来，知识、经验都逐步沉淀下来，这时候再来说抓个板追求暴利，很难再有兴趣，因为已经知道那是刀口舔血而且难以为继，更加会倾向于符合常识的稳健投资并获得持续的合理化投资回报。

这里说的性格不是局限于个人的品性，还有知识的沉淀、经验的积累和稳健成熟的心态，在每一个阶段的交易手法、技巧和理念上都会很直观地呈现出来。炒股的前几年几乎都在不断地寻找方向，只要方向不对，付出再大的努力都很难获得使人欣慰的回报。选不对方向是因为自己对市场的认知度还没达到，需要通过我前面说的一些方法，实事求是地学习和积累，加速自己的成长。有人说，我可能就适合做超短线，因为刺激、暴利、好玩、上瘾，根本就管不住手，如果能够据此实现稳定持续盈利还好说，如果一年下来结果惨淡，就需要考虑下最终的宿命了。打扑克、打麻将也很刺激、好玩和让人上瘾，但是这些消磨斗志耗费财富方式能一直持续下去? 这不是性格只适合超短线，而是认知尚未达到一定的水平，方向也没有选对。

交易是一个完整的体系，不是只有简单买卖，环节上除了选股、买卖、持股、空仓外，还需要跟踪结果。如果无论市场好坏，你经过整个交易环节一年下来都不赚钱的话，那就需要重新地系统性地排查自己的交易体系了，毕竟到市场里来做交易，最终都是为了盈利。打造的交易体系不过是工具，实现不了目的的工具就存在问题。这是一个完整的体系，环环相扣而且都不能出问题，否则迟早被消灭在熊市里，熬不到牛市出现。

一、超短博弈，狙击涨停，能否获得利润

不管你是否存在于股市里，都会听到这样那样的暴富故事，可能是一次拆迁，可能是一次彩票，也可能是重仓抓到一只股票的持续涨停，等等。以上种种在生

活中、事业上都时有发生，说不让人心动是假的，谁不对突如其来的合法财富感到欣喜若狂。但毫无意外的是，每个人都至少有一套房子（无论老旧），但并不是都能遇到拆迁；彩票店里每天都有人，但幸运儿总是寥寥无几，持续幸运更是几无可能；股民数亿之众，在恰到好处的时间和点位抓到连续涨停的能有多少？并且这种连续抓到涨停的情况在以后也会继续上演？概率小到可以忽略不计吧。

这些暴富的故事都存在一些略微思考就能发现的特征。

第一是不可复制性。拆迁、彩票和连板都是在特定的时间节点、特定的地方所发生的特定事件，科学无法解释更不可能拆分步骤，所以不可能去复制让其再度发生；

第二是不具备持续性。拆迁房拆了一次，至少在相当长的岁月里不会再拆。这个号码的彩票中了奖，继续按照这个号码买也能中奖？一只股票连续涨停，能涨到天上去？涨上去不及时卖出回调的话浮盈就要面临回撤，换一只股票还能继续连板？再换呢？大概率会随时中断，中断就是亏损，何谈持续？

第三是这些皆是小概率事件，大部分时间都是在沉默地消耗，绽放只在一瞬间，而且很可能绝大部分人都来不及绽放，在这个行业存活的宿命就已结束。

能指望以有着这些特征的方式、方法在需要进行长跑的领域里实现暴富吗？

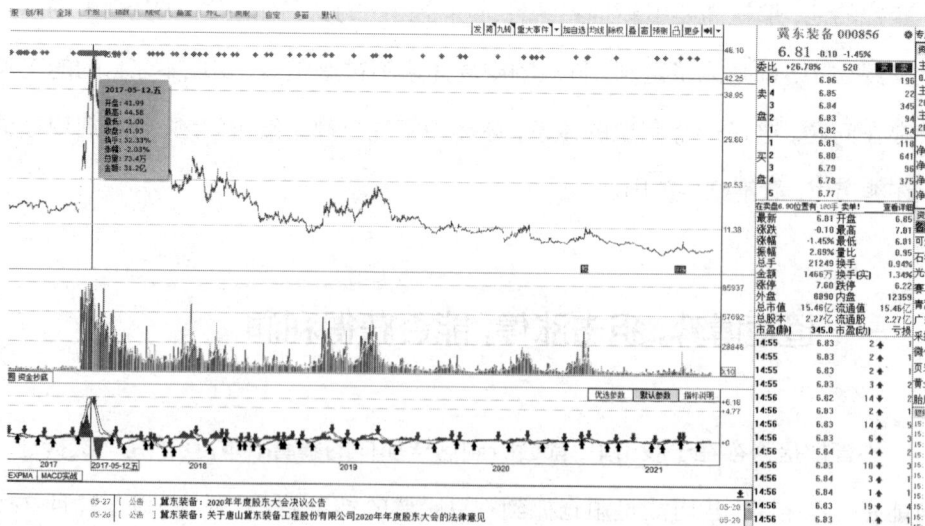

2017年，A股市场雄安概念的股票轮番涨停，各路炒作资金疯狂涌入，短短三周翻倍甚至翻几倍的一抓一大把，当时的短线资金者真的是跟买红了眼一般拼命地往这个题材的个股里面挤着买入；甚至一些行业研究员还考虑研究雄安个股的投资机会。

我不知道当时在其中投机博弈的人或者机构赚钱的有没有及时脱手，在那种媒体舆论氛围的渲染下及时撤退的应该很少，即使撤退估计也会再度买回去，反正从三年后的今天来看，这些个股基本上持续不断创新低地跌了三年有余。几十个亿的盘子的个股，投机炒作我还能理解，几千万、几个亿拉起来几个涨停，导致短线资金来狙击涨停博弈连板，有价值与否不在其考虑范围内，关键是感觉要涨，而且是感觉要大涨。而当时的行业研究员来研究这个当时那么热闹的行业的投资机会就很让人费解了，即使真的有投资机会，当下如此巨大的消息刺激所导致的泡沫冲击基本上可以透支未来3~5年的潜在增长空间。无论是投机还是投资，一旦过度，终将会遭到价值回归的漫长阴跌抹杀。

谈到短线博弈狙击涨停，绕不开的一个群体就是游资，但凡是有热点创造和连板涨停，都少不了龙虎榜上的游资，有一些涉世不深的股民一直以为，游资是稳赚不赔。其实不是，他们割肉不仅很频繁，而且损失都不少，多则几千万少也有几百万。这种情况相当普遍，稍微留点心观察一下就可以发现，不要光盯着人家风光赚钱名扬四海的瞬间就以为那是永远。

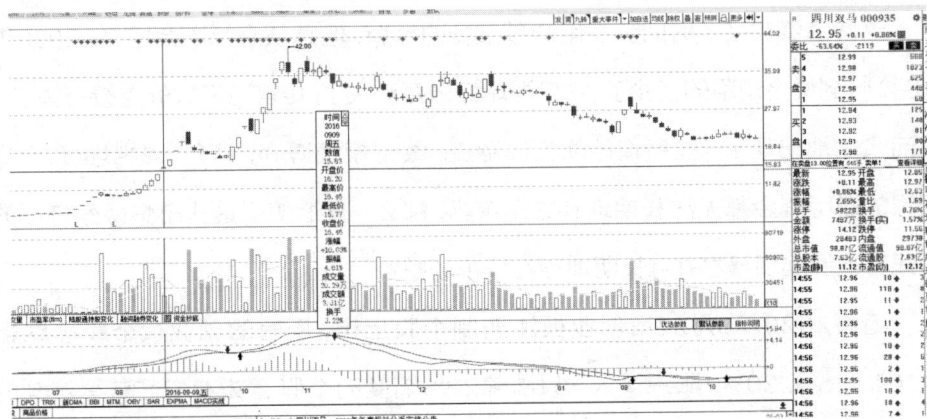

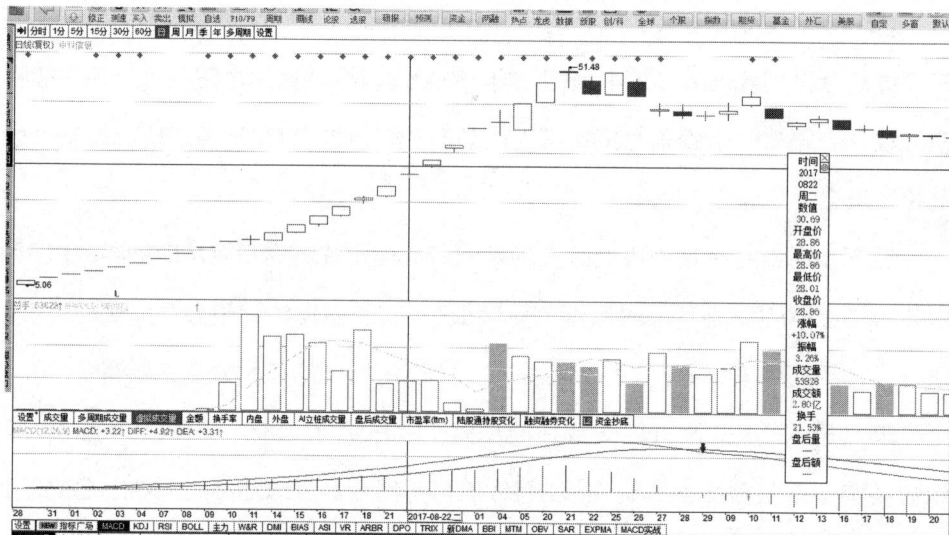

2015—2019年间，市场上比较活跃的游资，一个是金田路，这是市场历史比较悠久的顶尖游资之一，营业部主要以光大证券深圳金田路营业厅和申万宏源深圳金田路营业厅为主，四川双马、泸天化等都是其杰作。一个是欢乐海岸，相当长一段时间内在市场盛极一时，无人不知无人不晓，主要有中泰证券股份有限公司深圳欢乐海岸证券营业部、中信证券股份有限公司深圳后海证券营业部、中国国际金融股份有限公司云浮新兴东堤北路证券营业部和中天证券股份有限公司深圳民田路证券营业部。当年雄安概念的冀东装备就有它的参与，中科信息开板初期的走势也是其代表作，还有其他的很多典型代表，不一一赘述。

这些游资在某个时间阶段创造过市场的辉煌，但是从来都不会持久。2020年10月，听到说金田路的很少了，欢乐海岸好像是消失了，传言说是做价值投资去了，取而代之地出现了一些所谓的新生代游资。做超短线博弈，具有敏锐嗅觉和自身逻辑的聪明资金都无法长期地存在于市场，那么一直追随于这些游资博弈打板的短线客能够实现暴富并且长期地存在于市场吗？

随着2020年8月24日创业板注册制个股上市，所有的创业板个股涨跌幅从10%调整到20%，账户买入一只涨停20%幅度的个股意味着资产获得20%的增长。肯定过不了多久，A股市场注册制要全面落地实施，到时候所有的个股涨跌幅都要调整到20%，可能会助长一些投机博弈的风气，但也会加速这个群体财富的消耗。试想如果凭借着投机博弈狙击涨停能够实现暴富，按照一个涨停20%的涨幅来推算，一个月抓一个板，一年收益率就是240%，这种年化收益率不说持续几年，就算是能够持续一年，都是投资历史上罕见的超越常规的投资回报率，这种超常回报伴随着超常规的高风险不说，持续性就更无从谈起……

可以预见的是，靠这种投机博弈狙击涨停继续在股市征战的散户群体中追求年化收益率为240%的人很多但是达到者几乎没有，但是在这追逐的过程中被消灭的估计不会少。

决定我们整体投资收益水平的无外乎三个因素，投入本金、年度收益率和投资年限，所以在我自己进行投资总结的时候会在这三个因素的设定上做一些微调，以此来博取比较合理的和尽可能大的收益。

任何家庭与个人肯定不会直接投入所有的本金进股市，尤其是在没有持续现金流的情况下，像我这种职业投资者，任何时候都会留有一定的现金在卡里备用，也正是得益于此，我在2018年全年下跌的市场中过得舒适家庭不愁吃穿，不然熬不到2019年的收获期。我投入股市的资金数一般是闲置资金的一半左右，市场如果持续几年低迷，会适当地加大投入，但绝不会超过8成，始终留有家庭备用资金。

另外说一下，我是不用杠杆的，借款融资什么的都不碰。对年度收益率我心中有一个预期，希望是能够做到年均25%，注意是年均，可能有的年份多有的年份少，甚至亏损都有可能。有点类似种庄稼，除了种植技艺高超外，离不开风调雨顺的天时佑护。年度收益率这一项的不确定性太大，充满着随机性，这也是整个投资收益的三个要素中最不稳定的一个，好在我们可以尽可能地延长投资年限，比如保持运动，注意身体健康，更关键的是不在市场中做有巨大风险的操作决策。

很多账户不是活得不长，而是进行一些高风险操作被市场给淘汰，才使得投资年限过早终结。这种情况我这些年遇到过不少，很多人跟你一起炒股认识的，没过几年发现人家不炒了，牛市来了都不敢炒了，因为曾经被市场伤得负债累累，丧失了勇气和东山再起的希望。这是我们一定要规避的。

复利之所以称为奇迹，不是因为本金和收益率多高，而是可以无限期延长，所以在投资中，盈利的稳健和持续，是相当关键的核心。

二、长期投资十年十倍真实存在

我刚开始涉足股市，其实想法很简单，就是想赚点钱，作为副业也好，搞点生活费也行，但身处其中后遭遇的现实让人措手不及。不是说在股市里赚不到钱，只不过可能想在短期或者每个月都赚到钱是比较困难的。遭遇过2015年和2018年的全年下跌，我就对从股市持续不断赚到钱有过不少深度的思考。

人都是在赚到钱以后会过度高估自己的能力，低估市场的残酷，这会导致反省不足，遇到弱势的股票行情，交易体系的不足就会完整地暴露出来。

直到我第一个账户在频繁地挣扎后彻底被市场消灭，我才顿时感觉到万念俱灰，当时所有的本金都消耗完毕，而且基本上凭着剩余的那一点钱不存在扳回本金的可能，不得不暂时性地退出市场。

后来通过看一些投资类书籍接触到"长期投资"这个概念，有所感触，要想在股市中取得一些投资业绩，首先，必要的前提就是自己能够长期地存在于股票市场，而要做到这一点就必须尽可能地规避永久性损失风险，这是最基础的；其次才牵涉到现金流，也就是说需要除了投资于股市的资本外，还需要有能够提供生活所需资金的流动性收入来源，能够反哺到股市或者作为备用资金是最好的。具体的方法我在前面都有过阐述，这里不继续展开。

不记得具体是什么时候开始接触到价值投资，但是有一件事当时让我很有触动，在一次私募行业论坛上，一些基金经理聊天，无意间说到这么些年，只要守住个把股票，都可以实现取得十年十倍的投资业绩，压根就不需要顾及什么资产配置，只需要买完安心持股。

由于炒股的前几年都是玩短线，压根就无法看得那么久远，而且按照当时玩短线的氛围，我觉得一年翻倍是很难很难的，所以对这个只要守住个把股票就能实现十年十倍的说法有莫名的兴趣，所以特地抽时间在A股市场进行查找，果然发现这是真实存在的。

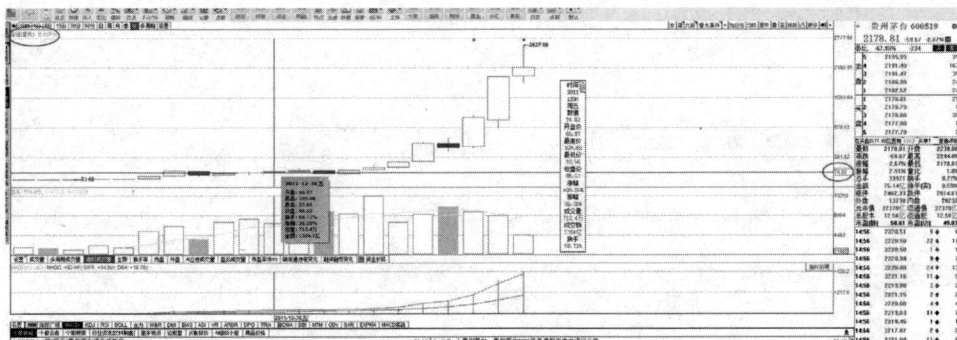

茅台最为典型，2011年的时候股价还在80~90元徘徊，不到十年，2020年股价最高达到1 800元，股价翻了近20倍，难怪被称为价值投资的瑰宝。

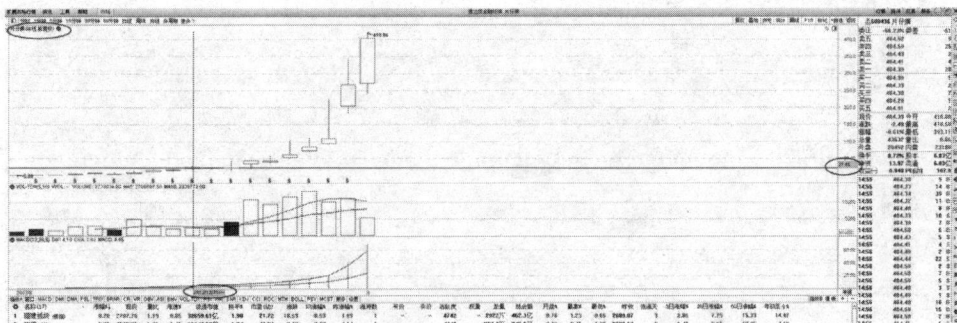

被称为"中药中茅台"的片仔癀2012年还在20元左右，2020年最高达到接近300元，股价翻了14倍。

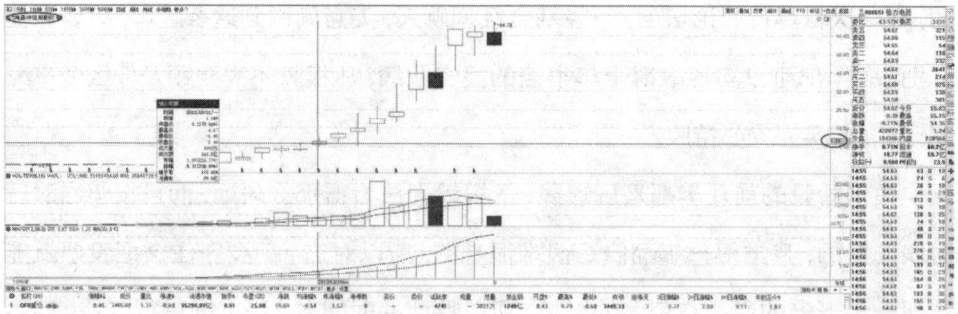

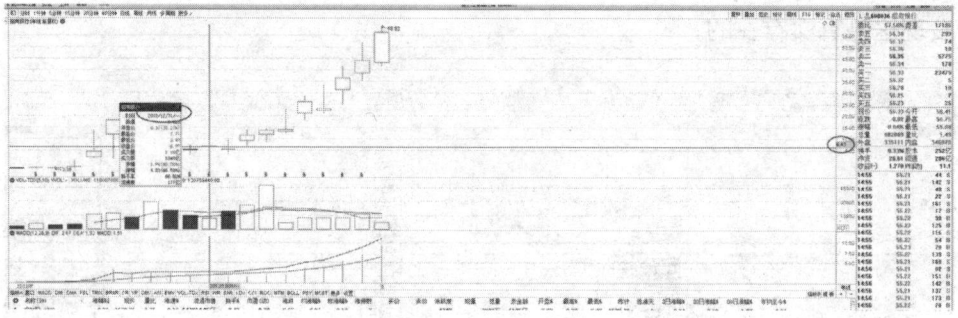

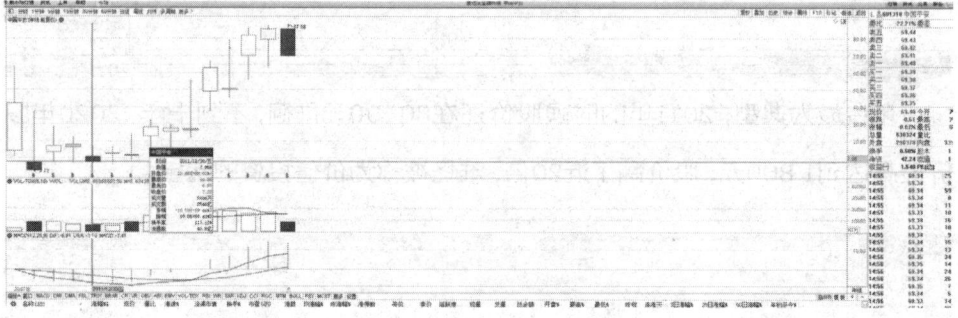

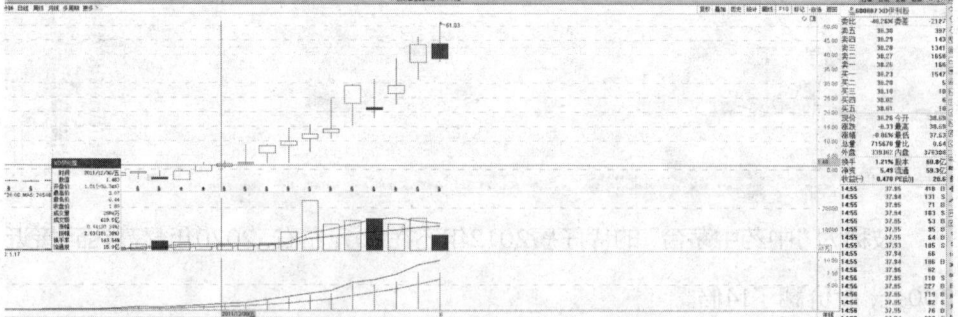

　　格力电器、招商银行、中国平安、伊利股份都是家喻户晓的各个行业的龙头企业，纵观近十年的股价走势，基本上都翻了至少10倍。可以推断出来的是，整个A股市场肯定不会只有这几只股票走出了十年十倍的涨势。如果加上每年的分红派息，持有十年所获得的投资回报是远超十倍的。这也在很大程度上用实例验证了：价值投资并没有因为国情而失去其存在的合理性和可行性。

　　十年十倍可能还不一定能够满足短线客的胃口，毕竟在这个群体看来，一年翻个三四倍都不为过，不是在媒体舆论上还广泛传播过"八年一万倍"的神话吗（真假未定）？要是真追究起来这个群体里几个人做到了一年几倍的投资业绩，基本上可以说99.99%都没有做到过，而且过不了几年，遇到一轮大级别下跌的时候，这个群体中的绝大部分人轻则财富本金遭到严重的洗礼，重则直接被市场所淘汰。这是资本市场周期性运行的必然产物，每一轮都是如此轮回。我直接或者间接地都亲历过，太多太多，读者可以通过我的文字感知和理解。我不希望你们也亲历其中，毕竟过于残酷和沉重。

　　投资真的是抓得越紧洒落得越多，每天都想抓个板，到头来竹篮打水一场空。相较于炒股初期每天每周为了争夺个把点或者所谓的涨停板而研究来研究去，最终下来几个子儿都没赚到，还让自己整天忧心忡忡，还真不如耐心地持有个把股票构成的投资组合，时间拉长一点看，结局未必比轮番博弈差。我是从意识上一开始有这个觉醒，然后在盘面上和证券投资行业中的长期汇报里看到了其可行性，最后通过几年的实践，的确是稳稳当当地赚到些钱并且留了下来，最终毅然决然地抛弃短线投机博弈方式，转向具备业绩支撑的趋势性长期投资。

　　这是从事职业投资以来某半年取得的投资回报率。前几个月有一些回撤，但并不致命，后面市场企稳回升走好，账户收益率就大幅飙升。一方面是自己做了风控，不

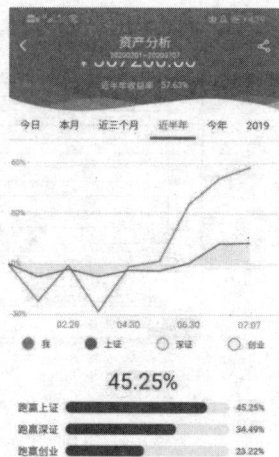

至于让账户回撤导致永久性损失；另一方面是市场的馈赠，因为我配置的企业基本上都有不错的增长历史和完美的业绩支撑，发展的红利迟早会反映到股价上。

现在我操作的频率很低，所有的精力集中在前期个股的选择和行业、企业的研究上，一旦选中就纳入跟踪，恰当的时候就布局进场。持有期限按季度按年算，所有的短期波动完全忽略不计，非理性下跌的话反而会在市场加点仓，跌时赚股涨时赚钱。我有耐心，因为我希望的是进行长期性的投资，不敢奢望能够十年十倍，年化收益率平均下来每年能有25%我就会比较欣慰。

三、根据人性的弱点进行风险管控

2020年10月的一段时间，可转债的炒作异常火爆，这是继创业板注册制后涨跌幅20%以外唯一在股市中能够实现涨跌幅不受限的地方，而且还可以在日内进行T+0的买卖交易，可谓满足了数量相当大的一批投机者，畅想着能够在股市动不动就实现翻倍赚大钱的快感。

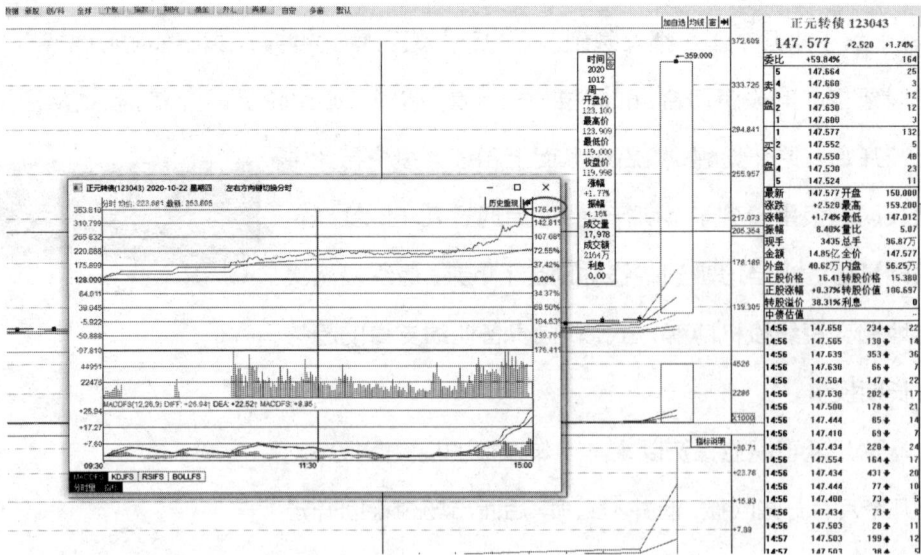

可就在可转债相当火爆恰似牛市的阶段，一个进入股市时间不久的朋友给我打电话，开始是一顿遗憾地抱怨当时没有听我的持有不动，然后说最近听别人说可转债能赚大钱跑去炒可转债，亏得不知道怎么跟老婆交代，一直说自己打算销户退出股市了。我并没有阻止，对这位股友我是有印象的，前些时间跟我交流过，也问过我对市场的观点和投资的理念，并且说了自己是工薪阶层，家里有老婆孩子，承受不了过大的风险。我也一再地强调过尽量稳健一点地投资一些优质企业，但人的本性是有贪念因子的，如果克制不住，在股市里财富的毁灭是非常容易的，趁早退出市场未尝不是一个很好的选择。

我从业这么些年来，尤其是涉足自媒体后，遇到的股民来来往往，尤其是一大波熊市，基本上身边都是新人换旧人，只有很少一部分股民能够跟我一起走5~8年，绝大部分人在中途出于各种原因退市离开。要不想被市场淘汰，必须要根据人性的弱点进行强有力的风险管控。

要想从股市赚到一些钱，掌握了一定的思维和技巧并不是特别困难的事情。难度肯定是有一些的，但股市的钱并非一直都很好赚，很可能几天、几周都遇到非理性的下跌。这很正常，不要天真地以为就那么几天或者那么一段时间。从股市赚钱比较困难，要从内心明确和清楚，在绝大部分时候，想从股市里面赚些钱都不是容易的事情。入市有风险，投资需谨慎。从你开证券账户伊始，风险就时刻伴随着你，这不是一句空谈，这个风险是真金白银的金钱损失，甚至破产清零，所以切记要将闲置资金的一部分用于股市投资。

我知道不少人都渴望从股市赚快钱，在整个人类社会的发展历程中从来没有轻而易举就可以获得的巨大财富。就算是凭借着运气，那也是万中无一的小概率事件。无论是做超短线博弈连续涨停，还是在可转债中追逐着日内买卖的差价，尽管看似出现的是一根根巨大的阳线或者时不时有相当大的涨幅，但请相信我，真正从这些巨大的涨幅里赚到钱的人相当稀少，而且即使赚到过，后面也不一定留得住。热钱就是这样，今天赚明天亏，总体下来结局总是不尽人意，基本上还要承受精神上的煎熬，得不偿失。

有几种大忌，是绝不能触碰的红线，尽管有不少是备受争议的，但是对于亿万中小投资者来说，我仍然坚定地认为有一些红线是不能逾越的，否则要耗费自己的青春甚至是生命来偿还。

我大学期间刚开始学炒股，用的是自己的学费和生活费，后来输红眼后，在支付宝借了钱去加仓，寄希望于能够翻本，以至于深陷其中，直至被迫短暂性地退出市场后不得不去打工还债。这事情过去很多年，也在这些年看到一些借钱炒股的人，他们最终都难逃悲惨的宿命。我一直以此为第一道红线，永远不能借钱炒股，有人可能会说，借一两次涨了就还回去，这都是自我麻痹，一旦遇到市场的持续性调整，或者输红了眼继续借钱或贷款加仓的话，即使是股票没跌多少，一直在阴跌中长期地震荡横盘都足以耗掉所有的耐心和加重资金的成本，略微的涨跌起伏、波动都可能使人情绪、思路被干扰，节奏一旦乱了，亏钱是逃不过去的宿命。

牛市期间，我清楚地记得不少人在场外找配资，给自己的账户加上杠杆，寄希望于能在每一波上涨中成倍放大自己的收益。何谓配资？就是好比你有本金100万元，场外配资公司以你有100万元为保证金，按照一定的比例，比如1∶5配资给你到500万元，这样你可以调动的总资金是500万元，但是只要你账户回撤20个点就会被配资公司强制平仓收回配资的400万元，而你的本金100万元直接亏完，配资公司赚的是手续费和利息，不管你的盈亏。2015年的那波股灾很大程度上就是由清理场外配资导致的，可见其危害之深。

不少的网络大神宣扬的几年几万倍云云，皆是动用了融资和杠杆，侥幸能够借助一波行情取得原始的资本积累，但进行这种尝试的人很多，而成功者寥寥无几。

身边做短线的人为自己做短线辩护使用得最多的理由就是说自己本金小，不得不进行频繁投机交易将其做大，等完成资本积累了再去做稳健的投资。这其实是对风险的巨大漠视，在股市这个汪洋大海中，投机选择的中小股票就好比一叶扁舟，而各行各业的龙头企业就好比航空母舰。在汪洋大海中，狂风骤浪是家常便饭，而能够扛得住打击的是一叶扁舟还是航空母舰？这个问题想明白了，就会直接导致你的炒股思维和选股逻辑的改变。

贪婪和恐惧也是人本性中的因素，无论在哪里，只要不过度，都难以说好坏，但正因为如此，在很大程度上就会使得在股市交易中出现频繁买卖的交易行为，但是这种行为对长久投资、稳定盈利是有弊端的（前面的章节我进行过专门讲解）。这就需要深层次逻辑的思考、深厚的经验沉淀和知识积累，形成投资智慧后在一定程度上予以克服，这也是我竭力希望可以解决的问题。

投资是一场修行，而我们，都在路上……

四、左侧交易与右侧交易及其利弊

2020年的医药疫苗和消费股在经济环境的逆境中走出了趋势性的大牛市，基本上涨了大半年，这里面存在着现实情况驱动下的需求，也有不得已而为之的炒作，医药、疫苗、医疗器械的发展的确是全国乃至全球为了应对疫情而需要驱动的，相关企业能够实打实地短期大幅增加利润，反映到股价中就是估值不断攀升。

当大的经济环境驱使和盘面股价开始产生反应走出趋势，这种情况下开仓进场，或者直白点说是追进去，我们称之为右侧交易，好处就在于已经走出确定性的趋势，不需要经过漫长的煎熬和等待，基本上几周、几个月、几年就能见到效果，隐患就是谁也不知道启动后看明白趋势的位置是否已高，或者开仓后遇到的调整是否宣告着涨势终结，最可怕的就是走出主升浪后，进场没多久就见顶，而自身很难辨别趋势终结还坚定持有。

所以为了规避这些隐患，尽可能地在方向和企业选择上都考究企业至少近5

年的历史，尽可能选择在这个行业体量大和占据影响力地位的企业。这样一来趋势会更持久，二来即使趋势终结也不会在回撤时遭受巨大的损失。

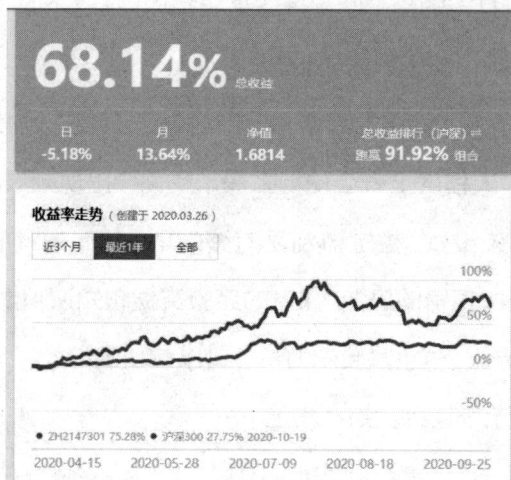

右侧交易是迎合人性的，所以在市场中相当流行。追涨杀跌就是右侧交易的一种，只是时间周期不同，经不起等待的选手或者希望尽可能买完就开始涨的人，在宁愿承担一定的高成本风险的情况下可以考虑这种交易策略。但一旦上车，筹码就不要轻易被洗出去，即使为了防止趋势终结而有过撤退，一旦涨势延续要敢于果断地再度进场。这里面也演化出一种操作手法，叫趋势性投机。

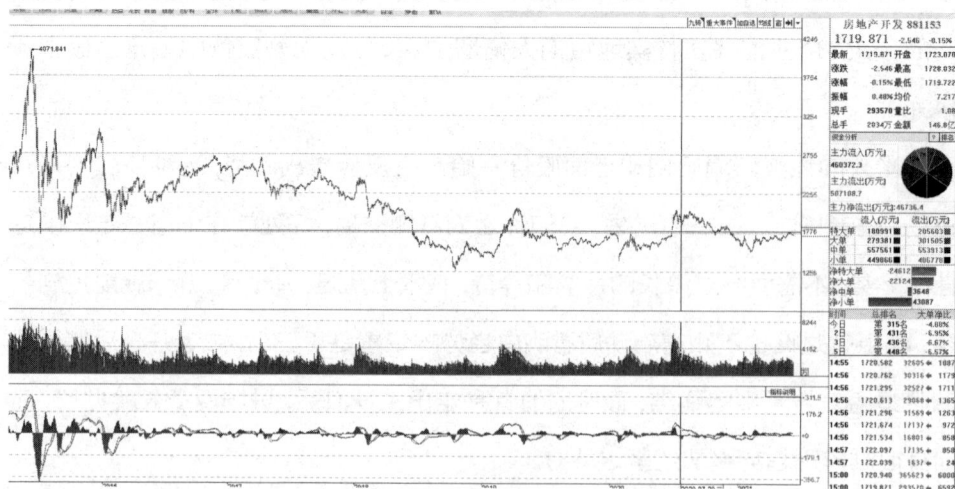

　　昔日也曾一度辉煌的地产、银行和保险如今被骂，就因为其股价持续性的低迷。进行深层次思考的话可以挖掘到，房地产和银行的内在是紧密关联的，而房地产这几年遭到了高强度的调控，低迷是正常的。一大批中小房企扛不住这个寒冬就破产倒闭，行业的重新洗牌本来就能化解风险造就新的一轮机会，比如相关事件都曾在一定的阶段影响过奶业和白酒业，但回过头来看，是不是发现那是难得的历史机遇? 这就是左侧交易的思路。

　　银行和地产是我一直关注的行业，尤其是我跟踪行业龙头企业如招行、宁波银行和万科这几个企业，发现这两年的业绩都保持着稳健的增速，并且进行高额的分红没有受到任何干扰，这更说明了企业发展的稳健和底盘的厚实。股价暂时性的低迷是正常的，毕竟前期涨幅过快过大，而且市场远未饱和。我还没算上这两个行业的产业链延伸，未来的发展空间很大。略微长远一点来看，银行、地产股处于的就是左侧下滑阶段，适合逢低积极吸纳筹码，熊市赚股，牛市赚钱，就是这么个思路，位置很低这也是这种操作思路的优点。成本低廉，并且可以吸纳到尽可能多的筹码，不足就是需要耐心和适当地分批进场，给自己对低位估值的预判留有一定的空间。可能开仓持有的时候需要几个月甚至一年以上，之后股价都在筑底震荡或者轻微下探，没有一点耐心的人是做不好左侧交易的，而且还不能被其他的涨势所诱惑，否则功亏一篑。

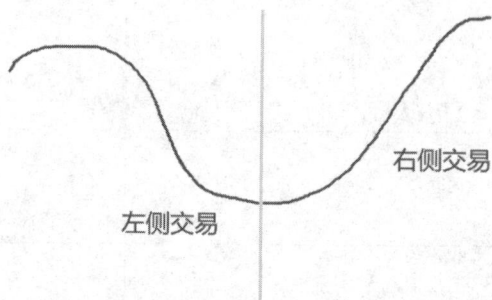

右侧交易

左侧交易

从世界范围内来看，经济的发展都不可能避开周期的轮回。在股市中自然出现牛熊的更替，左右侧交易正是据此而做的区分。左侧交易是趁着看好的行业或企业受到挫折下滑至低位或者接近低位分批积极吸纳潜伏；右侧交易是看好的行业或企业复苏回暖，开始走出确定性的趋势，则奋勇追进，寄希望于中途上车吃到涨幅的红利。

二者无所谓对错，只是各有利弊，需要投资者根据自身的性格或者理念进行操作策略或者手法的抉择。

五、建立完整的交易环节和系统的交易体系

物理和化学课程上，我们只需要按照规定的实验步骤层层递进地进行实验操作，基本上都能够得到固定的实验结果，或者说是化学反应。这是科学，有迹可循，而且结果唯一，但投资不是，虽然有固定的操作环节，但却没有同样的市场条件，瞬息万变而且一去不返，使得市场在相当的程度上呈现出不可捉摸的态势。同一个指数或者价格点位，买卖同一只股票，可以得到涨跌或者横盘的结果，无法唯一确定，这显然不是科学，所以历来很多人称投资为艺术，甚至从哲学上来寻求解释。不过我认为，依旧很难寻到最优解。

做交易存在着固定的环节，但是对使用的顺序并没有严格的要求，复盘、选股、买入、持有、卖出、空仓，都是环节，细一点还要探究其买点、卖点、加仓、减仓、止盈、止损。这是一个周而复始而且环环相扣的过程，每一个环节都有其存在的价值，但并不是每一个环节都被投资者使用。这很正常，毕竟市场也从没有固定的运转规则。

很多人一开始炒股是没有复盘的，毕竟这听起来比较专业。其实不然，刚开始复盘可能复杂点，越到后面注意力会越来越集中，反而就会很简单。不复盘是无法选股的，当然，选股到开仓之间，我个人是会留有足够长的跟踪考察期的，中长期的投资选手基本上都有这个阶段，短线的话可能选股都是为第二天早上起来做的事做准备，所以省去这一个跟踪考察的阶段，无所谓好坏。这是投机和投资的交易体系问题。我对自己管理的账户是有一定程度的规划的，基本上都是在各个行业同时关注几家比较领先的企业，一个账户一般是3~4只股票，每个行业选一只，这样组建成一个投资组合。开仓买入时直接分别2成仓位进去，后面遇到调整的话再进行几次加仓，操作完成后基本上就锁仓几个月、半年或者一年，如果有分红派息到账，我会伺机加仓再投资。

止盈或者止损都是步入市场后就必须面对的问题，要问是否存在一定的严格标准，这个很难回答，我的理念是估值。如果涨到一定程度，整个行业估值偏高，我会有止盈的考虑。在盘面上可能就是涨到一定的高位平台，长时间的横盘震荡伴随着巨大的量能出现，几次上攻突破都受阻，此时则会考虑逐步撤退减仓，一旦出现放巨量的破位，则直接清掉。止损是比较难的，我一般不会单独地以股价高低来定，因为我开仓的位置基本上价格不会太高，即使股价继续下行甚至创新低，我都不会轻易放弃。除非说这个企业或者这个行业出现与我选中的预期相悖的情况或者突发的问题，我才可能进行止损。

2020年巴菲特大举止损航空股，这次止损当时我有留意，而且我也持有A股的上海机场，股价的确是受到全球性疫情的影响持续下行，浮动盈利是得而复失，但我依旧没进行斩仓，考虑到的是股价位置不高，和对未来经济恢复有信心，上海在全中国乃至全世界的位置可想而知，我不认为增长的态势会至此终结。对错交给时间来判定。

最新调仓（2020-03-30 09:31:57）

买	**五粮液** SZ000858	成交价：112.54
买	格力电器 SZ000651	成交价：51.28
买	万科A SZ000002	成交价：26.25
买	泰格医药 SZ300347	成交价：67.08

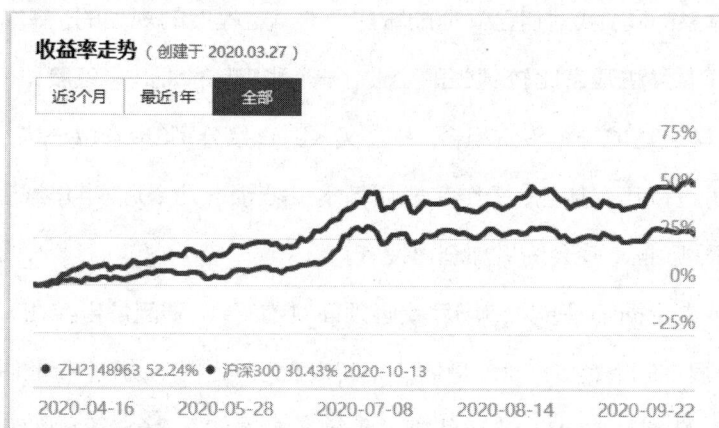

收益率走势（创建于 2020.03.27）

近3个月　最近1年　全部

● ZH2148963 52.24%　● 沪深300 30.43% 2020-10-13

2020-04-16　2020-05-28　2020-07-08　2020-08-14　2020-09-22

我持股的时间是比较长的，尽管我一开始炒股的时候也做过各种超短线，但正因为这种模式没有经得起时间和市场的检验，所以才投身于长期投资。基于企业和行业以及未来经济的发展，分享着时代浪潮前进的红利。

引以为豪的是泰格医药和五粮液在2020年不到一年的时间股价双双翻倍，有运气的成分，也有对优质企业价值增长的坚守。

空仓在整个交易环节里很不起眼，毕竟在这个无时无刻不存在机会的市场里，拿着资金不配置那是逆人性的，这也是空仓的难处。我个人除了在炒股前三年被市场残忍地赶出去后暂时性退出市场一段时间外，很少能够做到空仓。

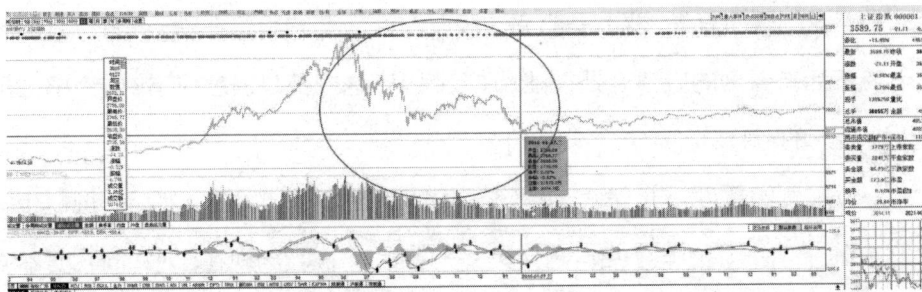

这也使得我在2018年遭到了全年持续性下跌的影响而被套，而每每回想起2015年的熊市，我也一次次强调适度空仓的重要性，毕竟在这个不赢即亏的市场上避不开那些重拳打击的话，很大程度上会有被市场淘汰的可能。

对于交易体系主要就是要区分投机和投资，以及全程的风险管控。在所有的交易环节里，风险控制是伴随始终的，复盘就是从风险中寻找到可能的机会，进而选股和开仓。我为什么会进行账户的适度分散，而不是集中于一只股票或者一个行业，都是为了进行风险化解。股市是存在着任何可能性的，万有引力定律在资本市场也有效，股价本身下降就比上涨要容易得多，所以风险是每一个交易环节中都务必要考量的因素。

投机和投资，客观地说是没有明确的对错，毕竟在一定的阶段一定的市场，也存在投资失利、投机成功的现象。我无法对其进行评判，只能按照自己的经验和知识积累进行理念的抉择。对于亿万股民来说，投资的风险相对低一点，成功更容易一些；投机风险太大，又没有资金体量的优势，怎么可能赢过那些庄家、机构甚至内幕资本。

完善自己和提升自己在股市的水准，具体化一点就是在各个环节上进行深度的思考和理解，然后是在漫长的实践经验积累中寻找到属于自己的投资思路和逻辑理念，再全程地辅之以风险管控，尽可能地去达到资产稳定持续增值的目的。

割来割去，本金迟早割完。

行情不好，很多人比较苦恼。在股市中如果不释怀一点，苦恼的日子不会少，要么是浮盈的得而复失，要么是割完的股票在涨新买的股票在跌，或者持有的股票半死不活新看到的股票到处在涨。在我眼里，这些都是诱惑，而这些诱惑则是对人性最大的考验。

一位股友跟我说，自己最近很痛苦，上个月割肉了恒生电子，然后最近恒生电子十连涨，而割掉恒生电子后自己又买了一只股票，被套到现在，现在问我要不要割了，换我的云南白药。我不敢回答，因为前期我也提到过云南白药，可能是那时候起她开始留意，只是没买，而现在开始涨起来了，就有了要追的欲望。

我的确不希望在一个账户里反复割肉，这种动作一来会造成本金的损失，二来对人的信心会有严重的打击，听她跟我说自己辛辛苦苦几十年赚的钱都交给股市了，想退出股市又心有不甘。

我能理解这种感受，因为我也是这么一步一步走过来的，但很多道理是需要自己亲身经历后才领悟到的，不然别人再怎么告诉你，你都很难真正地懂得和遵守。

很少有一个账户说是因为买了一只股票就真的跌没了，这种概率有，但是不是很大；但是如果一个账户真的是反复买卖割肉，跌了就割，去追涨的股票，不涨了立刻割了又去追别的。这种操作下本金被割是很快的，而且概率极大。这种现象对于入市前三年的新手非常普遍，而一旦哪一次追一只股票被套得不想割了，就安慰自己说多拿一段时间，当作价值投资了，最终深套忍无可忍再度割肉。

我也不记得自己的账户上一次割肉是什么时候，反正最近几个月应该是没有，我印象中没有。被套的有几只股票，这几个月套得最深的是云南白药，加了2次仓然后依旧保持最深，被套十几个点。不过这个星期全部涨回来而且还盈利了。我自己也没想到，持续几个月拖累我账户总资产下降的云南白药，居然在这个星期市场全线调整的时候逆势崛起，反而推动我账户总资金逆着大市调整创了新高。

这里也不是倡导说什么股票都要死扛，但是如果割肉有点频繁的话，就有必要考虑下问题到底是出在哪里了，市场原因、选股问题还是耐心不够？然后进行针对性解决。

第八章

重视估值，关注成长

　　不少人进入股市投资好多年，连一份公司的年报都没接触过，甚至连公司的财报都不曾仔细看过，不过，或许就算是看，也不知道要看些什么，所以干脆就不看了，反正就短期操作来说，看与不看其实都一样，一样的买卖，一样的盈亏，反正我炒股前三年，是这种状态。如果不是我接触到一些企业分析、管理和步入正轨的投资行业，或许还要延迟很多年，我才会接触到企业本身，了解自己真金白银投资的公司，而不是只凭借那六位数的代码进行无休止的猜涨跌式博弈。

　　任何一笔投资，哪怕这个投资品种再好，你也要考虑到安全边际，再好的东西你买贵了的话，也基本上会吃亏甚至亏本破产，再垃圾的物品只要你买到手的价格足够低，不说赚大钱，至少能够保障你不会亏多少。我们在资本市场反复衡量挑选的，其实都是一家家公司的部分股权，就算公司是一个每年很赚钱的优秀企业，倘若你买贵了，也可能导致你未来好几年颗粒无收甚至想转手的话还要倒贴，你说这个估值要素，对你投资的成败是不是有着关键性的影响？

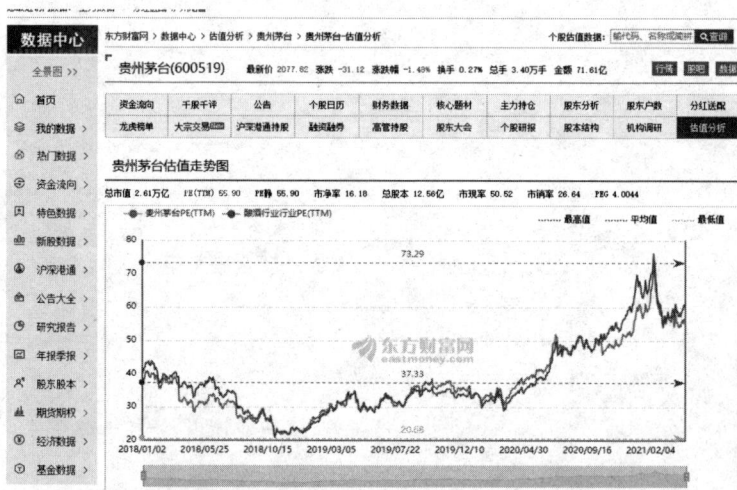

查询估值的工具比较多，我一般是用两种方法，第一种是自己做Excel表格，定期进行一些我跟踪企业的估值数据记录；第二种是借助东方财富里面查询的功能，进行横向三年的数据对比，也可以进行纵向的行业对比；各位可以参考。

很多人可能听到过一些对股价的探讨，比如说A股票在2009年股价12元，券商里的专业人士说这只股票位置太高，而到了2012年，同样是A股票股价涨到了18元，同样是券商里的专业人士告诉你说，这只股票位置很低，建议配置。你可能觉得很奇怪，前几年12元你跟我说位置太高，而现在涨到18元你们告诉我位置很低，不是自我矛盾吗？或许你想不明白又不好意思问，只是自己心里疑惑。我相信很多人都遇到过类似的问题，这里面牵涉的就是估值层面的考虑，往往稍微专业一点的人士，都会把估值作为投资价值的考量。如果上面那个问题不好理解的话，那我再举一个例子，一个孩子12岁的时候，能够搬起一块30斤的石头，你会觉得这个孩子力气真大，而等孩子到了18岁的时候，他只能搬起一块50斤的石头，你肯定会说这孩子力气太小。发现没有，重量相差不多，孩子还是那个孩子，但是所处的阶段已经改变了，然后再想一想资本市场里面的企业，一家2009年年赚100万元的企业，股价12元，在股本不变的情况下，到2012年年赚500万元的企业，股价18元，放在当时的情况下，哪个股价更具潜力？

谈到估值的话，就绕不过去成长，没有成长的行业或者企业，就无法进行估值，或者说就算是再赚钱，估值也会很低，而成长很好的企业，就算目前估值偏高，过几年估值也会被消化再次成为被低估的品种，我们对任何一个企业或者行业进行估值对比的话，都需要结合历史的估值数据，同行业可进行对比，跨行业是无法进行估值对比的，对比当前时间点的估值高低后，要分析估值差距的原因，这时候就会接触到成长，往往成长比较快和能够持续的行业或者企业，估值普遍偏高，股价上涨在整个市场也比较迅速，波动相当大，这里面催生了一批专门寻找这种企业股票的投资流派，叫成长股投资流派，而一旦成长增速没跟上的话，成长股就会成为价值陷阱，这个问题在成长股投资中比较普遍，这也是为什么稳健的投资大师，很少是成长股投资流派的原因。

既然知道了估值和成长，那就可以试着用成长来预推未来几年的估值，有人可能会说，还要通过财报查验现金流和利润的真实与否，不能单纯地看估值和成长，这也是要注意的问题，但是在这章不细谈，我们通过数据分析的话，肯定是需要建立在数据真实可靠而且是实打实的利润和现金流的前提下，并且还要是发展成熟稳定的企业，这样做估值预推的话确定性和成功率会更高，把这个问题能够弄明白的话，很多入手做投资的人就能够拿住股。为什么很多人天天买卖频繁换股就是拿不住，或者说股价稍微异常波动一些就受不了，原因就在于他们看不懂和不理解这个企业现在和未来的价值，可以这么说，能够搞明白估值和成长性的话，在自己能够尝试着做未来几年的推演的情况下，纵使在持股的一两年里股价没怎么涨，你也在一定程度上能够拿住，因为你确信自己持有的企业越来越具备投资价值，这就是为什么很多机构或者投资人，能够持有一些组合很多年的原因。

一、估值不是万能钥匙

2020年和2021年上半年，我接触到很多优秀的价值投资坚守者，一方面出于对高估值品种的敬畏，一方面是对价值低估品种的执着，在A股市场中进行着艰难的价值投资，以比较低的价格建仓和持有万科、中国平安、格力电器等优秀的企业，并不是说这些人不聪明，不知道投资白酒、医疗，要知道这些人曾经在白酒、医疗上也赚到过不菲的利润，但考虑到白酒市盈率已经60~70倍的范围，医疗动不动一两百倍的估值，出于对安全边际的考虑权衡，这些投资人中不少的选手都已经逐步从白酒、医疗切换到低估的地产、保险和格力。

但有时候市场就是这么奇怪，倘如你经历过这两年的话，会发现白酒、医疗一直在走大牛市行情，并且无论是股民还是基民，但凡是投资这两个方向的股票或者基金，都或多或少会有利润，但利润能留住的并不多，因为2021年初期，市场出现了剧烈的直线式下挫，医疗、白酒里面诸多个股出现近乎腰斩的跌幅，就我身边的朋友，就有不少2020年的利润还没焐热，2021年一开始就又还了回去

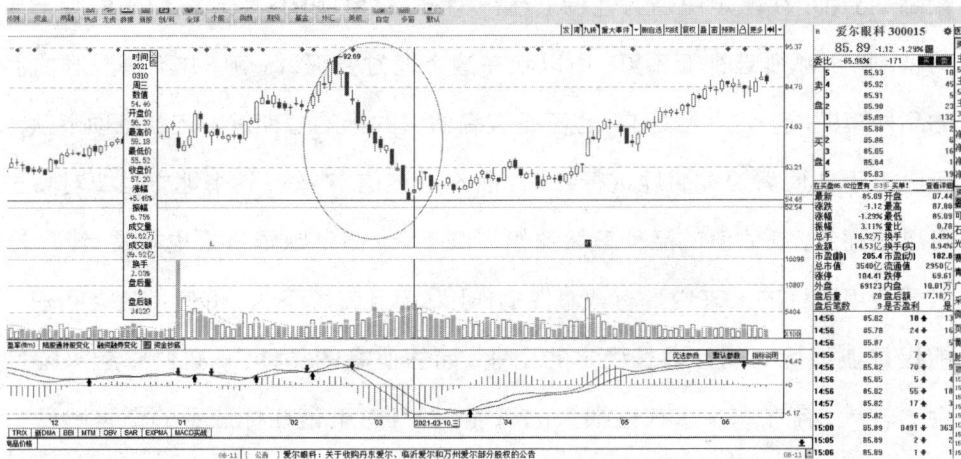

到了2021年断崖式下跌后，不仅仅是利润还了回去，本金也几近损失殆尽，用我们的话说逼近爆仓，他们做的都是白马成长股，但是估值很高，都是几百倍市盈率的品种，如果有高杠杆，股价跌30%，账户起码就缩水60%，一旦遇到股价腰斩，账户市值缩水可想而知，都以为几千亿上万亿市值的优质股不可能波动非常大，却在市场高估值的泡沫中折戟沉沙，类似的案例每隔几年就有。

当然，有人可能会说这些不都是优质企业吗，估值高如果成长跟得上，过几年估值不就下来了吗？是的，一方面，如果成长性跟得上而且能够持续的话，通过几年的横盘震荡，业绩提上来也会消化高估值的泡沫；另一方面，对于这些成长性品种，市场往往对其估值偏高，尤其是在基金、机构的追捧下，再加上市场散户

的跟风追进，往往估值会出现非理性的高估，按照经济周期和金融规律，但凡是充满着泡沫的东西，迟早会有理性来纠正，这时候就是价值回归，通过的方式就是杀估值。

有人可能注意到，这一两年里，低估值的品种，比如万科、中国平安、格力电器等也没怎么涨，甚至涨的幅度都不如已经剧烈调整过的高估值品种。这种问题其实在股市比较普遍，我也对此做过一些思考，倘若我一直投资低估值的品种进行坚守，但是时隔几个月、一两年，股价涨幅并不大，反而那些估值比较高的品种，往往走出趋势性的上涨行情，这种鲜明的对比，任何一位股市参与者，其实都很难视而不见。所以我在这个地方要强调一下，并不是说低估值的品种短期就一定会涨起来，也不是说高估值的标的短期就一定会见顶下跌，所以对于估值需要灵活地进行参考，而不是迷信，当然，这个地方也要对其进行风险评估，低估值的品种虽然涨幅可能不大，但是跌幅肯定也非常有限，这对于使用杠杆的人来说具有救命性的作用，而且就算下去，价值肯定会回归，前提是业绩优秀而且增长稳定的企业，而估值高的品种，一旦调整起来幅度会比较大，存在本金永久性损失的可能，并且对于带杠杆选手的伤害是致命性的。

对于我来说，为了让自己每年的业绩能够尽可能地跑赢沪深300或者指数，在考虑估值问题的时候，也会对成长型企业进行一些衡量，一般情况下至少会配置3~5成仓的成长型品种，宁愿花合理的或者稍微贵一点的价格，去买一家优质而且增速很不错的企业，因为根据我这么些年的观察，处于高速成长阶段的行业或者企业，很少很少会给投资者低估值的便宜进场机会，除非是遭遇了黑天鹅事件，或者行业、企业发展到了成熟阶段，增速会下滑，估值自然也会降下来，我把这些成长型的配置当作账户里的攻击性品种，而低估值的持仓作为防守，这使得我的账户或者我管理的投资组合，在一个进可攻退可守的状态，至少在这几年我觉得使用起来还不错，不过在一些我能够预判到的极端风险的情况下，比如指数位置明显太高，市场估值过高充满泡沫的情况下，我会大幅度减配攻击性品种，而选择低估值品种，而在市场点位太低或者估值过低的情况下，则会尽可能地配置攻击性品种，这两种情况都属于在特殊阶段的操作，每个人可以根据自己对市场所处阶段的认知，调整自己的操作策略和持仓配置。

为什么我们看到指数或者个股已经走出来的K线图上的顶或者底有明显的不同？直观点说就是，为什么顶往往是尖的，底是圆的，有想过吗？因为顶部一般伴随着那些杠杆融资客抢跑踩踏造成的剧烈下挫，一旦这种爆仓出现，数不尽的融资客担心爆仓都会不计成本地挂单砸盘抢着出货，这就导致在K线上走出快速而且迅猛的尖顶形态；而往往到了底部，参与者基本上都对市场没有信心，就算是先知先觉的人开仓也是试探性地建仓，后知后觉的人随后再慢慢跟进，所以底部建仓比较慢而且带有试探性，所以往往底部有圆弧反复递进的特征。

二、低估、绩优加上适当分散，抵抗系统性风险

偶尔跟股友线下见面聊天，有的人比较年轻，交谈中提到的都是自己的交易多么精准，炫耀自己抄底逃顶的超神案例，我无法考证这些踩点相当精准的操作的真实性，但一旦我问到今年账户年化收益率达到多少的时候，总是摇摇头说今年没赚到钱，我很少说到自己比较经典的操作交易，其实我自己回头看，好像我也没做过什么非常惊心动魄出神入化的交易，多数都比较平淡，只是整体上随着时间的推移，往往一年下来收益率勉强算比较满意，跑赢多数指数没问题。我往往喜欢交流探讨的是自己比较失败的操作案例，碰撞下我失败的原因是什么，以及我在投资中遇到的一些比较困惑的问题，尽管我知道我抛出这

些问题并不一定会有答案，但至少算是引起一些对投资、对交易的思考。我对投资是比较坦诚的，无论盈亏我都可以非常坦然地面对和拿出来说，记得刚开始在股市博弈的时候，多数时间张口就是自己这只股票赚过那只股票抓到板过，最怕别人问你从股市赚了多少，因为开始几年多数在亏，就算偶尔有盈利，多是瞬间烟花，浮盈压根就没留住，反而自己的自尊心非常强，有时候我也想不出来原因。

现在反而对这些问题看得比较淡，有的年份我一年才赚8%，或者亏，很多人看不起一年赚几个点，其实这个收益率跟每年的行情有比较大的关联，我对自己有一个标准，就是与沪深300、上证指数和创业板指这三个指数做对比，基本上只要我跑赢这三个指数或者其中一两个，我都对自己全年的业绩相对比较满意，也就是说赚的时候比指数赚得多，跌的时候比指数亏得少，能做到这样，其实已经能够跑赢市面上不少的基金、机构或者投资人，而且并不需要每天疲于奔命追涨杀跌，风险还在一个可控的范围内。

经常有人跟我说，我只参与一些大的趋势性行情，比如牛市，而到了大级别的调整，好比熊市，我就不做。这话说起来其实很对，别人一听也会觉得对方很厉害，但我入市近十年来，没有看到任何一个厉害的机构或者投资人，能够做到只参与牛市而完全规避熊市，没有，一个都没有，反而那些牛市涨势初期就卖出然后错过大牛市的，和下跌一开始就进去抄底，全程参与整个熊市的人，却很多很多。一般只有入市并没有多少经验的新手，才会说出这样的话，或者说有这样的比较粗浅的认识，可以这么说，只要你步入股市，后面要想离开基本上很难，更不要说牛市赚钱火热的时候你离场，牛市中回踩调整你会提前预判到是熊市而及时撤退了，那么既然熊市无法避免，我们有什么办法可以尽可能地减少这种行情对资金的损伤呢？

往往是那些估值过度偏高的蓝筹、权重股充满着泡沫，所以破裂后导致整个市场一起崩溃，一轮中长期级别的调整，其实市场绝大部分个股都难逃下跌的宿命，高估值品种跌幅更大，一些后期增速跟不上的企业，再想涨回来需要好多年，所以在这里面我们选股，就要集中在低估值的品种中进行，不过前提是低估值品种都是优质的白马股，有人可能会说，熊市就是白马引起的，怎么可能还去买白马？市场的资金就那么多，不可能把整个市场所有的品种估值都抬到很高的位置，所以必然会存在低估的品种，需要去挑选，最好是在发展比较成熟的行业或者企业里，这个地方说一个要点，最好是这种企业具有高分红的特征，从历史经验来看，这种企业业绩相对真实可靠，股价波动相对不会很大，具有抗跌的属性，能够每年保持高分红的企业，说明比较注重投资者的利益，相对于A股市场的其他企业来说比较良心，其次是要真的被股灾或者中期级别调整套住，也可以等年中分红后继续加仓拉低成本，也算是一种优势（有分红钱来加仓比没钱干等好吧）。

如果单吊某一只两只股票，整个账户的波动肯定会非常大，而且稍微遇到点黑天鹅，可能就直接陷入难以挽回的境地，所以在中期级别的调整可能来或者已经来的阶段，不仅仅要充分地配置低估值的优质品种，还要进行适当的分散，这个分散是指尽量配置不同行业里的不同个股，而非同一个行业里的不同个股，因为市场里股价的波动一般同一个行业都有相关的联动性，所以要把资金分别配置于不同的行业，然后分散并不是说越多越好，一般视资金量而定，正常的50万元资金配4~6个，100万元资金6~8个，这么配，是有很多优势的，一来可以分散风险，二来在调整中如果持仓里有能够逆势崛起的，它在后面会成为你可动用的资金，可用于对其他的股票进行加仓拉低成本，这是很不错的优势。

当然，肯定有人会说，既然是中期调整为什么不空仓，空仓不是更好吗，可以轻而易举地避开这些调整。我不知道有没有人能够做到，说市场涨的时候自己在，而市场调整的时候自己空仓，反正我认为我做不到，也没见过知名的基金、机构或者投资人行情好的时候都在，行情差的时候都没参与股市的情况，实质上这些资本基本上全程都在，只不过是在资产配置上和仓位上有一些调整罢了，散户要想做到空仓避开下跌更是难，所以一定要有风控，用以应对和化解这些系统性风险。

三、股价跟每股收益和市盈率的预测推演

我虽然不过于迷信任何分析方法，但对于各种不同的分析要领作为参考的重要性水平还是有一些区分的，前面我尽管阐述过技术分析的东西，但技术分析在我做选股和买卖点抉择上，能起到30%的辅助作用就已经很不错了，甚至随着我投资经验的增长，这个比例还会降低，反而基本面的因素会提升，尤其是商业模式、管理层的整体素质，当然，对于股价和估值的预期，还是需要借助一些数据和推理，这也是为什么你们会看到很多投资者比较关注半年报或者年报的原因，因为里面有一些数据需要跟踪，一些预期需要看能否达到。

一般预测推演股价或者市盈率的话，需要借助每股收益的变动，所以要在财报上留意这几个数据，我们知道：

$$股价=每股收益*市盈率$$

很多人并不知道自己以当前的价格，介入某一只股票位置是否过高，可以借助估值查询的工具做一个大致的了解，其次就是很多人虽然可能觉得某股票估值高了，但又非常看好这个行业和这个企业，担心不上车又卖飞，或是你持有某只股票，几年都在逐步增长，现在估值稍微高了点，但你依旧非常看好，卖出又担心由此卖飞而错过，那么你需要一些数据来支撑自己拿住股票的信念，则这个预测推演的方法可能有点辅助作用。

每股收益也叫每股税后利润，指税后利润与股本总数的比率，代表的是普通股股东每持有一股所能享有的企业净利润或需承担的企业净亏损，因此这个要素跟企业每年的净利润有关联，我们要想利用这个公式做推演预测的话，就只能寻

找那些每年业绩增长相对比较稳定的企业，业绩波动大的并不适合，这就为我们自动地对所选股票进行了一轮筛选。

拿泸州老窖举例。

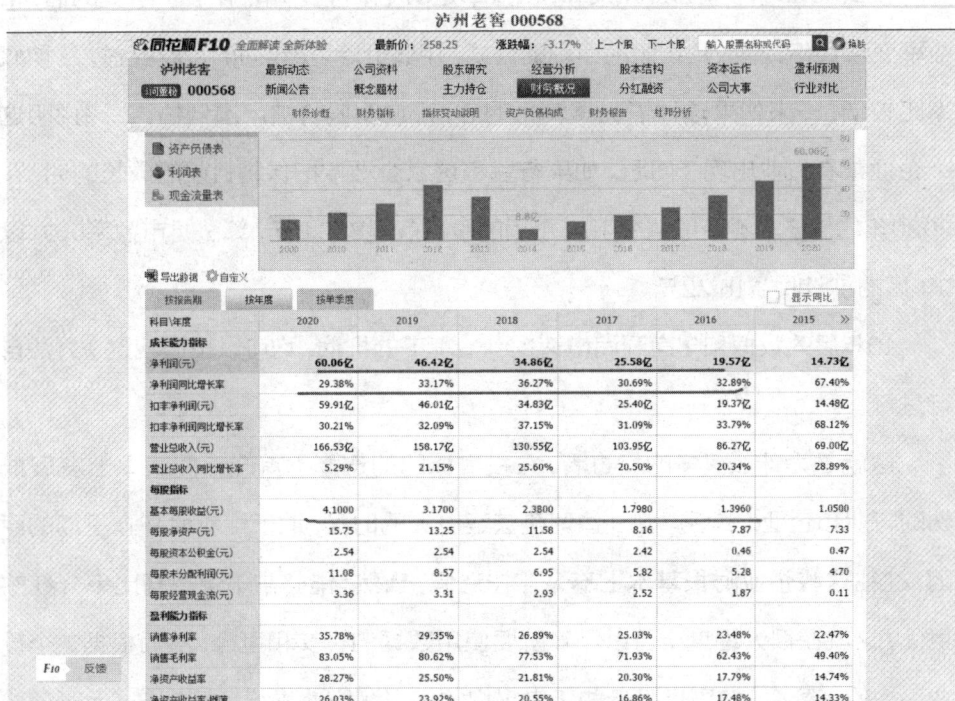

可以看到从2016年到2020年，每年净利润增速都在30%左右，就算是2020年疫情影响下也达到接近30%的增速，那我们可以推测，未来如果净利润按照这个速度增长的话，到时候如果依旧保持当前的股价，市盈率会被多么地低估，或者说如果N年后，保持当前的市盈率的话，股价会涨到多少，都可以进行预推。

	A 年份	B 股票名称	C 股本-亿	D 每股收益10%	E 每股收益20%	F 每股收益30%	G 净利润-亿-每年增长10%	H 净利润-亿-每年增长20%	I 净利润-亿-每年增长30%
2	2020	泸州老窖	14.65		4.099658703	4.099658703		60.06	60.06
3	2021	泸州老窖	14.65		4.919590444	5.329556314		72.072	78.078
4	2022	泸州老窖	14.65		5.903508532	6.928423208		86.4864	101.5014
5	2023	泸州老窖	14.65		7.084210239	9.006950171		103.78368	131.95182
6	2024	泸州老窖	14.65		8.501052287	11.70903522		124.540416	171.537366
7	2025	泸州老窖	14.65		10.20126274	15.22174579		149.4484992	222.9985758
8	2026	泸州老窖	14.65		12.24151529	19.78826952		179.338199	289.8981485
9	2027	泸州老窖	14.65		14.68981835	25.72475038		215.2058388	376.8675931
10	2028	泸州老窖	14.65		17.62778202	33.4421755		258.2470066	489.927871
11	2029	泸州老窖	14.65		21.15333843	43.47482815		309.8964079	636.9062323
12	2030	泸州老窖	14.65		25.38400611	56.51727659		371.8756895	827.978102

在Excel表格上可以进行推演，我分别就年利润增速为20%和30%做出了模板，一般情况下我们以30%来进行，当然也有考虑如果增速无法维持30%，调低到20%的增速做一个保守性推断。

按照2020年股价230元来算，市盈率是56倍，持股5年后，股价不变的话，市盈率变成15倍，算法是按照前面说的公式，用股价除以5年后的每股收益，这种概率比较低，一来如果这种情况真发生的话，那说明股价被严重低估，二来说明这个企业或者行业出现了问题。如果行业和这家企业依旧保持目前的成长的话，在2020年估值倍数不变的情况下，5年后的股价就是852.3元，算法是市盈率56乘以5年后的每股收益15.22元。

10年后的数据和年净利润增速20%情况下的推演，均可以按照我这个方法自行进行。

这就是为什么很多的投资者，在投资标的的选择上首选那些基本上发展成熟的行业和企业，然后遇到一些调整甚至股灾的时候，敢于果断地开仓进场的原因，往往这些企业财报基本上不会存在造假，当然，能够常年保持高比率分红的更优，这就在很大程度上可以保障所要使用数据的真实和可靠，然后根据这个行业平均的市盈率，按照个股近些年来平均的年利润增速进行预测推演，大概预估一下就能知道持有几年后股价会在一个什么水平，自己的利润大概有多少，这样就能够拿得住股。

后面要做的就是跟踪这家企业的经营情况，每隔几个月看看财报，主要是半年报和年报，看看业绩增速是否符合自己预测推演的条件，不需要相当精准，只要差不多在那个数据附近就可以，如果中途出现一些极端情况就要挖掘一下原因，出现极大不利条件或者跟自己的预推差别太大的话，就要防止判断出错，最终理性地做出是否终止的操作决定。

这样有数据持续跟踪下去，你就会对这个企业的价值有一定的了解，然后就算是拿着一两年，股价没怎么动，但公司业绩保持增长的话，你也会知道这家企业越来越有投资价值，在确定了行业和企业经营和现金流问题无忧的情况下，你就能够坚定地拿住，甚至可能会加仓，这比很多人纯粹死扛坚守心底要有底气得多，或许这就是为什么很多机构或者投资人能够拿得住股，而一般普通人股价稍微波动一下就吓得赶紧止损的根源所在。

时间稍微拉长一点的话，这种分析方法参考的价值会相对高一点，当然，也有朋友说那要是年报业绩每年增长，但是股价就是不涨怎么办？这种概率很小，如果经济规律价值决定价格有效的话，价格与价值匹配是肯定会的，虽然短期情绪、政策或者非理性因素会干扰价格，但时间适当拉长一点就会恢复理性，自然要反映到价格上。

任何一种分析策略或者投资的方式方法，都只能作为辅助，毕竟在等待市场发酵的时间周期里，有一个运气的因素，很多人一买没多久股价就开始爆发，很多人拿一两年才开始享受到投资的价值，在具备不确定性的领域博取利润，不论你再怎么强调实力，到最后你都会发现，其实凡事都需要点运气，不是吗？

四、投资，既要有估值的优势，又要赚成长的利润

相比较于低买高卖赚差价来说，我认为价值回归和企业成长的利润，应该更加容易把握，在与人交流操作模式的时候，我听到最多的就是在某个低价的时候进去，涨上去有利润就撤退，至于什么时候是低价、涨到什么时候就撤退，并没有明确的或者大概的标准。当然，我并不刻意在市场里面追求明确的东西，因为压根就没有，熟悉我操作的人都知道，我并不可以追求单只股票的差价利润，而是着眼于账户整体的持仓结构，也就是说，其实我的盈利模式很大程度上比较依赖于我整体的持仓结构。这是在我明确了自己对于个股选择时的弱

点后，想出的应对策略，投资很大程度上需要足够诚实地了解自己，然后扬长避短。

市场是不理性的，而且估值的合理与否并不是常态化的，它跟整个市场的资金结构、情绪和流动性等有比较大的关联，A股市场里面散户资金占比这几年下来虽然有所降低，但是份额依旧不小，各路公募和私募基金这几年不断地发展壮大，加上外资涌入速度的加快，这都将逐步使得A股市场对企业定价的效率提升，好比欧美成熟的资本市场，要想持续获得超额的收益率会比较困难，A股当前由于尚不成熟，定价效率不高，所以相对来说还可以取得超额收益，但散户资金占不小比率的不利之处就是，情绪主导的时候会有比较剧烈的非理性波动，而且往往非常大，甚至说极端，这就会导致很多企业估值涨到过度泡沫或者跌到非常低估的位置，敢于逆势投资，那是超额收益的最主要来源。

另外一个就是流动性，把股市比作一个资金池，每年流出来的钱在整个社会总要找到去处，去到哪里哪里就会有反应，前十年的楼市就是最典型的例子，所有的社会财富或者银行贷款，基本上都扎堆在楼市里，所以地价楼价持续多少年不断上涨，倘若资金流入股市，必然导致股市总体市值水涨船高，再不济的企业也会得到估值抬升，整体都会提高，这是货币或者财政政策宽松的阶段，倘若流动性收紧，银行贷款收缩的话，一来社会没有增量资金进场，二来很多资金要被银行收回，这对于整个市场也是比较致命的，股市整体的估值水位会随之下降，曾经20倍估值合理，可能这种情况下12倍也是合理，但这不是针对个别企业，而是整体的估值，毕竟大的宏观环境发生了变化。

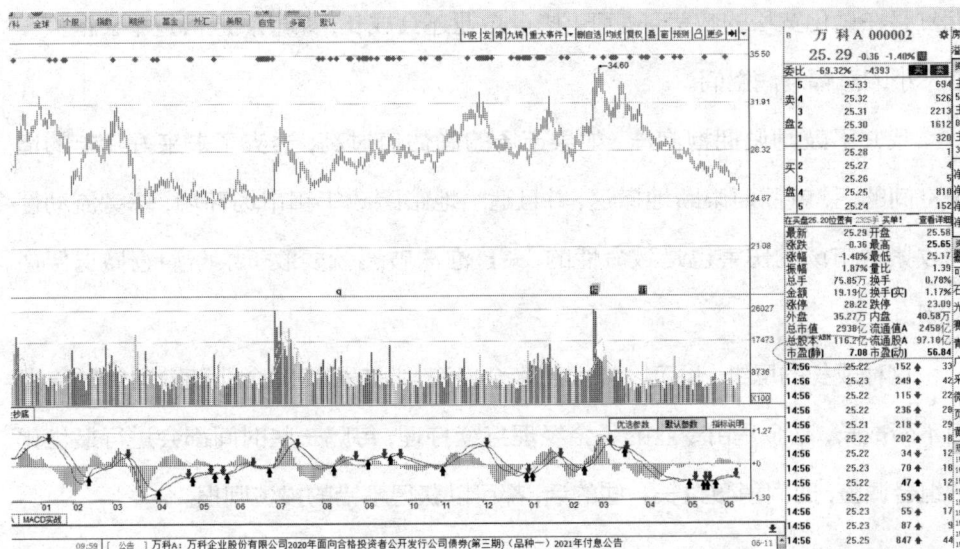

这个因素这几年对房地产行业影响最大，之前二十几倍估值都算合理，现在基本上到了10倍以下，就是受限于资金收紧，但是我认为这种情况不会持续，反而会使得不少的小地产开发商存活不下去而倒闭，最后留下几家龙头企业继续扩大市场份额，反而更加享受发展的红利和行业的溢价，往后一旦政策宽松，那就是爆发式的增长，我们可以期待未来几年那一天的到来。

而在我们投资布局的时点，如果有幸可以遇到，极端的情绪化干扰或者是流动性收紧导致我们跟踪关注的企业估值偏低，我们就可以把握住这个比较不错的时运，趁着过于低估的节点布局进场。这样可以以充分的时间和价位，完成建仓布局，然后等待估值正常的回归，这个中间能够赚到企业理应值得的价值。

价值回归是企业自身本来就值钱，并且随着价值回归和时间的流逝，企业自身还会创造价值，这也叫作成长。任何一个企业的价值不仅仅是当前所有的价值，我们还应该看到未来，尤其是在快速增长的行业或者企业身上，做投资的人考虑问题本来就需要用变化的眼光，而不是仅限于眼前，2020年行业里有过这么一句话：恐高都是苦命人。这是私募行业里的某位知名的私募基金经理在一场论坛上说的，有一定的道理，估值达到合理水平或者稍微贵一点其实也能够理解，尤其是在量化宽松的政策环境下，毕竟企业还会成长，如果撤退得过早会错失一些不小的涨幅利润空间。

我并不鼓励说拥抱泡沫，如果市场的确估值过高，透支了未来好几年的增长空间的话，就需要果断地撤退，并且适当地跟踪政策和市场环境，毕竟流动性的收紧对市场的伤害也是致命性的，一旦泡沫破裂就要敢于果断清仓撤退保住利润。

这种成长的思维，也可以类推到基金投资，股市投资的企业随着时间的流逝而不断成长，基金是由专业的基金经理持续打理，每隔一些时间都会进行最优化的组合调整，时间稍微拉长一些的话，都可以获得不错的投资回报。

五、收藏优质股权，分析跟踪企业成长

在我刚开始炒股的几年里，其实根本就没有股权的概念，我相信很多人跟我一样，刚涉足股市的时候根本就不会把股票跟股权这两个关联起来，总觉得股权这玩意儿比较高级，不是一般人能接触到和玩得转的东西，从意识上就对其有些距离感。但凡是做过一些生意或者合伙做过生意的人，就已经变相地接触到股权，比如你有一个很好的项目，但是启动资金不够，有人愿意出钱让你去干，但是成了要分红，亏了就当作为风险买单，或者是几个人一起凑钱合伙干，这都属于股权的分配，这么一想是不是发现股权距离我们也不算遥远？本来就不是什么复杂的东西，只不过股市里面玩的是上市公司的股权，对于个人投资者来说，只是份额比较小而已，但不管怎么说，本质上来说也属于股权，风险同担、利润共享。

有了这么一种意识，是不是觉得自己要重新调整一下在股市里面的心态了？那些在你手上情绪化交换的不再单单是六位数的筹码，而是实实在在的上市公司的部分股权，那些上市公司的管理层都是为你打工创造收入，多么美妙的一件

事。当然,我们A股里面的上市公司质量的确参差不齐,证监会也对上市公司的质量进行了严格管控和把关,并且这是未来的发展方向,势在必行,只要稍微反观一下欧美发达国家资本市场的发展历程就会有清晰的认识。

对于我们绝大部分普通人来说,到一级市场去参与股权投资的门槛太高,而且流动性很差,有时候好多年都得不到回报,而且风险很大,一旦失手基本上全部归零,投10个项目能成2~3个就很不错了,这对于普通人来说基本上不可能,既没有那个资本,又没有能够接触到这类资源的圈子,更没有专业能力去分析和考察项目辨别好坏。最直接的是通过二级市场,在股市里面寻找优质的企业,相对来说,能够上市的基本上都发展了些年,而且还处于证监会的监管之下,还有各类行业研报可供参考,重要的是流动性一般都没什么问题,不好的地方就是价格没一级市场便宜,且无时无刻都有各种报价,干扰着人们对其价值的判断,无形之中放大人的贪婪和恐惧心理,最容易让人迷失在其中。

有相当长一段时间,我把对优质企业股份的购买叫做存股,很多人听我说到这词觉得很奇怪,大家都是炒股怎么你叫存股,我当时也没想好叫什么,但我觉得我重点关注和跟踪的都是各行业里的比较有影响力的企业,趁着低迷我择机买,就算涨了我也看着买,但就是没想着短期卖,而是想着全部存起来,把这些优质企业的股份存起来,一次偶然的机会跟一位朋友聊天,他说你这是收藏优质企业的股权,我当时觉得这个提法很好,而且也比较切合我的考虑,所以往后就按他说的叫,并且从思维理念上也形成了股权意识。

你想啊,倘若是自己筹资创业,能够做得比你投资的企业好吗?能够有这么一群优秀的高层管理团队跟你一起在这个行业打拼吗?净利、毛利、净资产收益率等能做得比你投资的企业好吗?我觉得很难,我肯定做不到那么好,而且说不定我自己去创业的话,在这个竞争如此激烈的环境中会失败,既然如此,那为什么我不直接收购这些企业的股权,把资金给他们去运营,我直接享受随着时间推移由行业企业发展带来的红利就好。

对于时间来说，优秀的企业才是朋友，所以我们对于所投资企业的选择比较关键，首先是行业，再是行业里具有领先优势的企业，然后要进行适当分散配置，既要尽可能注重估值，又要持续分析跟踪企业的发展与成长，我们要的是企业的股权，而不是那分分秒秒起起落落的股价波动。

第九章

在正确的道路上持续积累

我以前大学时候找兼职，在工厂里的流水线上工作过，当时引起过我的一些思考，那些完整的工作流程被尽可能地细化，以致每个人负责一个精细化的小操作。我是负责给电表盖上盖子打好螺丝，虽然当时的小兼职能够解决我的温饱问题，但我发现自己并不会学到什么技能。厂里基本上都是要么刚出社会的中学毕业生，要么是年纪大的，时薪为12元~16元，就算我做得再好，估计一天也就百来块钱，而且很容易就被人替代了，也就是说只要我刚离职，或者厂里由于降薪或者其他什么理由把我辞退，再随便找个人稍加带一下就可以做本属于我做的事，当时只知道那份工做得不踏实，现在回想起来才明白，是因为那种工作环境下我既形不成不可替代性的优势，也无法进行经验、技能或者资源的持续性积累。倘若再让我回到大学或者年轻阶段，我肯定会在给当时的学生做职业规划讲解的时候，结合自己的切身经历向他们强调持续积累在职业技能中的重要性。

为什么买彩票不能形成研究或者学问，而证券投资可以？就是因为彩票基本上都是运气，它的命中不存在可复制、可总结和可积累的知识、经验与技巧，基本上都属于运气；但是证券投资不一样，里面有一些可以通过持续性研究、分析、总结的经验技巧，方式方法、思维理念等都可以复制、可以积累，这就能够形成学问，我在实战中或者理论中学到的，以后可以教给学生或者孩子，而非纯粹的运气使然。

在这几年的投资生涯中，我看到有些人一直重复着一些操作方法，纵使这种操作方法让他一而再地割肉亏损，但依旧硬着头皮沿着这个方法继续交易，我问他为什么频繁地这么做，在不赚钱的情况下难道不该思考下是不是方法或者理念有问题？好几个人的答案相当类似，都是说我以前就是这样赚到钱的。比如说，你看到某一种K线形态，某一次你买进去后第二天就涨停，然后你认为这是规律，所以从那以后都去寻找那种K线形态，然后买进去等着第二天涨停，但更多的是你发现很难再遇到涨停，其实上一次也不过是正好运气好遇到了，而不是你总结的"普遍性的规律性的东西"，所以这压根就是不具备积累性的指导经验，或者说，就算是经验的话，也需要通过成千上万次的不断试错、寻找和总结，才能通过经验知道哪些K线形态买入上涨概率大，这种勉强可以算是可以积累和传承的，尽管随机性比较大，但的确我也有看过用这种手法操作的人，相对来说也有大概率的一些技术层面的买点形态，这种算是技术分析。

就我近十年的经验，和我通过阅读欧美资本市场杰出的投资人的传记或者观察投资历史来看，价值投资应该算是正确的道路上最具备积累性的方法，无论是一些高等学府的投资课程，还是公募私募机构里面对基金经理的招募要求，都对投资有着无形的潜在条条框框，这就把那种随机性在市场碰运气的给区分开来，最大程度上保障了专业性和所管理基金业绩的稳定性。每个投资人并不需要对市场的各个板块、每种手法或者不同行业都要有清晰的了解，但是需要投资人对某一两个行业在理解程度上比较深和透彻，专注于极少数行业领域深耕，比你各个行业都懂一点要关键，我相信这也是为什么很多基金要按照行业来划分、很多人只专注于某几家企业或者某个行业进行投资配置的原因。

当你发现你在股市里的理念、方法无法复制和持续地形成积累，从现在开始就需要有这方面的意识和进行一些改变，很多人入市多年，却还是习惯性地依赖大咖或者道听途说的各种小道消息来做交易，虽然自己知道这种不是长久之计，但内心总是对独立交易有未知的恐惧，其实大可不必，任何一笔投资都包含一定的概率因素，任何一件事情只要你开始进行了解和研究，都会找到一些思路和途径，我并不觉得投资有多么难，但凡是读过初中的人都可以进行独立分析和研究投资的方式方法，并且可以通过自己日积月累学习、总结和积累，增加自己的自信，形成自己的理念和系统性投资方法，方法是花个一两年，边阅读学习边实战操作总结来的，自己真正摸索学习到的东西才真正属于自己，任何人口头教你的你都不会理解得多么透彻，每一步前行的路都不会白走，最终你会发现这一些（哪怕是弯路）全部会以财富的形式回馈给你。

一、超额收益，多来源于逆向投资

市场对参与者的打击主要来源于两个方面，一个是看着账户资金的缩水，无论是得而复失的浮动盈利也好，还是投入市场的本金也好，任何级别的缩水都会对投资持有的心态和判断决策，产生相当程度的干扰，甚至是熬不到市场寻底后的主升浪上涨（比如上杠杆爆仓）；其次是对人身心的影响，喜悲都算，涨势喜人容易让人麻痹大意自以为是，认为赚钱是自己的水平或者悟道的必然结果，只有亏损悲伤的时候才会真正地思考自己的理念、手法等投资体系中的内容，情绪把控不好的话甚至会让自己陷入郁闷、悲催的内心世界，甚至损坏身体。

很多人都试图能够抄到真正的底部，抄完就开始上涨，以此来规避市场对自身的打击，但涉足股市最不可控的地方就在于，无论你什么时候进场，市场的涨跌都可能随时转向或者延续，而且就算你抄到底后开始涨，账户累积了浮盈，但某一天开始调整，浮盈开始回撤，依旧会再度受到市场的伤害。你看，只要你存在于股市，就必然会陷入这些无休止的干扰中，任何一个点位，无论你是买、卖还是持有，都会存在遗憾，因为你可能刚开始买入就跌了4个点，全天郁闷、难受纠结，但是第二天一字板涨停，又很庆幸昨天果断地买入了，涨了两天后又出现3个跌停，内心又会懊悔半天，因为后面涨起来没出货，甚至出现当时不买就好了，至少现在不会亏损的想法。

你看，投资者的情绪会随着时间和股价的波动而出现360度的轮番逆转，只有在真正出货的那一刻，你才知道那一笔交易最终是赢还是亏，而中途所有的市值波动和身心干扰都没有意义，也就是说，在持有时的所有情绪和涨跌，其实与你最终盈亏结果是没有丝毫关系的，只跟你做出买、卖和持有决策有关，有人可能会说，但我自己就是控制不住啊。主观上来说，能理解这种人性的弱点，但从客观思考，我们需要适当的理性，把这些问题思考清楚，才能让自己在投资决策时少一些烦恼，也才能避免情绪化交易，总不能中途发现了问题，却选择性忽视，而任由其对自己形成干扰和影响吧。

谈完这两个问题，就可以引出逆向投资这种可以创造超额收益的手法，很多人可能对超额有点不理解，我先问下各位，在你们的意识里，每年收益率多少才算合理？一倍？还是几倍？然后我再问问，你们多少人做到过一年翻一倍甚至几倍？持续了几年？还是说压根就没有哪一年翻倍过，但是内心依旧认为一年要起码翻倍才算合理？

据我了解，巴菲特年化收益率22%，索罗斯年化收益率是20%，大卫.斯文森年化收益率是16%，这些可都是全球知名的投资者，是不是觉得这么点太低了？如果你们能持续几年跑赢这几个人，那你们可能要么是被市场遗忘的天才投资者，要么是对自己的认知与客观事实有比较大的偏差，前者会让你成为股票高手，后者会使你即使频繁交易也达不到预期的投资目标，反而让亏损和手续费把本金耗光。有人可能认为说，那常规合理的年化收益率是20%，其实不是，这是高手级别的人的投资收益率，常规合理的年化收益率我认为是10%~15%，超额收益的话就是超过这种比率，而在诸多的投资方法中，逆向投资往往是超额收益的来源。

大一点来说，就是遇到市场大级别的调整的时候，就应该要意识到可能会有逆向投资的机会，当然，这并不是说市场出现大级别的调整就开始进场，而是大级别调整一段时间后，只剩下时不时地阴跌或者横盘，据我查看的最近几轮牛熊的数据，指数基本上跌70%左右，是一轮熊市底部，当然，没人能抓得那么精确，基本上是一个大致就可以，然后是自己持续性跟踪的优质企业的股价被带下来，或者是遇到一些政策、短暂性的问题等，导致市场情绪放大了股价下跌的力度，从而股价出现趋势性下跌，通过估值查询认为市场已经被明显过度低估的时候，你敢于在股价没有走出探底回升的上涨趋势之前逐步布局进场，没人会知道什么时候股价会探底，更没人知道底部到底是在哪里，但能够明确知道的是当估值太低时，如果业绩继续增值、企业有不错的护城河，就可以逐步分批地配置，我的习惯是2成仓开仓，然后每跌10个点我加仓1成，一般加仓到4层就差不多，极端情况下我也不会超过半仓，单只股票我一般是3成仓左右，就算是后面过于不理性的波动加仓到4～5成的话，后面涨起来我也会把仓位降下来到3成左右，一来是因为整个账户的组合仓位配置，二来是防止未知的风险存在，在股市里永远都要有敬畏之心，一来是自己可能看错，二来是不知道什么时候开始上涨，防止自己重仓的话心理很难承受住股价持续性阴跌的煎熬。

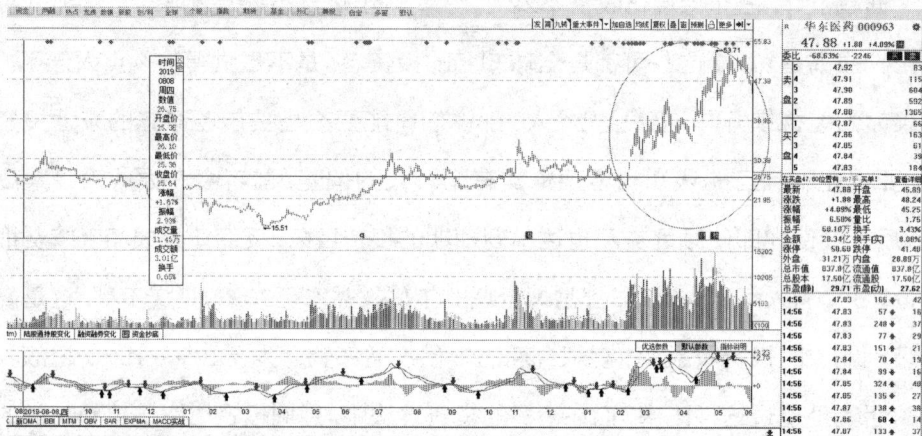

逆向投资这种策略的好处是你很容易买到廉价的筹码，尤其是资金体量庞大的机构资金选手，一旦涨势起来就很难捡到便宜的筹码，而且股价由探底开始走进趋势性上涨后，获利往往非常丰厚，这也算是市场对于勇敢者的馈赠。要知道在整个逆向投资中，可能在你持股一年的时间里，10个月都在震荡反复，只有2个月在进行趋势性的轮番上涨，而也正是这两个月的上涨，贡献了全年超额的投资收益，这在投资历程中相当常见。

二、投资理念一旦形成，就要坚守

就算是我的某一笔投资，过了几个月或者几年，被市场或者企业发展验证是错误的，我也会进行比较细致的逻辑分析和梳理，包括我在浏览一些比较专业的行业或者个股投研报告的时候，也比较注重分析理由和思考，其实就算你最后因为有疏忽的地方或者事情的发展超出了你当初的预期而投资失败了，也不必太过忧心，投资分析本来就不可能面面俱到，不然那就成了确定性的捡钱，还谈什么投资的风险。而我最不喜欢或者直接忽视的观点或者言论，是那些一拍脑袋就进行买或者卖，甚至连自己买的是什么、买的原因都没搞懂，这种交易就算你买完涨了、赚钱了，那都是相当危险的事情，因为你是糊里糊涂赚的钱，必然会糊里糊涂地亏掉，而且市场上理性的、聪明的人很多，靠糊里糊涂赚的肯定会被大概率地亏损还回去，这是一直以来的市场现状，就好比是你去做个手艺活，师傅带着你，但你不问手艺活的每个步骤和做的顺序，只看到师傅做什么你就完全照着做什么，最后看似都完工了，但你依旧不会，后面再让你做你能做吗？没有标准，没有工序，更没有工艺，靠着想当然依葫芦画瓢出问题是迟早的。

成功的投资者的操作虽然看起来一招一式很简单，加减仓配置和持股心态都很平和，但这些人都在无形之中遵循着某些连贯的、一致的投资理念和交易体系，并且自始至终都将其应用到投资实战的每一个交易环节之中，而且会在经验积累中进行反复验证和不断完善，这些东西一旦形成，就会成为融入血液的习惯性记忆，长期坚守下去，而不会随着市场波动左右摇摆，这就是为什么市场里总有一些人，会对一些品种相当坚定，尤其是在这个浮躁、短视和充满贪婪与恐惧的资本市场。

在资本市场做投资难在什么地方？我们知道无论你是做手艺活，还是在厂里打工，或者是自己做点生意，基本上都有比较清晰明确的工艺流程、施工标准或者做事步骤，但投资貌似啥都没有，追涨停有赚钱的，做价值投资也有赚钱的，等等，反正干啥都有赚钱的，没有任何统一的标准，买啥做啥都可能对，但反过来想，亏钱的更多，谁还没追过涨停，谁还不曾试着告诉自己要进行价值投资，时不时去寻求内幕消息或者渴望能够跟庄，但是最后结局呢？经过各种尝试后发现啥都不容易，而且都没能让自己寻找到稳定、持续的盈利门道。其实并不是这些方式方法不行，而是自己研究得不够深，或者说是方向上没找对，这不像是实体产业有明确的流程和标准，个人的投资生涯其实是从啥都没有开始的，而且也不知道什么方法是对的，应该怎么做才符合这个正确方法的标准。

有没有正确的方向和规范化的流程呢？或者说，这些正确的方向和流程该由谁来制定呢？各个行业都有行业规范与标准，证券行业有吗？很少有人想这些问题，我谈谈我的见解。在这个没有明确标准的行当里，我们可以从欧美发达成熟的资本市场中，寻找到那些几十年甚至上百年被市场验证过的可以实现稳定持续盈利目标的杰出投资人，看看他们在市场里的理念和方法是什么样的，然后结合中国资本市场30年的历史中涌现出来的持续多年实现稳定盈利的机构或者投资人的理念和方法，来寻找一些具有普遍性的规律和标准，或许能够找到一些方向，其实这也是经济发展中各行各业寻找标准的路径，因为一开始原本就啥都没有，一开始知道工业化吗？知道工业流程吗？知道互联网信息产业吗？不都是先借鉴，然后由这些领域里的权威一起制定行业标准和流程，以此类推到证券市场，我不保证自己这个见解一定对，但这不失为一种考虑的途径，远比自己黑灯瞎火地摸爬滚打要好得多。

我自己这么些年下来，弯路也走了不少，接触到的证券行业基金经理也有，各种财经论坛也参加过不少，对于成熟资本市场的了解和认识更多的是从书籍中阅读来的，我发现一个规律，其实真正地在资本市场做得不错的个人投资者比较少，而杰出的机构投资者比较多，投机型选手能够大成的凤毛麟角，而价值或者成长型投资者成功的比较多，我只研究哪些具有普遍性的通行规律，对于少数尤其是极个别的特例则不在我考虑范围内，我只是普通人，也不指望成为那些小概率的特例，所以我更多的是学习机构投资者和价值以及成长型投资者的投资策略，这是资本市场发展几百年来经过验证的大概率可行的群体和方法。比如，构建投资组合，进行适当性分散，杜绝题材热点的炒作，尽可能地通过资产配置来实现投资收益而非依靠个股差价，注意安全边际，基本上不使用杠杆，寻求合理的投资收益率而非超出常规的不现实的收益诉求。

能够在某些领域获得杰出成就的人，肯定是有一些共性的，如果单纯地靠自己去一步一个脚印摸索，耗费的时间和财富成本会比较大，最直接的是向这些取得杰出成就的人学习他们的共性，沿着他们取得成就的方向和方法去学习、传承和积累，并且不断地实践、验证和完善，这能够加速自己的成长，也符合人类文明的发展规律，不是任何事情都需要后来人推倒重来再去构建的，一旦文明形成并且延续下来，就需要站在时代的根基上传承和用心去坚守。

三、适时地静下心来，对近期的市场和投资进行思考

前几天跟一位股友交流，谈到他持有的一只资源类的股票，我看这只资源类的股票最近几个月都翻了两倍，他跟我说这只股票总算赚钱了，我比较纳闷就问，这只股票都涨了几倍怎么现在才赚钱，他说他持有了5年。我再翻看了一下这五年的走势，原来是2015年那波牛市买的，一直拿到现在，经历了腰斩再腰斩和满仓时反复震荡的折磨，我能想到他在持股中的各种煎熬和心酸，不过他告诉我，据他的观察，这只股票拿5年下来的年均收益率比把钱存在银行要高，只不过持股过程比较难熬。这只资源类的股票属于周期性行业中的股票，基本上都是每隔几年会有一波涨价行情，当然，前提是这个企业不是亏损会被退市的企业。

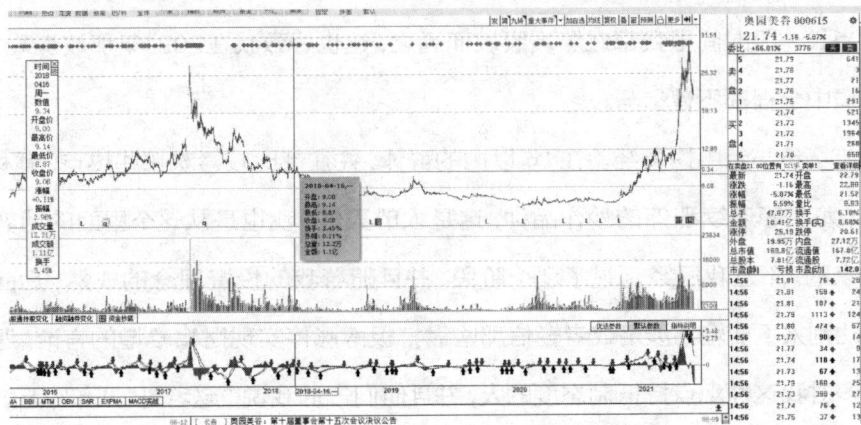

　　这让我想起来在2018年被套的一只股票，当时是叫京汉股份，9元多买进去，然后陷入漫无边际的调整横盘，时间长达3年多，涨到20元以上，2020年业绩亏损1个多亿，后面还改了名，总算在2021年上半年涨到21元以上，三年下来从买入算起涨幅翻了一倍多，从买后调整的低位算起涨幅有7倍，但要忍受中途无休止的利空消息干扰，和独立于所有指数、各种行业的涨势而横盘或者调整的情况，持有太难，我没坚守下来，试想如果也学这位股友拿住了的话，四年翻倍，年化就是25%，这已经算是高手级别的人所取得的收益率了。

　　时常回过头对过往的市场进行一些分析和梳理，其实能够发现市场的一些模糊的规律，就这些年来说，无论是绩优大盘股还是小股票，都会在一些年份轮番地间断性上涨，比如大股票涨了一年后，可能就会轮到小股票，新能源牛了一年后，下一年可能就是科技，甚至是ST板块，总之每隔上一两年都会有一轮翻很多倍的涨势，我们虽然不能知道下一年会是哪个行业成为全年主线，但是我们知道很多行业都存在轮动走牛的机会，不可能是某一个行业一直主导着市场，价值投资可能会持续大半年，但是那些小股票、题材炒作也会轮动出现，妖股、热点、游资抱团现象等尤其喜欢在绩优股投资退潮的时候出现，所以我们对于市场上的任何一个操作手法和行业板块，虽然可以有自己的偏好，但最好不要有执念。我很长一段时间是有一些执念的，包括到现在，我对煤炭股都心有畏惧，因为在2015年那波牛市11元买过，拿了几年腰斩止损，一直到2021年都没恢复到当年的价位，在相当长一段时间里我都对煤炭股敬而远之，这也导致我在2021年那波煤炭、有色行情中全程都不曾参与。

　　市场参与者中投资经验在4年以内的群体，往往都比较喜欢哪些热点、题材、妖股、龙头等连续涨停的炒作品种，这是人的天性，我也是从这个里面的博弈一路走来的，不过我已经走过了那个阶段，并且随着我的投资理念的成熟，后面都是奉劝别人不要轻易涉足或者轻信那些靠打板博涨停实现财富暴增的言论，遇到过很多对我这种观点持抵制态度的人，并且他们告诉我说"赵老哥"八年一万倍都是从小资金超短做起来的，我一般不去进行争论这个问题，在这里我只说几点，就算是有人靠超短实现过暴富，那你想过背后的风险是多大吗？

第二点，A股市场做短线的人很多，有几个人实现暴富了？这个成功的概率是多大？千万分之一还是几千万分之一？一旦遭到了风险，你扛得住吗？这种就好比做某一件事，做成了可得到功名利禄、荣华富贵，做败了身心摧残一无所有，而且失败的概率极高，你敢做吗？我觉得把这些分析梳理清晰后，再来让人考虑是否依旧要这么做，会考虑得更加客观一些，根据我个人的经验尝试和沿途所见，在我现在的意识里，那就是尽可能地不要参与这种游戏，对他人的告诫是哪怕这种游戏里的确出现过"神人"那也不要信，最好不要让自己接触到类似消息，就好像世界上压根就不存在靠超短实现暴富的人，或者把那种超短线实现暴富直接划为骗局，这样就直接断了参与这种高风险博弈的念头，对于绝大多数中小投资者来说，是理性和正确的选择。

通过我对市场的观察，发现很多股票其实绝大部分时间都在震荡、下行、阴跌或者横盘，这种过程会持续很久，一年两年或者三年四年都有，但是涨势起来的时候持续时间可能也就一两年，这个对指数也有效，可能这就是为什么A股是牛短熊长。这里面我就可以揣测出整个市场的绝大部分个股，往往很多年都是不产生实际价值的，而只有在那关键性的一两年才会有不错的涨幅利润，很多人可能会说，那我直接在开始上涨的时候进去不就可以避开之前几年的调整了吗？这话说起来没什么毛病，但真的做起来就会发现很多问题，比如什么时候开始涨，会涨多久并且涨到哪里，什么时候见顶又什么时候调整，要怎么样才拿得住，等等。如果对这些东西过于在意的话就会很轻易地被洗出去，甚至可能在上涨趋势中因为择时做得不好还要亏本，这也是为什么很多时候我们做投资的人，一些持仓的股票一拿就好几年，看着持有的股票两三年都在跌或者横盘，但只要一年的涨幅就可以收获一大波满意的利润，如果没有前几年阴跌的磨人过程对你持股耐心的历练的话，往后涨起来你也拿不住，投资过程中任何一笔策略或者一段心路历程，都有其价值。

很多时候，一些交易决策，其实是在你对市场进行了更多、更深和更久远的统计分析后才做出来的，顿悟这种东西各行业都存在，尤其是在需要极大智慧的投资领域，适当回顾和思考，是你在投资路上打怪升级的必经之路，不可或缺。

四、接纳交易中的不完美，买早、卖飞、错过等

前几年茅台的股价是500多元，当时我对市场的理解和把握是比较薄弱的，虽然遇到偶像级别的知名投资人跟我说可以买些放着，我一看股价这么高，而且涨了这么久，想想等回调一些再买吧，但也就是这一念之差，再也没有给我以这个价格进场的机会，后面到了700元，然后涨到1 000多元，越涨我越不敢买，因为在我的意识里认为这个股价太高了，风险太大。

后来我能够通过一些基本面的分析对企业进行估值，也逐步认识到茅台的确是一家很优秀的企业，此时股价已经到了1 500多元，当时脑子里也想过要不要等调整一些再买，但还是不想在那些小差价里纠结，而直接选择进场。

我们总担心自己会承受买完就跌的风险，却很少考虑错过的问题，尤其是对于一些比较优秀的企业的股票，真正等到比较合适甚至低估的入手价格其实是比较困难的，过于纠结这个问题是内心贪婪的一种体现，要知道很多时候，错过比买贵点的风险更大。

不管你们信不信，或者说，投资越做到后面你们越会明白，无论你们在出手之前再怎么事无巨细地分析、研究或者思考，都会存在你忽略或者接触不到的点，收益本来就是对你所承担风险的一种补偿，确定性的东西往往都不存在多高的溢价，而我们能做的，是让自己一笔投资下去，通过在买点、仓位和个股选择等方面的精细化考虑，让成功的概率尽可能大，失败的概率尽可能小，至于说最终取得的投资成果是好还是坏，都理应坦然面对。

　　投资最难的是放下该放的东西，不然肯定是苦了自己，你一直去纠结：选股时股价涨得好好的，为什么自己一买进去就开始跌。这些问题就算你再怎么想，其实都不会有什么答案，下次该怎么样还是怎么样，并不会因为你当时多纠结了一会儿就有所转机，所有的炒作类的行情，很容易在人声鼎沸的时候戛然而止，你以为会上天的行情，次日就可能陷入万丈深渊。不是所有的市场脉络都是有迹可循的，就算是有迹可循，也不是都在我们能力圈范围内的，这也是为什么我经常强调，超越自己认知范围的投资品种，不要轻易涉足的原因。

　　看到过很多人，对自己的一些不完美的操作心心念念，包括很多年过半百的人，像这些年纪的群体，世界上很多事情其实都已经看得透了，而到了股市却因为上午拉高没出货，下午回落了才走而气得吃不下饭，是不是在外人看来这种现象还有点滑稽？我也曾见过不少相当冷静的男人女人，生活中处理事情有条不紊，却被股市弄得心神不宁。当然，我自己在刚入市的那一两年，也深受其苦，现在回过头来看，这些都算是执念，毕竟股市距离金钱真的是太近，稍微几分钟产生的盈亏结果就可能有天壤之别，短期对人内心的冲击的确容易呈指数级扩大，给大脑留下的思考和恢复理性的时间太短，所以极容易让人瞬间崩溃，有些人要经历几年才会逐步试着放下这种痛苦的执念，也才慢慢地明白这些执念其实完全没有必要，如果你的投资只为了通过这短暂的波动取得收益的话，那说明投资的方向错了，赶紧纠正。

　　五个点或者十个点多吗？不算少，但是短期的波动中却相当常见，随随便便几根K线涨跌五个点十个点很正常，而如果你一笔投资下去，单纯地以跌五个点止损的话，在绝大部分市场环境下会备受市场的摧残。很多刚开始学习投资的人，从基本面、估值等领域去分析企业，然后买入，开始试探性地投资，但是没过几天，会说跌了好几个点了，股价都破位了，或者跌破某支撑位了，用这些以前不够成熟的技术分析，来对买后出现一些下跌的优质企业做操作判断，很容易把基本面分析和技术面分析弄混，我一直讲究一个策略，就是从入到出，尽量以原有的思路为主，比如我以基本面选股的话，那么中途和往后出货，都会以基本面的跟踪考察为主，技术层面的分析不是说完全不要，只是说参考价值会小一点，我进行中长期投资布局的话，基本面分析和跟踪多一点，短线博弈的话，会偏向于技术层面的分析，再垃圾的企业只要在风口上和有资金炒作，都可能有机会，可以择机进场，不过越到后面投资理念和心态越成熟，慢慢就放弃了这种博弈性短线操作。

任何一种交易策略都有其不足，而且就算是同一种策略在不同的阶段，也可能会导致一些失误性交易，这都很正常，人不一定在各种场景下都是理性的，更何况是在充满着诱惑和不确定性的资本市场，所以需要有极大的包容心，接纳中途的不完美。

选择投资作为事业的人，内心都追求自由、挑战和愉快，我不喜欢每天在某个办公场所重复着某些同样的工作，所以基本上没怎么打过工，而对投资的兴趣非常浓厚，由于其不限地域的优点，我可以在天涯海角进行这项事业，而且基本上每天都会存在出乎意料的事情，到处都充满着挑战，基本上不会感到乏味，除非是对市场的表现或者自己的各种不完满的操作感到痛苦的时候，才会觉得这是一个糟糕的事情，很想逃离，其实每年都会存在一些这种情况，只不过我现在练得比较大度，接纳了这些不完美的存在，接纳与不接纳都不会影响这些不完美的存在，既然如此，何不相视一笑，荣辱与共，携手同行呢。

五、避开毁灭性风险，让投资可以持续

2021年上半年，市场出现了几轮间断性崩盘式跳水，身边陆续有几位股友遭到了强制平仓的打击，甚至有靠着借款入市的股友，本金强平不说，还欠下了不少的负债，对于我这种老练平稳的选手来说，这些风险是不可接受的。

刚入市的几年，选了一只当时看来很不错的股票，在当时很多人看好的价格进场，随后整整跌了三年，我在临近腰斩的价位止损退场，吓得好几个月不敢进入市场，近乎一两年的工资就此打了水漂，时隔五年之后，股价再度回到我当时买入的

位置，也就是说如果我能够拿5年，我就可以回本并且小有盈利，不过基本上没人拿得了。但如果在我当时面对账户腰斩的时候，有人跟我说你再拿两年，股价还能涨回来的，或许我会拿得住，要知道人在面对比较大的损失的时候，倘若可以以一个相对小一点的成本规避这个大损失的话，肯定会想方设法地选择避免，大不了多拿几年，总比亏了一半的钱好吧。我遇到过很多人，拿着一些资金摩拳擦掌冲入股市，希望可以大干一场翻个几倍就走，时隔几年，他们对股市不再心存幻想，只希望回本，再过几年，回本也不想了，只希望少亏一点，你看，人的心志是会被社会或者市场消磨掉的。

有一个真实的案例，某位股友本来做股票没赚啥钱，也没怎么亏，但一直到处寻找让自己大赚一把的机会，偶尔的一次机会接触到一个网络"大V"，说是有一只股票翻5倍让他满仓进场，结果买完就跌停，更可恶的是随后几天持续跌停，找的网络"大V"也把他拉黑不见了，找我倾诉了好一会儿，说自己做吧亏就亏点，但这下好了，直接亏了本金的一大半，等开板出来退市不玩了。

我比较倾向于把投资理解成风险管理，很多人一入市张口就是赚钱，要知道股市并不亏欠任何人钱财，这个世界上也没有什么地方的财富是轻而易举就可以得到的，走进来就要赚钱？这不现实，尤其是在人人都想赚钱的地方，都赚钱的话谁亏？个人最好也最现实的需求是先在这个市场存活下来，这就需要管理风险，不要让自己暴露在具有毁灭性的风险之中，哪怕这个地方有再高的利润，都不要染指。可能很多人不理解这句话，因为意识里都认为高风险的地方才有高利润，这个高风险是指相对比较高的但不具毁灭性的风险，因为股市里的毁灭性风险并不那么明确和直白，没有任何明文规定或者官方人员告诉你，炒作某类股票本金就要上交，所以绝大部分人都抱着侥幸心理跃跃欲试，随后陷入其中无法自拔，直至回本无望甚至账户消灭，基本上账户本金亏50%再想回本就非常难了，亏70%的话就相当于被股市淘汰了。只要在股市里难以为继，往后市场出现再怎么如日中天的大牛市，或者曾经你持有割肉的票涨上天，都已经跟你没有关系了，想想是不是有点遗憾或者惋惜？

好几个人用十几年的亲身经验告诉我，远离杠杆；我自己好几年的亲身经验也警醒我，远离炒作；这都是比较宝贵的经验，是前人付出过惨痛代价才领悟到的东西，作为股市的后来人，没有必要再去前仆后继地领悟一次，直接接受学习并且遵守，多好。但往往有人不信邪，前人不行的事情，总不相信自己也不行，凭着一腔热血就往里面冲，伤痕累累后才知道原来真理早就见过，只是过于朴素，自己没当回事。

如果你并不清楚到底哪些是致命性的风险，毕竟我也不可能全部都细致地罗列出来，但是我可以教你一种识别的方法，任何一笔投资性的策略执行之前，你都进一步想一下，万一我失手怎么办？比如，你把即将买房结婚的款项投入股市，一旦陷入亏损涨不回来或者套你几年，你扛得住吗？扛不住吧，这就是致命性的风险。另外一种就是持仓的波动，我觉得这个对人的情绪性打击相当大，很多人的投资策略没有坚持下去，并不是因为方向错了，而是波动太过剧烈，内心崩溃而不得不斩仓，一般来说持仓每天波动1个点左右算正常，1~2个点能接受，但是如果时常每天波动超过3个点，那是风险并不小的一个持仓，这时候就需要进行优化调整，让其波动在一个合理的舒适的范围内，有利于拿住股，而且可以尽可能地增加你抗风险的能力，等到趋势性上涨的到来。

在股市里投资，最基础的就是要能够玩下去，否则说啥都是白搭，有些人可能会说，玩下去还不简单，我要告诉你的是，知道为什么都说韭菜是一茬一茬的吗？因为很多时候被收割的是新的一茬，而老的一茬很多在被收割后就"毕业"了。

要想在股市里持续地玩下去，可不是一件容易的事情，这就是风控存在的最大价值，我为什么会放弃很多看似暴利的投资机会或者风口的原因也在于此，上述机会或风口里面看起来很热闹很赚钱，可能我进去也能赚一把，但我基本上不去，理由很简单，因为不安全。有些钱是有"毒"的，一旦你赚了，从理念和心理层面都会被它打上烙印，往后要用不少的时间和金钱来偿还，所以我直接就不给自己开始的机会。